1990—2015

上海陆家嘴金融贸易区规划和建设丛书 COLLECTION OF SHANGHAI LUJIAZUI FINANCE AND TRADE ZONE PLANNING AND CONSTRUCTION

梦缘陆家嘴

LUJIAZUI: WHERE ALL DREAMS BEGIN

第四分册 功能实现

Volume IV Function Implementation

上海陆家嘴(集团)有限公司
上海市规划和国土资源管理局　编著

中国建筑工业出版社

编委会

寄语陆家嘴

（浦东开发以来主要领导寄语，以在浦东任职时间先后排序）

沙　　麟（1990年5月初任上海市人民政府浦东开发办公室主要负责人）

　　开发浦东的目标是建设一个全新的上海，它不是加一块，更不是单纯地疏解浦西的压力，而是以一个新的浦东的开放为契机，真正形成一个西太平洋的金融、贸易和多功能的城市明珠。浦东的开发必须而且是首先要开放浦东，而开放浦东，必须深化改革。浦东的新的格局、新的改革被突破，会带动整个上海的一个全新的机制，现在浦东的问题还不是一个给优惠政策的问题。我认为，单纯地给优惠政策所具有的作用是有限的，更重要的是像保税区、土地批租、允许经营第三产业，尤其是投资基础设施、外资银行进来可以发行股票、进行证券交易等等，使我们经济运行机制有一个新的格局。（摘自《沙麟：亲历上海对外开放》）

杨昌基（1990年5月任上海市人民政府浦东开发办公室主任）

今年是陆家嘴公司的二十五周年寿辰，我真挚地向你们表示祝贺。

二十五年来，公司从艰苦创业到茁壮成长，公司的领导和全体职工以忘我劳动赢得辉煌的胜利成果，我衷心地向你们致敬。

二十五年来，你们为浦东开发作出了巨大贡献，已经载入了浦东开发的史册，人们会永志不忘的。

如今，中央和市、区领导又交给你们新的重要任务，我为你们高兴，也相信你们一定能再立新功、再创新的辉煌。

陆家嘴集团公司从来都很重视史料的收集整理工作，已经出版过几个丛书和画册，2013年开始又筹备了另一套丛书，我认为这些都很有意义。希望能订定一些制度，一代又一代的坚持和发扬。

出版丛书和画册是一项重要的工作，它如实反映实际情况。而另一方面更重要的是科学总结经验教训，使"实践—认识—再实践—再认识"的不断深化和提升。这比编写丛书和画册更具有指导今后工作的重要意义。编写丛书和画册只是"知其然"，总结经验则是"知其所以然"。我认为陆家嘴集团公司可以为自己或他人共享的应该是"授人以鱼、不如授人以渔"。陆家嘴有陆家嘴的客观条件，当初的客观条件现在也已发生了变化，自己和他人都不能照抄照搬当时的某些经验。而总结经验则是"日新、日新、日日新"的面向未来的重要基本素质。要青春常驻就要求我们不断地加强学习，提高善于总结经验的本领。这件最难最重要的任务，我认为陆家嘴集团公司应该已具备了较好的条件。而中央、市、区领导交给公司的新的重要任务也更加迫切地要求公司在总结经验的基础上，以新的思维和精神状态确立新的工作目标、新的人员素质、新的工作效率，才能圆满地完成。

万事开头难，党的十八大以来，首先是总结了经验教训，经过顶层设计全面制定了新政，吹响了全面复兴中华民族的号角。习近平总书记深入浅出地作了许多讲话，其实都是经验的总结，所以大家越读越爱读。我们在认真总结经验时，可以从中吸取许多智慧。特别是其涉及城市建设和规划的有关片段，对我们从事开发、规划和建设的工作的人感到更为亲切。

浦东开发和陆家嘴集团公司创业初期都很难，但是后来的转型和规划建设都要比初创更有难度，今后的任务则比过去25年会更难。因为能否"华丽转型"、"华丽转身"也都有"万事开头难"的过程。我们从事过首创时期工作的人们，不要去迷恋过去初创时期的"难"的历史和光荣，而是要总结初创时期的"经验和教训"，去理解后继工作人员的难在哪里，不论"先创者"和"后建者"都把心思放在如何使今后更美好上，因为他们的心本来就是相通的。

习近平总书记的讲话中提到提升城市和提升城市基础设施的质量以及适度超前、适度留有余地等问题，也提到城市建设为经济服务、为人民生活服务；以及绿山青水和金山银山的相互关系等方面。短短几句话，讲出了极深刻的哲理，都是值得我们认真学习和深思的。陆家嘴（集团）公司初创期间规划和建设的目标是国际一流现代化城市，是开发浦东、振兴上海、服务全国、面向世界。而现在的目标提升了，要求成为全世界的金融贸易中心、科技创新中心，原来是基本一张白纸，可以画成美丽的图画，但由于目标提升了，要在建成的城市建设格局上再提升基础设施的质量和数量，加上弥补原来规划和建设造成的人民生活设施上的欠账，显而易见是非常困难的。我们如何去"知难而行"呢？就得靠群策群力，激发更多方面的积极因素去"心往一处想，劲往一处使"，努力促其圆满解决。当年浦东人民编演的话剧"情系浦东"使很多人感动得流下了热泪，我至今记忆犹存。"情系浦东"不只是浦东的梦，它是和中国梦、民族梦、人民的梦紧紧相连的"梦"，也是"陆家嘴的梦"，这个梦现在还在路上！

杨昌基　　
2015年6月30日.

夏克强（1991年8月任上海市人民政府浦东开发办公室主任）

我在浦东开发办工作的一年，是令我终生难忘的一年。想起那紧张、高效的岁月，我至今仍感受颇深。

在起步阶段，浦东新区就紧紧瞄准世界一流城市的目标，建设具有合理的产业发展布局、先进的综合交通网络、完善的城市基础设施、便捷的通信信息系统和良好的自然生态环境的现代化城区。

我到浦东开发办时已经有了一批政策文本，后又制定了一些新的法规条文。对此要进一步加以细化和完善，抓紧制定社会经济发展和能够体现一流城市水准的总体规划。做好详细规划的超前准备工作和开发建设规划的应急制定工作，及时向中外投资者提供相关资料。同时，简化外商投资审批程序，提高办事效率，为外商投资提供"一条龙"服务，切实改善投资"软"环境。（摘自《2号楼纪事/难忘的一年》）

赵启正（1993年1月任浦东新区管委会主任、党工委书记）

　　今天中共上海市委浦东新区工作委员会和浦东新区管委会同时成立了，这标志着浦东新区的开发开放又翻开了新的一页。

　　回顾历史，开发浦东曾是几代人的夙愿，但是都未能付诸行动。只有贯彻执行了邓小平同志所创导的建设有中国特色的社会主义理论之后，才使开发开放浦东成为现实，浦东大地上才能开始发生历史性的伟大变化。

　　十四大报告指出，以上海浦东开发开放为龙头，进一步开放长江沿岸城市，尽快把上海建成国际经济、金融、贸易中心之一，带动长江三角洲和整个长江流域地区经济的新飞跃。刚刚闭幕的上海市第六届党代会又以浓重的笔墨描绘了浦东新区光辉的未来和开发浦东的指导方针。（摘自1993年1月1日赵启正同志在浦东新区党工委、管委会正式挂牌仪式上的讲话）

周禹鹏（1995年12月任浦东新区党工委书记、1998年2月兼任浦东新区
管委会主任）

在陆家嘴建设国际化的现代金融贸易区，是开发浦东、振兴上海、服务全国的重大战略举措。在全国、全市人民的大力支持和参与下，经过上世纪90年代的拼搏和开发建设，陆家嘴地区的形态、功能发生了质的飞跃，知名度不断提高。特别是去年的APEC盛会，以及1999年的财富论坛上海年会，更是陆家嘴成为上海国际化大都市的重要标志。

我相信，二十一世纪第二个十年的陆家嘴金融贸易区新一轮开发建设，必将以更新的视野进行规划，更新的步伐向前迈进，并必将以更新的神韵和面貌展现在世人面前。

周禹鹏

2015年8月30日

胡　炜（1993年1月任浦东新区管委会副主任、2000年8月任浦东新区区长）

　　二十一世纪的头二十年，对我国来说，是一个必须紧紧抓住并且可以大有作为的重要战略机遇期。对上海来说，今后二十年，是建成社会主义现代化国际大都市和国际经济、金融、贸易、航运中心之一的关键时期。浦东开发开放进入了全面建设外向型、多功能、现代化新城区的新阶段，浦东新区在上海建设世界城市的进程中担负着重要的责任，要进一步发挥浦东改革开放的体制优势，围绕上海建设国际金融中心的目标，基本建成陆家嘴中央商务区，形成中外金融机构、要素市场和跨国公司总部（地区）的高度集聚以及比较完备的市场中介和专业服务体系。（摘自2003年浦东新区政府工作报告）

姜斯宪（2003年2月任浦东新区区委书记、区长）

陆家嘴金融贸易区是上海在过去二十五年中最令人叹为观止的发展成就之一。其中，就以其高起点的规划、高品质的建设和高增值强服务的功能开发为各方称道并载入史册。我坚信，陆家嘴金融贸易区将在提升上海乃至12东流手中心竞争力方面持续发挥加速器的作用。我祝愿陆家嘴集团百尺竿头，再创辉煌！

姜斯宪

2015年5月8日

杜家毫（2004年5月任浦东新区区委书记）

　　陆家嘴是中国改革开放的象征和缩影，是中国道路、中国力量、中国精神的体现和标志。它不仅是浦东人的骄傲，也是每位中国人乃至全球华人的骄傲。我坚信在实现"两个一百年"的中国梦的进程中，陆家嘴一定能够奏响无与伦比的华美乐章。

杜家毫

二〇一五年五月十一日

张学兵（2004年5月任浦东新区区长）

　　以陆家嘴金融贸易区为主要载体，以资源集聚和金融创新为抓手，推动以金融为核心的现代服务业快速发展，努力做好加快自身发展和服务全国两篇文章。发挥浦东要素市场集聚、资源配置能力强的优势，为国内企业走向国际市场提供便捷的服务。用好鼓励大企业在浦东设立地区总部的政策，支持国内企业把浦东作为拓展国际市场的基地。（摘自2005年浦东新区政府工作报告）

徐　麟（2008年2月任浦东新区区委书记）

　　在"十二五"期间，我们通过全力推进十大工程建设再打造一批以金融为主的机构入驻的载体是非常必要的，与此同时，也还更要体现陆家嘴的深度城市化，要按照"以人为本"的理念，更好地营造一个适合在这里工作、生活、娱乐、休闲、文化和购物的良好环境。未来的发展，不仅仅是一个办公楼宇的量的释放，同时还伴随着深度城市化的进程，在配套设施、城市功能的进一步提升和完善上更下功夫。今天所介绍的十大工程，其实都是综合性的，不仅仅是办公功能，也是相关的文化、商业等其他配套的供给。我们要坚持做到这两者的有机结合，不断地在载体建设和环境优化上、在城市功能的提升和完善上尽到我们的努力。（摘自2012年5月14日陆家嘴金融城十大重点工程建设推进大会上的讲话）

李逸平（2008年3月任浦东新区区长）

　　陆家嘴作为国家级的金融贸易开发区，要着力营造良好的金融发展环境，不断提升上海国际金融中心核心区功能。要切实解决办公楼宇用餐难等"三难"瓶颈问题，积极创新理念、完善规划、加快实施，进一步提高陆家嘴地区生活服务综合配套水平，吸引更多的金融机构、人才集聚。对于陆家嘴金融区东扩，要不断完善规划，突出规划的引领作用，努力促进要素集聚和功能优化。陆家嘴集团公司要继续发挥好开发区建设主力军的作用，紧紧围绕"金融聚焦"的战略目标，探索创新发展模式，不断改善陆家嘴金融生态环境。（摘自2008年5月4日在陆家嘴公司调研时的讲话）

2015. 5. 7

姜　樑（2009年5月任浦东新区区长）

　　今后，我们仍然要注重金融中心核心功能区的建设，以金融市场体系建设为核心，以功能提升为导向，以陆家嘴金融城为主要载体，以先行先试、机构集聚、空间拓展、环境配套等为主要抓手，积极争取金融创新，推动证券、期货、产权、股权等要素市场拓展功能、提升能级，完善多层次金融要素市场体系。要继续大力引进高能级金融机构，争取大型国有商业银行在浦东设立第二总部，争取金融业增加值占地区生产总值的比重达到20%左右。要继续大力提升金融城的品牌知名度和影响力，加快推进上海中心等重点楼宇建设，完善商业、文化等综合服务配套功能。（摘自2012年浦东新区政府工作报告）

姜樑

沈晓明（2013年5月任浦东新区区委书记）

　　浦东是国家改革开放的旗帜，是国家战略的集中承载地，党中央和市委、市政府对浦东寄予厚望。浦东应改革而生，因改革而兴，过去浦东的成就靠改革，今后浦东的发展还要靠改革。目前浦东正处在二次创业的新时期，分水岭就是两区合并。我们推进浦东二次创业，只有把改革这个看家本领传承好、发扬好，二次创业才有坚实的基础，二次创业的目标才有可能完成。（摘自2014年3月浦东新区区委常委会讲话）

孙继伟（2013年10月任浦东新区区长）

　　围绕"四个中心"核心功能区建设，创新陆家嘴金融城管理体制机制，拓展金融城发展空间，推进金融机构集聚，优化金融发展环境，支持航运金融、航运保险、海事法律等高端航运服务业发展，促进高能级跨国企业总部集聚，创新监管模式，主动承接自贸试验区在金融、航运、贸易等方面开放创新的溢出效应，加快要素资源集聚，增强核心枢纽功能，提升全球资源配置能力。（摘自2014年浦东新区政府工作报告）

孙继伟

编者序

　　浦东开发开放至今已走过25年历程。过去25年，如果将中国比作全球增速最快的列车，上海浦东无疑是最为强劲的发动机之一；而陆家嘴，堪称其中设计最为精巧的"核心部件"。它身负重任，历经打磨，日渐散发出巧夺天工的光彩和磁石般的引力。

　　一切，都源自敢于"做梦"。20世纪80年代初，上海对改革开放、对浦江东岸的开发跃跃欲试，"吃不到饼就先画饼"，规划、建设的蓝图开始涂上梦想的底色。1990年4月18日，党中央、国务院在上海宣布了开发开放浦东的决策，至此，原本充满地缘情结的"上海梦"、"浦东梦"，一跃上升为国家战略，承载着国强民富的"中国梦"。作为全国唯一以"金融贸易区"命名的国家级开发区，陆家嘴的"金色梦想"，也就此起航。

　　以今人的眼光审视陆家嘴，也许并不完美。但追溯至25年前，那"无中生有"的魄力，敢想敢做的担当，科学周密的论证，注定给后世留下一份惊叹。规划方案面向全球征集，最终没有照搬照抄其中任何一个，而是结合各方案之长，因地制宜，描绘出一个属于陆家嘴自己的"梦想空间"。一如陆家嘴的梦，从懵懂到清晰，不变的，是那份激情与荣光。

　　最初参加过陆家嘴规划方案征集的英国建筑设计大师理查德·罗杰斯也曾感慨，没想到中国人能对国外设计方案当中的理念理解得这么好，也没有想到他们能把各家的优点结合起来，并运用得这么巧妙，令人刮目相看。这位被业界奉为"教科书"式的大师还大胆断言，世界城市规划的教科书上很快就会出现中国的东西。

　　桃李不言，下自成蹊。改革开放总设计师邓小平当年的寄语："抓紧浦东开发，不要动摇，一直到建成"，像一面鲜明的旗帜，不仅牢牢地印在陆家嘴的地标建筑外墙上，更深深地镌刻在每一个参与这片热土规划和开发建设者的心中。他们，脚踏实地，不忘初心，一步步朝着梦想前行。

Preface

The opening and development of Pudong District, Shanghai has been going on for 25 years. In the past 25 years, Pudong has doubtlessly been one of the most powerful engines propelling China, the fastest train that runs among the global machines. Lujiazui Area is the most delicate part that has ever been designed of this engine. It bears on its shoulder a great task that through times has burnished this part to its glorious splendor and mesmerizing charm.

It all started because of a daring dream. Back in the early 80s of the last century, Shanghai adopted the reform and opening-up policy and started to develop the east bank of Pujiang River, later called Pudong District. Everything was built from scratch with the blueprint of planning and construction beginning to shape up. On April 18th 1990, Party Central Committee and State Council issued a policy of developing and opening-up of Pudong District. From that day onward, the local "Shanghai Dream" and "Pudong Dream" up-scaled to a national strategy, carrying the Chinese dream of strengthening the nation and improving people's livelihood. Being the only national development zone as a financial trade area, the vessel of Lujiazui sailed to its golden dream since then.

From today's point of view, Lujiazui may not be the prefect area in terms of its planning and development. But the fact that it took enough courage and wisdom to realize the dream 25 years ago would always startle generations to come. The planning projects were collected from all around the world. Instead of adopting a single project, the final plan took different advantages of each project in accordance with local conditions, yielding to a unique dream space of Lujiazui. With the outline starting to shape, passion and glory never receded.

Richard Rogers, the world-renowned English architect who was one of the many architects participated in Lujiazui planning project, never thought the Chinese would thoroughly understand the concepts in foreign projects, nor that they would even combine all the advantages from different ones to come up with a more refined one. He then predicted that in the near future the Chinese projects would be introduced in the global urban planning textbooks.

As a Chinese idiom goes, a trust-worthy and loyal man attracts admiration. Deng Xiaoping, the general designer of the reform and opening-up policy, once suggested that governments should spare no efforts to carry out the development of Pudong District until its completion. His words are not only just some banners that are painted on the façades of

正是因为他们的执着与奋进，才让今日陆家嘴的繁华与绚丽成为可能。

从单一到融合，从园区到城市。黄浦江畔的这片热土，见证了一个时代的变迁，一座"金融城"的崛起。今天的陆家嘴，作为上海建设国际经济中心、金融中心、贸易中心和航运中心的核心功能区，集聚效应突显，直入云霄的天际轮廓线与"站立的华尔街"美名，深入人心，不仅是中国改革开放的样本和标志，更以傲人的姿态参与全球竞争。

当梦想照进现实，所有的心血和付出，意义非凡。把逐梦的点点滴滴，留存、记取，仿佛一个个清晰的脚印，可供后人追寻、思考。这，也是本套丛书诞生的初衷。

15年前，上海陆家嘴（集团）有限公司就曾与上海市规划局合作，编辑出版了《上海陆家嘴金融中心区规划与建筑丛书》，忠实记录了陆家嘴梦想蓝图的诞生经过；15年后，1.7平方公里的"陆家嘴中心区"长成31.78平方公里的"陆家嘴金融贸易区"，经济、金融、贸易等复合功能突显，政企再度携手，推出本套《梦缘陆家嘴——上海陆家嘴金融贸易区规划和建设丛书》，继续秉承亲历者编写的宗旨，以约300万字、图文并茂的形式，还原一段为梦想而亦步亦趋、精耕细作的历程，回答一个"陆家嘴何以成为陆家嘴"的问题。

第一册**"总体规划"**，详细记录了陆家嘴金融贸易区规划编制的历程及演变、陆家嘴金融贸易区规划的意义、经验和思考；

第二册**"重点区域规划和专项规划"**，将陆家嘴金融贸易区重点功能区域规划和交通、基础设施、城市景观、立体空间等规划、城市设计和盘托出；

第三册**"开发实践"**，生动讲述了以上海陆家嘴（集团）有限公司为开发主力军，滚动开发陆

landmarks in Lujiazui, but also etched in the minds of each and every person who took part in the process. They had always been keeping a humble heart towards their dreams. It is due to their devotion and endeavor that Lujiazui can see its own prosperity and splendor now.

From industrial parks to the entire city with gradual integration, Pudong District witnessed the change of an era and the rise of a financial town. As a major function zone integrated with international economic center, financial center, trade center and shipping center in Shanghai, Lujiazui nowadays shows strong aggregation effect. Skyscrapers in this area give it the name Standing Wall Street, which echoes with every one's heart. All its achievements, setting as examples that mark China's reform and opening-up policy, enjoy great competitiveness among global markets.

When dream finally came true, all the dedication and hard works were doubtlessly of great significance. It is the very goal of these volumes that records every step along the way that leads to the dream so that they can be seen by later generations.

15 years ago, Shanghai Lujiazui Development (Group) Co.,ltd. and Shanghai Planning Bureau co-published a series Shanghai Lujiazui Finance and Trade Zone Planning and Construction which recorded in detail the entire process of how Lujiazui's blueprint was being born. The 1.7-square-kilometre Lujiazui Central District now grows to 31.78-square-kilometre Finance and Trade Zone integrated with economic, financial and trade functions. The government works with corporations again to publish this new series *Lujiazui: Where All Dreams Begin-Collection of Shanghai Lujiazui Finance and Trade Zone Planning and Construction*. Just like the former series, this one is also written by the participants who take part in the course. About 3-million words along with pictures restored the entire process of inexhaustible devotion and delicate designs, all of which are answers to why Lujiazui being the Lujiazui today.

Volume I , *Overall Planning*, gives the planning process of Lujiazui Financial Trade District, its evolution, significance, experiences and thoughts in detail.

Volume II , *Key Area Planning and Subject Planning*, introduces planning of key functional regions, as well as of

家嘴的"筑梦"经历；

第四册**"功能实现"**，利用详尽的数据和图表展现了陆家嘴围绕"四个中心"建设目标而实现的复合功能及城市形态和经济社会发展成果；

第五册**"建设成果"**，则选取最能反映城市形象变化的楼宇、道路和景观雕塑等建设成果，勾勒陆家嘴金融贸易区独特的气质和神韵……

这里，永远是梦开始的地方，追梦的脚步永不停歇。

2015年初，中国（上海）自由贸易试验区"扩区"，陆家嘴金融贸易区纳入其中；在上海市新一轮总体规划编制中，提出上海要在2020年基本建成"四个中心"和社会主义现代化国际大都市的基础上，努力建设成为具有全球资源配置能力、较强国际竞争力和影响力的"全球城市"。为打造中国经济升级版，陆家嘴作为核心功能区责无旁贷。

抚今追昔，展望未来。一个更加美好的陆家嘴，渐行渐近……

更多的惊喜，未完待续……

杨小明　庄少勤

2015年9月

transportation, infrastructure, urban landscape, stereoscopic space.

Volume III, *Development and Practice*, is about the experiences of realizing the Lujiazui dream that was led by Shanghai Lujiazui Development (Group) Co., Ltd.

Volume IV, *Function Implementation*, lays out Lujiazui's multi functions of international economic center, financial center, trade center and shipping center, as well as the achievements of urban morphology, economic and social development.

Volume V, *Construction Achievements*, outlines the distinctive quality and charm of Lujiazui Financial Trade District reflected on the buildings, roads, views and sculptures.

Here is the place where all dreams begin. The steps of seizing them never cease.

In early 2015, China (Shanghai) Pilot Free Trade Zone included Lujiazui into its map as the expansion goes. The undergoing Shanghai's new overall planning states that on the basis of form up the four centers in 2020, Shanghai will strive to build a global city with strong international competitiveness and influence and the capability of global resource distribution. To promote China's economy to a new high, Lujiazui bears unshakable responsibility as a major functional district.

Looking into the future with the recollection of the past, a better Lujiazui is bound to happen.

More surprises are about to come.

Yang Xiaoming, Zhuang Shaoqin

September, 2015

目录 Contents

后记

第一章

概述

第一节 陆家嘴金融贸易区简介

上海浦东陆家嘴金融贸易区是中国大陆202个国家级开发区中唯一以"金融贸易"命名的开发区，位于黄浦江、南浦大桥、杨浦大桥和上海内环线浦东段围合之中，规划面积31.78平方公里[1]，具有独特的地理优势和发展空间。其中，陆家嘴中心区（东至浦东南路，南至东昌路，西、北濒临黄浦江）面积1.7平方公里，区域内高楼林立，各类金融机构集聚。

1990年4月18日，党中央、国务院宣布开发开放上海浦东新区。

1990年5月4日，上海市委、市人民政府向党中央、国务院呈报《关于开发浦东、开放浦东的请示》，明确提及"三个开发区"（指陆家嘴金融贸易区、金桥出口加工区、外高桥保税区）。1990年6月2日中共中央、国务院正式下发《关于开发和开放浦东问题的批复》[中委（1990）100号]。

1990年9月，上海市陆家嘴金融贸易区开发公司成立，负责本区域的规划、建设、招商引资、协调管理。

2004年10月，浦东新区成立陆家嘴功能区域管理委员会，辖梅园、潍坊新村、塘桥、洋泾社区（街道）以及花木镇。2006年7月，花木镇改为花木街道办事处，梅园新村街道更名为陆家嘴街道。2006年8月，潍坊新村街道办事处改为潍坊新村社区管理委员会，一年之后，其他4个街道办事处均改为社区管理委员会，实现政府职能的转变和机构的改变。

2009年3月25日，国务院常务会议通过《关于推进上海加快发展现代服务业和先进制造业、建设国际金融中心和国际航运中心的意见》。陆家嘴金融贸易区被确认为上海打造"四个中心"（国际经济、金融、贸易、航运中心）的核心功能区域。

2009年5月，国务院批复同意撤销上海市南汇区，将其行政区域并入浦东新区。调整后的新浦东新区面积为1210.41平方千米，户籍人口268.60万人。浦东新区的机构也发生了变化，成立"7+1"管理体制。2010年1月12日，陆家嘴功能区域管委会被撤销，成立了陆家嘴金融贸易区管委会，主要从事经济发展、规划建设、产业促进、环境优化等职能。

2015年初，中央和上海市政府宣布，上海自由贸易试验区"扩区"，面积由原来的28.78平方公里扩展到120.72平方公里，陆家嘴金融片区、金桥开发区片区和张江高科技片区都被纳入其中。陆家嘴金融片区很重要的是在金融创新和高端服务业方面体现价值，在金融方面，要加强金融开放创新试点与金融中心建设联动，在资本项目可兑换、人民币跨境使用、利率市场化、外汇管理等方面进一步深化改革；在贸易方面，则是实行货物状态分类监管试点，拓展国际贸易"单一

---

[1] 陆家嘴金融贸易区建立时，所涉及的行政区划范围有原川沙县严桥、洋泾、花木3个乡的部分区域，黄浦区的陆家嘴、张家浜、崂山西路、潍坊新村街道和洋泾镇，南市区的塘桥街道，以及杨浦区歇浦路街道的部分区域。

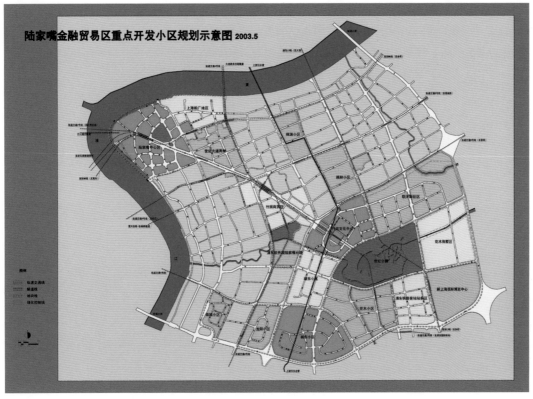

区域示意图1
区域示意图2

窗口"功能，大力发展服务贸易、离岸贸易，完善大宗商品现货交易等各类贸易平台功能；在航运方面，则是深化国际中转集拼、国际船舶登记等创新试点，加快引进标杆性、引领型的航运企业和机构，发展航运金融、航运保险、航运法律等高端航运服务业。

　　至此，陆家嘴金融贸易区的开发建设进入了一个新的阶段。

　　陆家嘴金融贸易区以金融、航运、商贸、会展、旅游等为主要产业，是全国金融、资金、人才、企业总部、要素市场、办公楼宇最为集聚的区域，以金融为核心的现代服务业产业体系有序发展，是构建上海国际金融中心、航运中心的重要组成部分，也是全球资本市场最活跃的区域之一。在实现资本市场与国际的高效对接和互动方面，陆家嘴拥有其他区域无可比拟的地域优势和产业基础。对于上海市而言，陆家嘴金融贸易区是上海对外经济贸易的龙头区域，已经成为上海现代化建设的缩影，上海国际大都市品牌的象征，成为与中国香港、新加坡并列的亚洲金融中心。

　　截至2014年底，陆家嘴金融贸易区有持牌类金融机构728家，约占浦东新区的90%，其中外资法人银行18家，约占上海市的86%，约占全国的一半；基金管理公司46家，约占上海市的95%，约占全国的43%。近年来，新兴金融机构集聚明显，股权投资公司（含创业投资）578家，约占浦东新区的一半以上，融资租赁公司53家，约占浦东新区的26%，金融专业服务机构397家。拥有证券、期货、钻石、石油、金融期货、人才、农产品、化工等11家国家级和市级要素市场。金融从业人员17万。区域有航运机构1071家，全国5/7的航运保险专营机构落户在陆家嘴。跨国公司地区总部达87家，约占上海市的1/5。

　　"十二五"期间，陆家嘴金融贸易区的发展目标是，聚焦上海建设"国际金融中心、国际航运中心"的国家战略，将陆家嘴金融贸易区建设成为上海国际金融中心的核心功能区，上海国际航运中心的高端服务区，上海国际贸易中心的现代商贸集聚区。

第二节　今昔陆家嘴

　　1990年浦东开发开放以前，相对于浦西的城市繁华，一江之隔的陆家嘴地区发展迟缓得多。一边是外滩宏伟的"万国建筑博览会"与"十里洋场"，一边是一望无际的农田、仓库、厂房、船坞，浦江两岸形成鲜明的对比。

　　25年前，除了沿江的工厂、码头和20世纪60到80年代建设的工房外，陆家嘴金融贸易区是成片的旧棚简屋和农田河网，最高的建筑是浦东南路上27m高的消防站瞭望塔。陆家嘴中心区10万平方米的中心绿地上，当年密集地居住了3500户居民。今天金茂大厦以东的银城路是年久失修的煤渣路，一下雨就泥泞难行，当时的正式名称是"烂泥渡路"。新上海商业城、竹园商贸区的所在地更是稻浪滚滚，菜花飘香。

正是这块与繁华的外滩隔江相望的处女地，从1990年4月18日浦东开发开放以来，奏响了一曲中国改革开放的华彩乐章。

经过25年艰难而成功的开发建设，陆家嘴金融贸易区已基本实现了"从单一到融合，从园区到城市"，从形态开发向功能开发的转型，使一个城郊结合区域发展成了一个生气勃勃的现代化大都市。

今天的陆家嘴金融贸易区内，智能化大楼鳞次栉比，立体交通网高速便捷，现代服务业领先发展，生态化环境多姿多彩，初步建成了外向型、多功能、现代化的新城区，陆家嘴金融贸易区已成为全国要素市场较齐全，市场服务较为完善，资源配置效率较高的开发区，成为中国改革开放的窗口和上海改革开放的标志，成为中国乃至全球的金融中心之一。

陆家嘴地区航拍（1993）
1990年和2014年陆家嘴全景对比

1992年与2007年96广场地块对比

1994年与2000年陆家嘴中心绿地对比

1995年与2011年陆家嘴中心区夜景对比

陆家嘴金融贸易区开发变迁 1994—2015

补充资料

陆家嘴历史由来[1]

浦东新区的前身主体是川沙县。其历史沿革可追溯到南北朝时的梁大同元年（535年），那时设有昆山县，隶属于信义郡；古代的川沙是戍卒屯垦的海疆，唐天宝十年（751年）属华亭县；到了元至元二十九年（1292年），归属于上海县；清雍正三年（1725年）后分隶南汇和上海两县；嘉庆十五年（1810年）开始由上海、南汇两县划出，设川沙抚民厅；辛亥革命（1911年）时改厅为县，直隶江苏省；1950年由南汇划入29个乡；1958年川沙从江苏省划出，改属上海市管辖；1961年成立才2年的浦东县的农村部分全部划入川沙；1984年将沿黄浦江的塘桥、陆家嘴、洋泾一带划归黄浦区。

陆家嘴这一名字的来源鲜有人知。据《上海地方志》记载，迤逦而来的黄浦江在这里拐了个近90°的大弯，留下了一片突出的冲积滩地，从浦江之西向对岸眺望，这一块滩地犹如一只巨大的金角兽伸出脑袋张开嘴巴在这里饮水。这片土地又是与明朝的大文学家——历任大常卿兼侍读、翰林院学士的陆深（1477～1505年）和他的夫人梅氏紧密联系在一起，且陆深的旧居以及陆氏的祖茔都建在此地，因此这块滩地就被称为陆家嘴。

陆氏宗祠原位于浦东陆家嘴花园石桥路南、吴家嘴附近，占地700平方米。此祠系明朝嘉靖二十四年（1545年）陆深（谥文裕）敕葬后所建，坐北朝南。1937年，祠宇大多倒塌。新中国建立后，居民在其遗址上建起砖木结构平房5间。在原陆家嘴轮渡站的东南面，曾有陆深及其子陆楫的墓，1969年在挖防空洞时被发现。其曾祖父处士陆德衡、祖父通议大夫陆寅等，亦同葬于此。遗址已建成居民住宅。

明永乐年间，黄浦江水系形成，江水自南向北与吴淞江相汇后，折向东流，东岸形成一块嘴状的冲积沙滩。境内河流纵横，主要有高巷浜、谢家浜、东洋泾浜、陆家嘴港等。明末清初，境内西南和中部有散居渔民，后来形成彭家宅。

清乾隆年间，为防汛和抵御咸潮筑有护塘，塘外为荒滩，塘内有护塘沟，江苏等地船民来此定居，逐渐形成杨家毛、喻家门、花园石桥、冶坊桥等自然村宅。清嘉庆年间形成王家门小村落。清道光年间又形成张家堰、吴家弄、姜家弄等自然村落。

清同治元年（1862年）后，英、美、法、日、德等国，在境内先后辟建仓库、码头、堆栈、工厂。同治十年（1871年），清政府建立轮船招商局，并在烂泥渡建北码头，在陆家嘴设立南栈房。英商在烂泥渡建太沽栈。在陆家渡有法商永兴栈，德商瑞记洋行火油池等。陆家嘴沿江先后建起英商祥生铁厂、日商黄浦造船所、日华纱厂、英商茂生纱厂、英美烟厂等。民族工商业也在此兴办天章造纸厂、荧昌火柴厂、鸿翔兴船舶修造厂等。烂泥渡地区商业渐趋繁荣，大宗家用器具、砖瓦竹木等建筑材料，各类土特产等均以此为集散地，逐渐形成商业街。抗日战争期间，境内商业由烂泥渡路和陆家嘴路，逐渐移向东昌路。境内自南向北，设有陆家渡、烂泥渡、游龙路、隆茂栈、春江、坟山、小南洋、泰同栈等8个舢板对江渡。现大部渡口被工厂、仓库等所占，仅存东昌路、泰同栈、陆家嘴3个轮渡站。上海解放后，东昌路成为浦东地区最繁荣的一条商业街。有百年老店松盛油酱店、大鸿运酒楼、东方羊肉面店、德兴馆等名特商店，其他各类商店，一应俱全。新辟东宁路与陆家嘴集市贸易市场。

在陆家嘴地区，存在着佛教、天主教、基督教、伊斯兰教等多个宗教。其中佛教的历史比较悠久，自宋朝开始传入并盛于明清。天主教则由明代开始传入，鸦片战争后到民国前期有较大发展。基督教传入略晚，于清代后期传入，民国期间有发展。

---

[1] 摘编自百度、WIKI等。

第二章

陆家嘴金融贸易区的功能和目标定位

第一节　区域选址的重大决策

为启动陆家嘴金融贸易区开发建设，1990年9月6日，上海市人民政府批准设立上海陆家嘴金融贸易区开发公司（沪府办〔1990〕130号）。2005年4月14日，国土资源部根据国务院要求，在完成全国清理整顿开发区工作后明确，陆家嘴金融贸易区已经通过了审核，面积为31.78平方公里（国土资函〔2005〕313号）。

在1990年浦东开发开放以前，陆家嘴地区的功能主要是工业和上海老市区旧区改造居民动迁的安置地，沿江工厂林立，棚户密集，腹地是以种植蔬菜为主的农田，是一个典型的城郊结合部待改造开发区域，这与黄浦江对岸的外滩金融街的经济和社会发展形成了极大的反差。据上海陆家嘴金融贸易区开发公司（上海陆家嘴（集团）有限公司前身）调查及不完全统计，1990年，区内已有居民约54万，待拆迁改造的各类旧建筑超过1000万平方米。仅在规划的陆家嘴核心区1.7平方公里里面，就有约5万居民，325家单位，43万平方米旧的工厂和仓库建筑。

这些数字被层层汇报上去以后，1990年10月6日，时任上海市市长的朱镕基召开了专题会议研究，建议当时的上海市副市长也是浦东开发前期主要领导者倪天增，搞个直升机飞到实地上空看一下，论证规划选址的可行性，可见当时的市领导既科学又迫切的态度。

经过反复的调查研究，情况已经很清楚了。这里实际上就是旧城改造，优劣势同样相当明显。优势是与外滩这个上海20世纪二三十年代的远东金融中心仅一江之隔，一旦启动了以后，黄浦江两岸可以共同形成金融中心，意味着上海20世纪二三十年代的远东金融中心的回归，树立形象。劣势是动拆迁量大，开发成本高，是一块难啃的骨头。

毫无疑问，在当时，即便是现在来看，陆家嘴金融贸易区的开发建设的确是一块难啃的"硬骨头"。但是从长远来看。一个城市母亲河两岸发展的巨大反差，这个问题终究要解决，浦东开发开放提供了一个千载难逢的机遇。啃下这块"硬骨头"，必定可以品尝到香浓美味的"骨髓"。

据说1990年12月底，市里开会决策，最后还是朱镕基市长一锤定音："好肉长在骨头旁！"金融贸易区还是要建在陆家嘴。

一组航拍旧照片

第二节 国际经验的比较借鉴❶

一、国际上金融中心形成的基本条件

1. 稳定的政局和稳定的经济增长环境

伦敦、纽约、东京等金融中心的发展轨迹清晰地反映出稳定的政局和经济基础对金融中心形成的决定性作用。19世纪后期，伴随着大英帝国无日落的疆域和引领世界工业革命的经历，伦敦首先发展成为国际金融中心城市。20世纪50年代，美元为核心的货币金融体系形成，美国经济的超强繁荣将纽约送上了国际金融中心的宝座。到了20世纪70年代，东京金融中心因日本经济的腾飞而造就，后来也因日本经济的起落而消长。

2. 汇聚大量国内外金融机构、金融人才

伦敦金融城目前有287家外国银行，近2000家金融机构，30万金融人士工作。全世界1/3的外汇交易，36%的场外衍生金融产品业务量，20%的国际银行业务，50%的国际股权交易额都在这里完成，同时具有全球最大的保险、黄金和有色金属交易市场。中国香港在2003年就拥有本地银行53家，外国银行126家，保险公司191家，证券机构639家。纽约拥有77万金融人才，中国香港有40万，上海浦东则不足20万。

3. 形成不同金融产品交易的金融市场

所有近现代国际金融中心都存在大量的金融衍生产品，形成了门类齐全的各类金融交易市场，包括信贷市场、同业拆借市场、票据市场、外汇市场、黄金市场、白银市场、债券市场、股票市场、商品期货市场等。

4. 完备的法律制度和开放自由的市场环境

抗日战争前上海是远东货币和资本自由流动的地方，金融业管制少，货币自由兑换，投资环境宽松，经济对外开放度高，这种开放化的环境与制度特征为上海当时成为远东国际金融中心创造了前提条件。英国采用"案例法"，与时俱进随时可以变通，其法律体系对于市场、投资者的保护相当严谨而且具有灵活性，一旦发现问题立刻进行改进，弥补漏洞。

5. 具有全球或大区域的产业影响服务空间

世界三大主要经济区是北美、欧盟和东亚，与此相适应的是现存的国际金融中心都分布在三个区域内。最新公布的"环球金融中心指数"（Global Financial Centers Index，GFCI）报告显示，伦敦（791分）、纽约（774分）和新加坡（701分）分别位列前三。这些金融中心都普遍具有世界级或大区域的产业影响服务空间。

本国本地区货币都实行自由兑换。以中国香港为例，从20世纪70年代初开始推行金融自由化、国际化策略，从保守的金融政策转变为自由开放的金融政策。先后解除了外汇管制，实行货币自由兑换，资金自由进出，建立港币和美元挂钩的固定汇率制度，最终确立了港币信誉和国际地位。

6. 拥有发达的金融咨询行业和专业服务行业

所有现代国际金融中心除了拥有大量金融机构和跨国公司之外，都存在一大批为整个金融业服务的市场中介机构，如律师、会计、评估事务所，投资咨询公司，保险经纪人组织等，还有IT信息通信等金融业支撑部门。据统计，伦敦金融城内每年创造的律师收益就将近10亿英镑。

---

❶ 本节选取了业界公认的全球金融中心伦敦、纽约、东京和区域金融中心中国香港、新加坡。

二、国际上金融城形成的基本条件

1. 稳定的城市规划和综合统一利用土地空间

伦敦金融城地上建筑是分散开发，地下建筑是整体开发。在将成片开发土地划分成若干块功能房产项目时，只将项目区块红线中的建筑核心筒交给投资主体，而将建筑核心筒到边界红线的地面区域和地下空间全部交出，实行立体公共空间的综合统一利用，有效提高了地下空间的连通性，丰富了停车、商业和交通的空间功能，大大提高了土地利用价值。

2. 金融产业机构和交易机构高度集中在有限空间

伦敦金融城是一个约2.6平方公里的"城中城"，面积虽小，却是世界金融的心脏。美国纽约曼哈顿区下城的CBD金融区，华尔街面积不足1平方公里，但集中了几十家大银行、保险公司、交易所以及上百家大公司总部，成为世界上就业密度最高的地区。东京和中国香港的金融区域，虽不如伦敦和纽约那么集中，但也都是在有限的空间集中了大量的金融产业机构。

3. 拥有高端、优质、繁华、现代和人文的商业文化服务

世界上的金融城在规划上都具有较完善的功能，其中不可或缺的就是商业文化服务功能。这些功能要么就在金融城内部，要么紧紧围绕金融城分布。伦敦金融城不仅仅是金融业知名，其商业、文化、历史建筑、旅游及娱乐景点也都是伦敦城的骄傲。伦敦市更是拥有全世界闻名的购物和视觉艺术中心。华尔街北面的中城便是曼哈顿的豪华居住区，美国的政府机构、专业团体、研究部门和高端商业、文化也都在此集聚。在国际上，金融城及其周边区域总体上都形成了高端、优质、繁华、现代并具有人文氛围的商业文化服务。

4. 全天候与世界各地进行金融交易的通信和交通条件

世界上著名的国际金融中心都依托特大城市发达的通信网络和交通设施。伦敦金融城的银行上午8点开张营业时，东京和中国香港是下午4点。伦敦下午2点，纽约则是上午10点。因此国际性金融机构都是利用几大金融中心空间时差的因素，昼夜不停地从事金融交易。

5. 都有较长的培育期和成熟期

17世纪末18世纪初，伦敦只是英国的国际贸易中心。到18世纪末，伦敦作为国际性的金融中心才初露端倪。进入19世纪后，伦敦银行体系日趋完善，到20世纪第一次世界大战前夕，伦敦作为世界上最主要的国际金融中心的地位才得以确立。美国在第一次世界大战中经济贸易迅速崛起，第二次世界大战后发展成为世界头号经济强国。伦敦和纽约的金融城都是经过了长期发展才成熟起来。

6. 都是国际知名的空港和海港城市

世界上没有一个国际金融中心不是建立在海港城市，也没有一个身边没有全球闻名的洲际航空港，他们都有广阔的经济发展腹地和辐射区。

三、国际金融中心的运营管理特点

1. 伦敦：独立的金融城管理机构

伦敦金融城属于伦敦市，却有自己的市政机构、市长、法庭和警察，形成一整套严格的管理体系。作为世界上最古老的市政地方自治主体之一，金融城政府的历史比英国的议会制度还要悠久。按照英国王室宪章的规定，即使英国女王想进城，也必须事先征得金融城市长的同意。现任金融城市长已是第678任，

伦敦

行政地位属英国内阁部长级。金融城政府致力于维护金融城的全球地位，在全球推广整个英国金融和相关服务产业，同时服务和推动城内所有单位参与从基础设施维护到战略经济发展的广泛事务和项目。

2. 纽约：后起之秀，空间小交易量大

纽约金融市场按交易对象划分，主要包括外汇市场、货币市场和资本市场。其外汇市场并无固定统一的交易场所，所有外汇交易都是在商业银行与外汇市场经纪人之间进行。货币市场是世界货币市场中交易量最大的一个，每天都有大量短期资金从美国和世界各地涌入流出。资本市场是全球最大的经营中长期借贷资金的资本市场，分为债券市场和股票市场两大块。

3. 东京：主要动力是贸易账户的自由化和资本账户的放松管制

二战后初期，东京国际金融中心发展的主要动力是贸易账户的自由化和资本账户的放松管制（deregulation）。日本在1950~1975年间的对外贸易总额增加了24倍，而同期中国香港和新加坡只分别增加了11倍和4.6倍。1984年日元实现了完全自由兑换，1985年对非居民的中长期欧洲日元贷款也实现了自由化。1998年日本《金融体制改革法》开始实行，该改革计划的主要内容是解除金融行业各部门的管制，内外资本间的交易完全自由化，同时推进一系列保护投资者和确保市场公平的政策性措施。

4. 中国香港：与高端、优质、现代、综合商业文化服务结合

中国香港国际金融中心建设注重营造高端、优质、现代、综合的金融商业文化服务环境，围绕人的有效需求，将商业、办公、居住、酒店、展览、餐饮、会议、文娱、交通等城市功能空间进行组合，形成多功能、高效率的建筑群落。

5. 新加坡：依靠金融管理局和银行公会有效遏制市场风险

新加坡金融管理局除了不发行货币外，全面行使一般中央银行的职权，而新加坡银行公会是银行同业的自律性团体，以其内部制定的规章和准则，来约束会员银行的各项业务行为。双重管理体制使得金融业资产质量普遍较高，资本金比较充足，资产流动性较好，稳定了存款基础，有效遏制了金融市场风险。上次东亚金融危机和本次美国金融危机都未发生大规模资本外逃，银行存款和国际储备持续保持增长势头。

四、20世纪二三十年代的上海：具有作为远东国际金融中心的城市综合功能

上海在20世纪二三十年代曾经被称为"远东国际金融中心"，其金融能量当时远超东京、中国香港和新加坡。为什么在一个贫瘠落后的中国能够产生一个现代国际区域性金融中心？其形成和发展对今天建设陆家嘴金融城具有借鉴意义。当时的外滩是银行集聚一条街，在空间上是一条线、一张皮，但外滩银行的背后是洋行商贸功能区的纵深支撑。当时的黄浦地界外沿是黄浦江（十六铺）和苏州河，这两条河都是人员进出上海的门户，都是国际商贸和国内农副产品的集散地。黄浦的内部一条四马路（福州路）是老上海海派文化一条街，是中国银行、新闻、出版和文化用品业的龙头老大，是租界公务局机构所在地，汇集着当时中国一流的影院剧院、书场书店、医院药店、茶馆酒楼、旅社停车场、舞厅妓院等。一条大马路（南京路）早已是中国最长最高端的商业街。20世纪二三十年代上海的外滩黄浦一带，之所以成为上海城市的中心区域，之所以成为远东金融中心，其重要原因之一是它具备了城市的复合型功能。

第三节　城市性质的功能定位

从浦东开发初期到现在，一共经历了三次规划修编。

第一次是20世纪80年代中期开始修编的浦东新区总体规划，到1992年市政府批准，1995年纳入上海市总体规划，2001年获国务院批准，简称1992版规划。

第二次是2001年新区发展计划局受新区政府委托编制的浦东新区综合发展规划，简称2003版规划。

第三次是2009年浦东和南汇区合并后做的浦东新区总体规划修编，简称2011版规划。

历次总体规划对陆家嘴金融贸易区都有重点描述。

1. 1992版规划（浦东新区总体规划）

陆家嘴—花木分区：规划面积调整为30平方公里，人口调整为50万人，是浦东的核心地区，其中陆家嘴中心区部分1.7平方公里的金融贸易中心，是上海中央商务区的重要组成部分。花木地区是新区的市政管理中心，并发展博览等高层次的第三产业，形成繁荣的文化商业中心。

2. 2003版规划（浦东新区综合发展规划）

本次规划对浦东新区的定位是：具有世界一流水平的外向型、多功能、现代化的新城区。其城市性质是：全面提升外向型经济层次、高科技产业能级和现代化管理水平，建成功能组团式发展的城市结构；加快"三港"、"三网"等基础设施建设，建成现代化、功能型、枢纽型、网络化的城市基础设施框架；强化金融服务、现代物流、跨国营运管理、国际会展旅游及国际贸易枢纽等功能，建成面向国际的区域性金融服务中心、现代物流中心、跨国营运管理中心、旅游会展中心和内外贸易中心。

"陆家嘴功能区域"以世纪大道为纽带，连接陆家嘴中心区和花木行政文化中心区，形成具有国际影响力的金融商务区，拓展上海金融中心功能，兼有居住功能。

3. 2011版规划（浦东新区总体规划修编）

规划确定浦东新区的城区性质为：中国改革开放的示范区和综合配套改革试验区，上海建设国际经济、金融、贸易、航运中心的核心功能区，国家高新技术创新基地和战略性新兴产业主导区，具有

国际一流品质的生态型宜居新城区。

陆家嘴—世博综合片区是以国际金融贸易、商业商务、公共文化博览、会展会务、都市旅游、市民休闲与体育、滨江高端居住等为主导功能的综合片区。规划构筑陆家嘴中央商务区、市级副中心及专业中心、综合性片区中心和若干个地区中心（新市镇中心）的四级公共中心体系，促进城市综合性功能的提升。陆家嘴中央商务区：与浦西外滩共同构成市级中央商务区，重点发展金融贸易、航运服务、商业休闲等职能，成为上海国际金融中心建设的核心区域和高端服务经济集聚区。

1992版、2003版、2011版这三个规划，都对陆家嘴金融贸易区进行了重点描述。三个规划根据陆家嘴金融贸易区的开发实践，与时俱进，不断发展、深化、完善，体现了不同时期政府对陆家嘴金融贸易区形态开发和功能建设均相当重视。

陆家嘴金融贸易区过去重点提中央商务区（CBD），将来要向城市中央活动区（CAZ）的功能拓展。包括金融商务、休闲娱乐、观光旅游、交通中转等活动，其范围等同于通常所说的CBD，但更强调除商务活动以外的文化设施、旅游设施、国际机构及其活动等对于城市中心地区的重要性，因此，中央活动区（CAZ）是中央商务区（CBD）在功能上的扩展和延伸。

在国际化高水平规划的指导下，陆家嘴金融贸易区25年的开发建设如火如荼。

浦东新区规划结构图（1992）

3

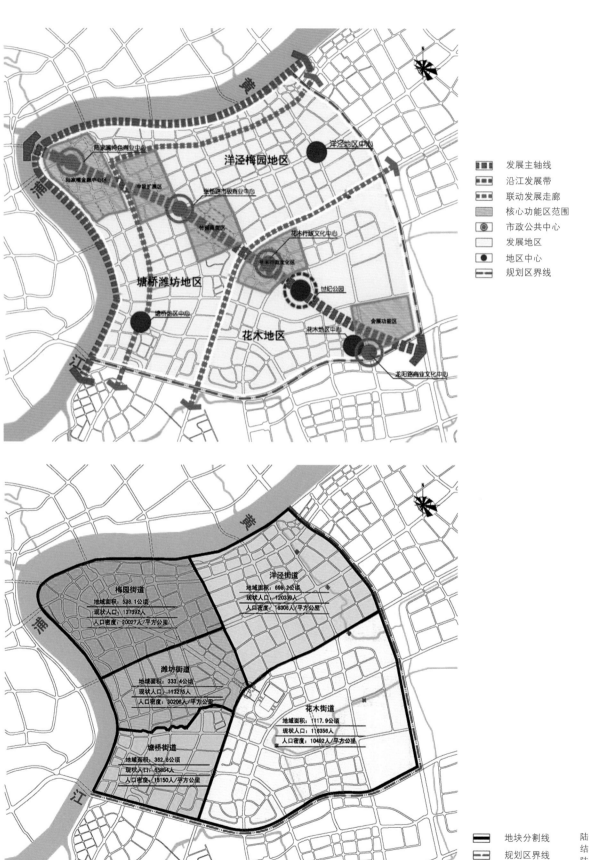

发展主轴线

沿江发展带

联动发展走廊

核心功能区范围

市政公共中心

发展地区

地区中心

规划区界线

地块分割线

规划区界线

陆家嘴金融贸易区规划
结构图（2003）
陆家嘴金融贸易区行政
区划图（2011）

第四节 经济社会的发展目标

一、2010年目标完成情况

25年来，陆家嘴金融贸易区始终坚持浦东开发国家战略不动摇，努力把中央和市委的战略决策落实为创造性的探索实践，经济社会实现了跨越式发展。站在今天的角度回顾历史，陆家嘴金融贸易区三轮的规划和目标任务，无论规划目标、形态目标，还是功能目标，原先设定的2010年阶段性目标总体上已经全面提前完成，在很多方面更有了超出原来预想的突破。

《上海浦东金融核心功能区发展"十一五"规划》明确：至2010年，浦东金融核心功能区金融机构数量力争超过600家，金融业增加值占全区生产总值的比重超过18%。实际上，截至2010年底，浦东新区的金融机构数量达649家，金融业增加值825.78亿元，占新区生产总值（4707.52亿元）的比重为17.54%[1]。仅陆家嘴金融贸易区，2010年的金融机构数量就达592家，金融业增加值687.77亿元，占新区生产总值（4707.52亿元）的比重为14.61%。

因此，"十一五"规划确定浦东建设金融核心功能区的主要目标已经完成（表1-1）。

上海浦东金融核心功能区"十一五"规划目标完成情况 表1-1

	金融机构数量	金融业增加值	金融业GDP占全区GDP比重
2010年目标	力争超过600家	—	18%
2010年实际	649家	825.78亿元	17.54%

二、2020年总体目标、主要任务和措施

展望未来，陆家嘴金融贸易区将按照党中央、国务院的总体部署以及市委、市府的有关精神，在国家综合配套改革试点和建设国际金融和航运中心这"两个中心"核心功能区的大背景下，紧紧围绕改革发展目标，继续高举浦东开发开放的旗帜，加快推进改革开放和制度建设，加快推进产业升级和自主创新，加快改善民生和促进社会和谐，推进"二次创业"、实现"二次跨越"，谋取新一轮的发展，推动浦东开发开放继续走向更高层次。

1）2009年4月，国务院下发《关于推进上海加快发展现代服务业和先进制造业建设国际金融中心和国际航运中心的意见（国发〔2009〕19号）》，明确了2020年上海建设国际金融中心和国际航运中心的总体目标、主要任务和措施。

国际金融中心建设总体目标是：

到2020年，基本建成与我国经济实力以及人民币国际地位相适应的国际金融中心；基本形成国内外投资者共同参与、国际化程度较高，交易、定价和信息功能齐备的多层次金融市场体系；基本形成以具有国际竞争力和行业影响力的金融机构为主体，各类金融机构共同发展的金融机构体系；基本形成门类齐全、结构合理、流动自由的金融人力资源体系；基本形成符合发展需要和国际惯例的税收、信用和监管等法律法规体系，以及具有国际竞争力的金融发展环境。

---

[1] 2009年南汇区与浦东新区二区合并，2010年新区生产总值增加了原南汇区的数据，按原口径计算，该比例高于18%。

国际航运中心建设的总体目标是：

到2020年，基本建成航运资源高度集聚，航运服务功能健全，航运市场环境优良，现代物流服务高效，具有全球航运资源配置能力的国际航运中心；基本形成以上海为中心，以江浙为两翼，以长江流域为腹地，与国内其他港口合理分工、紧密协作的国际航运枢纽港；基本形成规模化、集约化、快捷高效、结构优化的现代化港口集疏运体系，以及国际航空枢纽港，实现多种运输方式一体化发展；基本形成服务优质、功能完备的现代航运服务体系，营造便捷、高效、安全、法治的口岸环境和现代国际航运服务环境，增强国际航运资源整合能力，提高综合竞争力和服务能力。

国际金融中心建设的主要任务和措施是：

（1）加强金融市场体系建设。

（2）加强金融机构和业务体系建设。

（3）提升金融服务水平。

（4）改善金融发展环境。

国际航运中心建设的主要任务和措施是：

（1）优化现代航运集疏运体系。

（2）发展现代航运服务体系。

（3）探索建立国际航运发展综合试验区。

（4）完善现代航运发展配套支持政策。

（5）促进和规范邮轮产业发展。

2）上海市人民政府贯彻《国务院关于推进上海加快发展现代服务业和先进制造业建设国际金融中心和国际航运中心意见》的实施意见（沪府发〔2009〕25号）明确：

加快推进上海国际金融中心建设的具体任务和措施是：全力配合国家金融管理部门，积极推进金融市场体系、金融机构体系建设，大力支持金融产品创新和业务发展，促进金融改革、开放、创新在上海先行先试，维护金融安全稳定。同时，加强政府服务，营造良好环境。到2020年，基本建成与我国经济实力以及人民币国际地位相适应的国际金融中心。

（1）加强金融市场体系建设。

（2）加强金融机构体系建设。

（3）加快金融产品创新与业务发展。

（4）稳步推进金融对外开放。

（5）完善金融服务体系。

（6）优化金融发展环境。

加快推进上海国际航运中心建设的具体任务和措施是：全力配合国家有关部门，加快推进国际航运枢纽港、现代航运集疏运体系和现代航运服务体系建设，努力增强国际航运资源整合能力，提高综合竞争力和服务能力。到2020年，基本建成航运资源高度集聚、航运服务功能健全、航运市场环境优良、现代物流服务高效、具有全球航运资源配置能力的国际航运中心。

（1）优化现代航运集疏运体系。

（2）发展现代航运服务体系。

（3）探索建立国际航运发展综合试验区。

（4）完善现代航运发展配套支持政策。

（5）促进和规范邮轮产业发展。

3）《浦东新区关于加快推进上海国际金融中心核心功能区建设的实施意见》中的目标是：基本形成国际金融中心核心功能区的空间布局。加快建设陆家嘴金融城，形成总量充足、结构合理的金融产业空间形态；深入研究陆家嘴金融城和张江银行卡产业园延伸区域及其他相关地区的功能拓展，为可能出现的金融集聚区做好空间准备。……基本形成金融业的核心支柱产业地位。加快集聚金融要素市场、金融机构和金融人才，统筹发展传统金融和新兴金融，促进金融主体产业和金融辅助产业协调发展，加快发展金融财经资讯、教育咨询、会计审计、法律服务等中介服务产业。基本形成金融支持经济社会发展和产业结构优化升级的良性发展模式。推动形成金融与航运、贸易、科技及先进制造业联动发展的格局，促进现代服务业和先进制造业加快发展。

4）《浦东新区关于推进上海国际航运中心核心功能区建设实施意见》中的目标是：打造上海国际航运中心核心功能区。"十二五"末，初步形成船舶公司、航运物流企业、航运服务企业、国际航运中介组织和机构等组成的较为完善的航运产业和服务体系。至2020年，港口吞吐量力争保持全球领先，航运产业成为新区现代服务业发展和经济转型的重要支撑，航运辐射体系基本完善，中转比例明显上升，国际航运重点企业区域总部集聚，船舶融资、交易、保险等高端航运服务市场形成规模，航运资源配置具有全球影响力。在上海推进国际航运中心建设中凸现核心功能，在国家参与全球航运资源配置上发挥重要作用。

5）《浦东新区促进金融业发展财政扶持办法》明确：新引进金融机构、股权投资企业和股权投资管理企业、融资租赁企业、金融专业服务机构、人才及企业改制上市给予补贴的激励措施。

6）《浦东新区促进航运业发展财政扶持办法》明确：新引进或增资达到一定标准的并经认定的重点航运服务企业、高端航运服务企业、国内外知名功能性航运机构、大型航运先进制造与维修企业、人才等给予补贴的激励措施。

第三章

形似与神似——陆家嘴金融贸易区的形态开发与功能开发综述

国际经济、金融、贸易、航运中心，有其必要的基础骨架和核心内涵。

陆家嘴金融贸易区的开发建设大致可分为三个阶段：

1990～1995年为开发起步阶段，重点是规划、大规模基础设施建设、楼宇开发建设等。

1996～2005年为形态开发与功能开发并重阶段，利用中央、上海市、浦东新区政府给予的政策优势，一方面继续保持形态开发的强投入，另一方面加大了针对性的功能性项目引入速度。

2006年到现在，则是功能开发胜过了形态开发。

从20世纪90年代中期开始，上海市政府和浦东新区政府都意识到了建设国际金融中心，其功能内涵更为重要，及时提出形态开发与功能开发并重的重大发展战略。

例如，1996年5月22日，浦东新区召开了"为了陆家嘴的明天"专题座谈会，会上宣布了加快陆家嘴金融贸易区形态和功能开发的具体实施步骤，确定了一区（陆家嘴中心区）、一道（滨江大道）、一线（文明景观线）、一块（菊园小区）的"四个一"工程目标：要求在1997年6月底前建成10万平方米以草坪绿地为主的中心花园，加快滨江区域形象建设和陆家嘴中心区市政配套建设，1997年底初步建成区内道路网络；1997年底前完成滨江大道1500米段建设，使之成为上海人民又一游览休闲景点；形成一条体现现代化城市风貌的人文景观线，要求在1997年底完成；将与新上海商业城相邻的菊园小区作为浦东今明两年旧城改造的重点。

又如，1995年起，中国人民银行上海市分行等中外资银行、证券公司、保险公司、要素市场等功能性项目相继入驻，这标志着陆家嘴金融贸易区的开发已经全面进入形态、功能、人文、宜居并举的综合开发阶段。

陆家嘴中心区全景

右页：

1	2
3	4
5	
6	7	8

1 陆家嘴中心绿地
2 世纪广场
3 上海证券大厦
4 中国人民银行上海市分行总部大楼
5 滨江大道
6 陆家嘴中心绿地鸟瞰
7 世纪大道夜景
8 陆家嘴金融街一角

第一节　引擎——中央首次给予浦东功能性政策

1995年，浦东开发5周年，中央给了浦东一系列功能性政策。与财税优惠政策不同，这是中央为促进服务业对外开放，首次在浦东新区推行侧重于功能拓展的优惠政策。

这年的9月12日，上海市政府举行新闻发布会，介绍了中央给予上海开发浦东的新政策。上海一家媒体用了这样的标题"中央赋予新的政策，浦东新区如虎添翼"。

这些政策内容与1995年3月在浦东川沙宾馆的一次重要会议有关。

据浦东改革与发展研究院的专家回忆，20世纪90年代中期，浦东新区的领导和专家学者都在思考这样一个问题，浦东的下一轮开发到底要引进什么？当时大家已经敏感地意识到不能像珠三角初期一样，单纯引进跨国公司制造业，"产品高科技，劳动简单化"，浦东也会成为跨国公司的生产车间。

专家们认为浦东下一轮应该发展以金融业为核心的现代服务业。据此，中央、上海市的专家和实践者不断地进行着探讨和思考，通过多次研讨会、专家座谈会等形式逐步形成了一些创新思路。

1995年3月，市委副秘书长、市委研究室主任蔡来兴，浦东改革与发展研究院院长姚锡棠以及上海外贸学院副院长王新奎，市政府发展研究中心主任王战等三十多位政府决策咨询专家、学者在浦东川沙宾馆里，"头脑风暴"三天三夜，后来又经过多个层次的沟通、讨论，最终形成了一份请求浦东在服务贸易领域对外资先行先试开放的请示报告，提交中央。这个会议后来被称为"川沙会议"。

市委研究室根据专家会议的内容起草了一份给中央领导的汇报提纲，1995年4月18日，由黄菊同志向专程来浦东考察的国务院副总理朱镕基进行专题汇报。看到了那份经过三天三夜讨论出的汇报提纲，朱镕基认为这份汇报提纲对浦东开发开放具有重要战略意义，当即批给了国务院有关部门研究，形成了1995年6月国务院下达的《关于"九五"期间上海浦东新区开发开放有关政策的通知》（国函61号文件）。

61号文件的核心内容是中央允许浦东新区在服务贸易领域先行先试对外资开放，包括：①允许外资银行在浦东试营人民币业务；②允许在浦东建立中外合资外贸公司；③允许在浦东设立中外合资保险公司；④允许内地其他省份的外贸公司到浦东设立子公司；⑤外高桥保税区基本形成"港区合一"，以国际贸易为主，兼有出口加工、物资集散、保税储运、商品展示和服务贸易等功能的综合性自由贸易。

改革开放初期，我国仅制造业对外开放，服务业不对外开放。当时央行规定外资银行不能经营人民币业务，"61号文件"出台后，允许外资银行在浦东进行以"境内非居民"方式的经营人民币试点，这是我国金融业对外开放的第一步，是我国加入世贸组织前服务业领域对外开放的一次重要探索，具有里程碑意义。

回顾浦东20多年开发开放历程，致力于包括金融业在内的服务业的改革与开放，这是浦东开发开放最成功的经验之一，各类相关政策的制定与实施，是推进浦东发展的动力。浦东开发开放的政策并非一成不变，而是与时俱进，大致演变过程如下：

1. 从"限制中的开放"转向"开放中的限制"

1990年中央宣布浦东开发开放，当时仅限于对外资开放制造业，通过各种优惠性政策，鼓励外商在制造业领域直接投资，但在服务业领域，对外资的开放受到严格限制，金融、保险、商业批发零售等领域禁止外资进入，个案需要特批。这属于"限制中的开放"政策，浦东开发开放初期，同样也采取了鼓励外商投资制造业而限制或禁止外资进入服务业的政策。

浦东在服务业领域试行向外资开放，是我国在服务业领域对外开放的第一步，意味着我国的对外开放从只允许外资投资制造业的"限制中的开放",转向允许外资投资服务业的"开放中的限制"。

浦东新区在服务业对外开放先行先试进程中,在市委、市府、中央各主管部门的指导下,针对各种新问题新情况,通过创新并完善各种相关政策,使浦东在全国率先进行服务业对外开放的先行先试,为我国加入WTO和服务贸易总协定,以及全面对外资开放服务业积累了宝贵的实践经验。

2. 从财税为主的优惠性政策到第三产业逐步开放的功能性政策

浦东开发带动了上海和长三角地区的对外开放,上海各区县和长三角周边城市也进入了引进外资的高速发展阶段,各地竞相制定吸引外资的种种优惠政策,有的县市甚至给予外资企业零地价和随意延长免税减税期限等待遇,引发了引进外资的恶性竞争。

浦东新区在这种竞争中明显处于不利的地位,从20世纪90年代中期开始,浦东在国内率先提出了"功能性政策"的概念并进行了具体操作。

所谓功能性政策,就是针对当时我国对外资进入的领域限制、产业限制、经营限制和其他限制,按照国际惯例和国内现状,允许浦东突破上述限制先行先试。

功能性政策有严格的地域限制,即只能在浦东试行。例如,允许外资银行在浦东经营人民币业务,建立财务公司、保险公司等金融机构;允许外国企业在浦东新区开办百货商店、超级市场等第三产业;允许上海证券交易所为浦东开发开放自行审批发行人民币股票和B种股票;允许在外高桥设立中国开放度最大的保税区,等等。正是在上海和浦东首创、中央支持的这些功能性政策推动下,浦东新区率先把对外开放扩展到金融、贸易、电信、会展、旅游以及律师、会计、咨询、教育、医疗等服务贸易领域,为浦东快速发展现代服务业奠定了雄厚基础。

专家认为,"当时浦东的功能性政策下的改革就是中国加入WTO前夜的预演"。而这场预演让浦东再一次站在了新一轮改革开放的最前沿。

61号文件影印件

第二节　形似——陆家嘴金融贸易区的形态开发

金融中心首先要形似。

世界级和地区级的金融中心，无一不是高楼林立，交通便捷，通信顺畅，环境宜人。陆家嘴金融贸易区要建成国际金融中心，也必须具备国际金融中心的建筑容量、交通、通信、环境条件，构成现代化金融中心的城市面貌，成为合格的国际金融中心地域载体。

陆家嘴的楼宇高度集聚。25年来，陆家嘴金融贸易区共建设了密集的现代化办公楼235幢（包括在建35幢），建筑面积1432.4万平方米，其中，已竣工的甲级写字楼面积881.31万平方米，逐步接近世界上公认的三大国际金融中心伦敦、纽约和东京的建筑密集度，在形态的现代化上形似。

一、上海不断"长高"的标志

陆家嘴金融贸易区是一个高楼集聚区，有多幢上海市的地标建筑坐落于此。截至2014年底，已投入使用的各类商务楼宇总建筑面积1167.55万平方米，出租率96.8%。这里的高楼群与对岸外滩的历史建筑群，形成了浦江两岸独特的风景线，也令陆家嘴金融贸易区成为上海重要的游客聚集点。

1990年浦东开发开放以前，陆家嘴金融贸易区最高的建筑是高27米的东昌路消防瞭望塔。如今，632米的上海中心大厦成为中华第一高楼。

金茂大厦、上海环球金融中心、上海中心大厦三足鼎立，体现了上海这个大都市在不断"长高"。高420.5米的金茂大厦1998年年底竣工，是当时的中国第一高楼；2008年8月竣工的环球金融中心，以492米的高度取代金茂大厦成为中国第一，其97层的"观光阁97"成为当时世界上最高的观光设施；正在建设中的上海中心，设计高度632米，于2014年8月3日结构封顶，预计2015年年底竣工。届时，中国第一高楼的桂冠又将易主。陆家嘴金融城正向世界展示着上海建设金融中心应有的高度和气度。

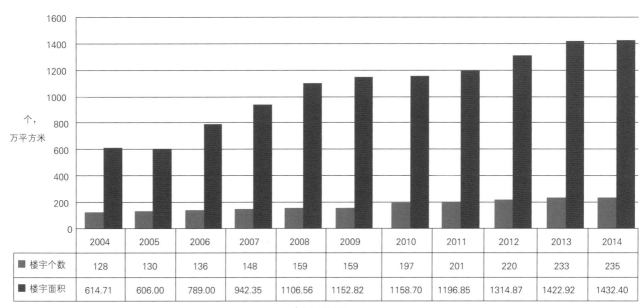

	2004	2005	2006	2007	2008	2009	2010	2011	2012	2013	2014
■ 楼宇个数	128	130	136	148	159	159	197	201	220	233	235
■ 楼宇面积	614.71	606.00	789.00	942.35	1106.56	1152.82	1158.70	1196.85	1314.87	1422.92	1432.40

历年累计建设楼宇数和面积

1	2	3
4		
5	6	7

1　陆家嘴中心区景观（一）

2　陆家嘴中心区景观（二）

3　陆家嘴竹园商贸区高楼集聚

4　陆家嘴中心区景观（三）

5　东昌路消防瞭望塔（曾经的浦东最高点）

6　1999年9月13日东昌路消防瞭望塔爆破拆除

7　东昌路消防瞭望塔拆除后

上海环球金融中心、金茂大厦、上海中心大厦三足鼎立

二、陆家嘴的道路交通方便快捷

陆家嘴金融贸易区内交通发达，上海的轨道交通、公交以及往来浦江两岸的隧桥、轮渡航线有不少都位于区内。

1. 轨道交通

上海轨道交通有4条线贯穿陆家嘴金融贸易区内，分别为2号线、4号线、6号线和9号线。此外，建设中的14号线也将通过陆家嘴金融贸易区。位于区内的世纪大道地铁站，是上海唯一一座四线换乘站，与区内的陆家嘴站一起，是上海最繁忙的地铁站之一。此外，蓝村路站也是一个换乘车站，6号线和4号线在此交会。

2. 公交

陆家嘴中心区目前有4条金融城线路和1条陆家嘴旅游环线公交车，专门负责陆家嘴金融城的公交运营。2013年12月25日，杨高公交1083路公交车开通，该路公交车将沿江行驶。

3. 道路、隧桥

连接陆家嘴金融贸易区与浦西的有多条隧道及大桥。在陆家嘴金融贸易区内，由西南向东北，依次有5条隧道：复兴东路隧道（中国第一条双管双层越江隧道）、人民路隧道、延安东路隧道、新建路隧道、大连路隧道；从北面连接浦西的杨浦大桥和从西面连接浦西的南浦大桥，是上海内环线的组成部分。值得注意的是，连接两岸的还有一条特殊的隧道，即上海外滩观光隧道，其全长646.7米，专为游客观光使用。

在陆家嘴金融贸易区也有许多上海的主干道，如世纪大道、浦东大道、东方路、杨高路、张杨路、浦东南路、罗山路、龙阳路等。城市道路长度为150.43公里，城市道路面积为398.54万平方米。

4. 轮渡

在陆家嘴中心区，有2个轮渡站——东昌路轮渡和泰东路轮渡，分别由东复线轮渡、东金线轮渡和泰公线轮渡运营，陆家嘴金融贸易区范围内还有塘董线、杨复线、民丹线、其秦线和歇宁线等轮渡航线。

磁悬浮列车

1	2	3	4	5	6
7		8	9		10
		11			

1 陆家嘴金融城人才公寓专线公交开通
2 人民路隧道
3 世纪大道地铁站内景
4 东方路街景
5 轮渡
6 轮渡码头
7 陆家嘴中心区二层步行连廊（一）
8 陆家嘴中心区二层步行连廊（二）
9 陆家嘴中心地区明珠环人行天桥
10 世纪大道、张杨路、东方路交叉口夜景
11 杨浦大桥

1990年起，陆家嘴金融贸易区开始大规模的基础设施投入，高强度的资金投入极大地改善了投资环境，也极大地改善了陆家嘴金融贸易区的城市形态、投资环境和生活设施，为招商引资奠定了坚实基础。

1990～2014年的25年间，陆家嘴金融贸易区全社会固定资产投资累计达3662.11亿元。2004～2014年的11年间，陆家嘴金融贸易区城市基础设施累计投资353.13亿元，占同期全社会固定资产总额的16.79%。

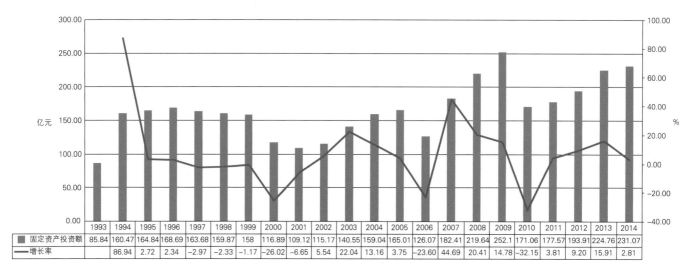

	1993	1994	1995	1996	1997	1998	1999	2000	2001	2002	2003	2004	2005	2006	2007	2008	2009	2010	2011	2012	2013	2014
■ 固定资产投资额	85.84	160.47	164.84	168.69	163.68	159.87	158	116.89	109.12	115.17	140.55	159.04	165.01	126.07	182.41	219.64	252.1	171.06	177.57	193.91	224.76	231.07
— 增长率		86.94	2.72	2.34	-2.97	-2.33	-1.17	-26.02	-6.65	5.54	22.04	13.16	3.75	-23.60	44.69	20.41	14.78	-32.15	3.81	9.20	15.91	2.81

历年固定资产投资额和增长率

第三节 神似——陆家嘴金融贸易区的功能开发

金融中心更重要的是神似。

陆家嘴金融贸易区产业功能的有效开发，即区域内聚集的功能性机构的规模、数量，产生的经济活动总量，经济运营的软环境等，对上海建设国际金融中心起到重要的推动作用。在上海市的整体功能布局中，陆家嘴金融贸易区具有独特的功能开发目标。

从经济形态看，它是上海流量经济的载体和平台，是市场要素流动和运转的总枢纽，市场要素通过这里流转实现价值增值；从产业形态上看，陆家嘴金融贸易区是服务业中的高级产业的集聚地，是国际化的金融、贸易、服务、管理的中心；从经济特征上看，陆家嘴金融贸易区是全国乃至亚太地区的辐射源之一，经济发展受区域经济波动影响较小，抗波动的能力较强，经济稳定性相对较高。

陆家嘴金融贸易区的这些目标体现在功能上，集中表现为：①国际化的金融服务功能。通过国际及国内的银行、证券、保险、基金、财务公司等金融机构的集聚，在这里形成庞大的能够辐射亚太的金融市场。②国际化的运营管理功能。跨国公司地区总部，国内大企业、大集团总部，国际化组织的总部或分部，国内全国性的社团组织总部等在这里集聚，是企业、组织的管理、决策、生产组织的中心。③国际化的专业服务功能。集聚大批能为各类企业提供专业、综合、全球性服务的产业，包括会计、法律、咨询、广告等。

在25年的发展历程中，陆家嘴金融贸易区克服了发展道路上的各种艰难险阻，特别是面对1997年亚洲金融危机和2008年全球金融危机的冲击，经济社会始终保持又好又快又稳的发展势头。

站在今天的角度回顾历史，陆家嘴金融贸易区三轮的规划和目标任务，无论从规划目标、形态目标还是功能目标看，原先设定的开发建设阶段性目标（2010年）总体上已经全面提前完成，在很多方面更有了超出原来预想的突破。

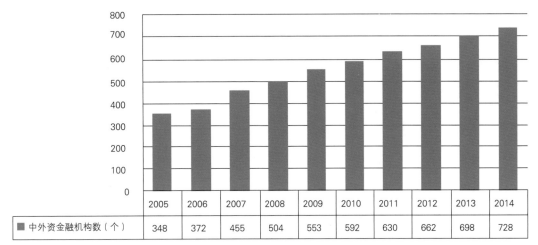

	2005	2006	2007	2008	2009	2010	2011	2012	2013	2014
■ 中外资金融机构数（个）	348	372	455	504	553	592	630	662	698	728

历年中外资金融机构数

一、"五个高度集聚"特点明显

1. 金融机构高度集聚

外资金融机构集聚度为全国最高。截至2014年底，区域内有728家中外资金融机构，同时，区内共有18家外资银行法人行，61家外资银行分行和69家外资银行代表处，汇丰银行、花旗银行、渣打银行、东亚银行、星展银行、恒生银行、三菱东京日联银行等外资银行的中国总部就设立在陆家嘴中心区。

2. 要素市场高度集聚

主要的交易市场——上海证券交易所、上海期货交易所、中国金融期货交易所和上海钻石交易所等，都位于陆家嘴金融贸易区内。区域内共有11家国家级和市级要素市场。

3. 地区总部高度集聚

陆家嘴金融贸易区自成立后，大量中外机构便开始进驻，其中有许多将地区性乃至全球性的总部设立在了这里。陆家嘴从而成为一个公司总部集聚区，总部经济集聚度为全国之最。截至2014年底，经认定的跨国公司地区总部87家，其中，交通银行就将全国总部设立于此，浦东发展银行、上海银行与上海农商银行的总部也位于陆家嘴。已有两家银行在陆家嘴设立了"第二总部"，分别为中国银行和中国建设银行。此外，中国农业银行也已将与金融有关的8个部门总部移至陆家嘴的浦江双辉大厦。在保险领域，中国太平洋保险、中宏人寿保险有限公司把全国总部设立在了陆家嘴。

除了金融机构外，IBM的全球新兴市场总部也设立在陆家嘴。在制造企业中，中国商飞公司总部也于2009年入驻陆家嘴。

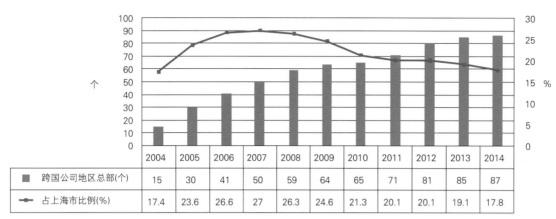

	2004	2005	2006	2007	2008	2009	2010	2011	2012	2013	2014
■ 跨国公司地区总部(个)	15	30	41	50	59	64	65	71	81	85	87
━◆━ 占上海市比例(%)	17.4	23.6	26.6	27	26.3	24.6	21.3	20.1	20.1	19.1	17.8

历年跨国公司地区总部入驻数及占上海市比例

4. 高端人才高度集聚

2014年底，区域内金融从业人员达20万之众；境外人员常住陆家嘴金融贸易区的有3.56万人，占浦东新区的51.3%。据陆家嘴金融贸易区第二次经济普查数据统计，陆家嘴金融贸易区内法人单位从业人员60.73万人，其中，具有研究生以上学历的为3.24万人，占从业人员的5.3%，具有大学本科学历的为16.79万人，占从业人员的27.6%，具有大学专科学历的为13.84万人，占从业人员的22.8%。具有各级专业技术职称的为12.51万人，占从业人员的22.8%。特别是陆家嘴中心区内的15.22万从业人员中，具有研究生以上学历的为1.36万人，占从业人员的8.94%，具有大学本科学历的为6.02万人，占从业人员的39.55%。

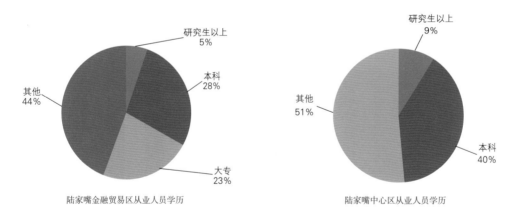

陆家嘴金融贸易区从业人员学历　　　　　陆家嘴中心区从业人员学历

5. 资源财富高度集聚

据陆家嘴金融贸易区第二次经济普查数据统计，陆家嘴金融贸易区内法人单位全年营业收入11986.32亿元，平均每平方公里377.17亿元，陆家嘴中心区1.7平方公里内法人单位全年营业收入4146.97亿元，平均每平方公里2439.39亿元。

从重点区域看，陆家嘴重点小区❶5.4平方公里，2013年实现增加值1949.33亿元，占新区增加值6448.7亿元的30.23%，平均每平方公里增加值达到360.99亿元。

从重点楼宇看，2012年，陆家嘴188栋商办楼宇中，税收"亿元楼"有74幢，税收超过5亿元楼宇有22幢，税收超10亿元楼宇有7幢，金茂大厦单幢楼宇税收达到27亿元。从重点企业看，2012年，陆家嘴金融贸易区税收超亿元的有100户，占新区的33%。

---

❶ 陆家嘴重点小区系指陆家嘴金融城8个重点产业功能开发区域。

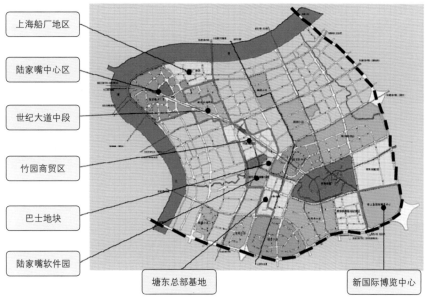

上海船厂地区

陆家嘴中心区

世纪大道中段

竹园商贸区

巴士地块

陆家嘴软件园

塘东总部基地

新国际博览中心

陆家嘴金融城5.4平方公里重点开发区域示意图

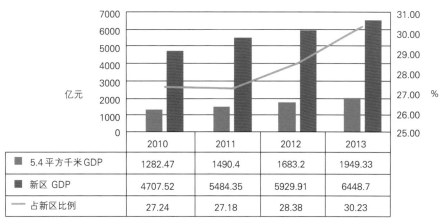

	2010	2011	2012	2013
■ 5.4平方千米GDP	1282.47	1490.4	1683.2	1949.33
■ 新区GDP	4707.52	5484.35	5929.91	6448.7
— 占新区比例	27.24	27.18	28.38	30.23

历年陆家嘴金融城5.4平方公里重点开发区域GDP及占新区比重

　　从吸引投资看，2014年，在上海104个市级开发区中，陆家嘴金融贸易区吸引投资总额677.75亿元（其中外资21.2亿美元，内资544.2亿元）。由于上海自由贸易试验区合并了外高桥保税区、洋山保税港区、上海浦东机场综合保税区等3家开发区，陆家嘴金融贸易区吸引投资总额退居第二位（表3-1～表3-3）。

2014年上海市开发区吸引投资情况　　　　　　　　　　　　　　　　　表3-1

序号	开发区	吸引投资总额（亿元）	占比（%）
	全市开发区	7179.50	
1	中国（上海）自由贸易试验区	4697.87	65.43
2	陆家嘴金融贸易区	677.75	9.44
3	嘉定工业区	280.10	7.39
4	临港产业区	251.30	3.9
5	张江高科技园区	198.83	2.77

2014年全市开发区合同外资情况　　　　　　　　　　　表3-2

序号	开发区	合同外资金额（亿美元）	占比（%）
	全市开发区	205.02	
1	中国（上海）自由贸易试验区	117.95	57.53
2	陆家嘴金融贸易区	21.20	10.34
3	张江高科技园区	10.31	5.03
4	漕河泾新兴技术开发区	4.93	2.40
5	金桥经济技术开发区	4.41	2.15

2014年全市开发区落户内资企业注册资本情况　　　　　表3-3

序号	开发区	内资企业注册资本（亿元）	占比（%）
	全市开发区	5088.92	
1	中国（上海）自由贸易试验区	3328.87	64.62
2	陆家嘴金融贸易区	544.20	10.69
3	嘉定工业区	252.58	6.54
4	临港产业区	229.49	5.36
5	张江高科技园区	134.93	5.14

二、经济能级大幅提升

　　2014年，陆家嘴金融贸易区地方财政收入、税收分别达到165.23亿元和570.77亿元，以占浦东新区2.22%的土地面积，地方财政收入、税收分别占浦东新区的24.1%和23.4%，分别达到浦东新区平均土地产出的10.86倍和10.64倍，足以说明陆家嘴金融贸易区的经济能级和投入产出效率之高。尤其是主导产业——金融的增加值，2014年更是占到了浦东新区的85.7%，占上海市全市的近4成，金融中心的地位由此可见一斑。

　　据上海开发区协会对全市104个开发园区的统计，2014年，陆家嘴金融贸易区已上缴税收570.77亿元（不包括银行、证券等行业税收），由于上海自由贸易试验区合并了外高桥保税区、洋山保税港区、上海浦东机场综合保税区等3家开发区，上缴税收额陆家嘴退居第二位。

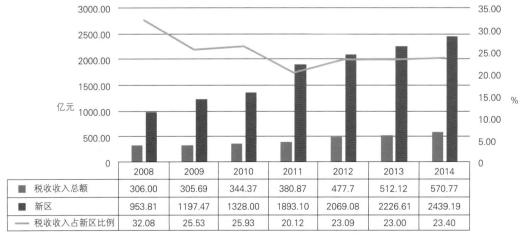

	2008	2009	2010	2011	2012	2013	2014
税收收入总额	306.00	305.69	344.37	380.87	477.7	512.12	570.77
新区	953.81	1197.47	1328.00	1893.10	2069.08	2226.61	2439.19
税收收入占新区比例	32.08	25.53	25.93	20.12	23.09	23.00	23.40

陆家嘴金融贸易区历年税收及占新区比例

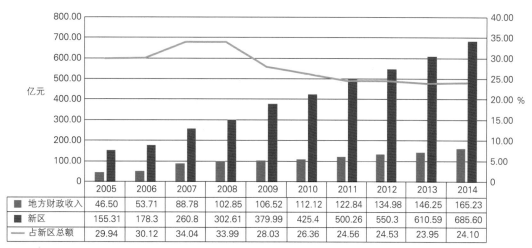

历年陆家嘴金融贸易区地方财政收入及占新区比例

	2005	2006	2007	2008	2009	2010	2011	2012	2013	2014
■ 地方财政收入	46.50	53.71	88.78	102.85	106.52	112.12	122.84	134.98	146.25	165.23
■ 新区	155.31	178.3	260.8	302.61	379.99	425.4	500.26	550.3	610.59	685.60
— 占新区总额	29.94	30.12	34.04	33.99	28.03	26.36	24.56	24.53	23.95	24.10

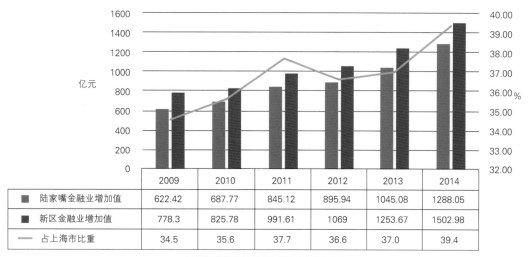

历年陆家嘴历年金融增加值及占上海市比重

	2009	2010	2011	2012	2013	2014
■ 陆家嘴金融业增加值	622.42	687.77	845.12	895.94	1045.08	1288.05
■ 新区金融业增加值	778.3	825.78	991.61	1069	1253.67	1502.98
— 占上海市比重	34.5	35.6	37.7	36.6	37.0	39.4

陆家嘴金融贸易区是上海建设国际金融中心最主要的区域。在过去的6年中，陆家嘴金融增加值平均以12.89％幅度递增。2014年，金融增加值1288.05亿元，占浦东新区的85.7％，占上海市全市的近4成。由此可见，陆家嘴金融贸易区已经成为国内金融机构最密集，金融要素最完备，金融产品最丰富，金融产出最高效的金融高地之一。

三、社会生活明显进步

随着浦东由一片阡陌纵横的农田迅速走向城市化，"宁要浦西一张床，不要浦东一间房"已经成为老上海人的历史记忆。

陆家嘴金融贸易区户籍人口从2004年的45.76万人增至2014年的49.36万人，11年仅增加7.87％。但是随着城市化水平大幅提升，人口结构不断优化，人口素质稳步提高,2014年底的常住人口达71.04万人，即非户籍的常住人口几乎是户籍人口的50%；尤其是外籍人口达3.56万人，占浦东新区的51.3%，陆家嘴金融贸易区正在成为一个名副其实的国际化区域。区内常住人口密度为22354人/平方公里。

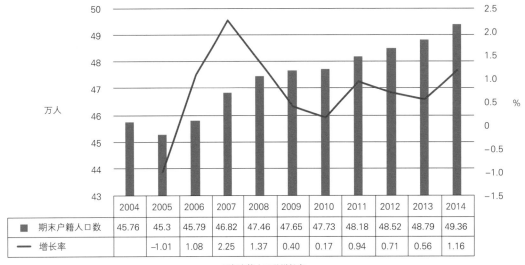

	2004	2005	2006	2007	2008	2009	2010	2011	2012	2013	2014
■ 期末户籍人口数	45.76	45.3	45.79	46.82	47.46	47.65	47.73	48.18	48.52	48.79	49.36
— 增长率		-1.01	1.08	2.25	1.37	0.40	0.17	0.94	0.71	0.56	1.16

历年户籍人口及增长率

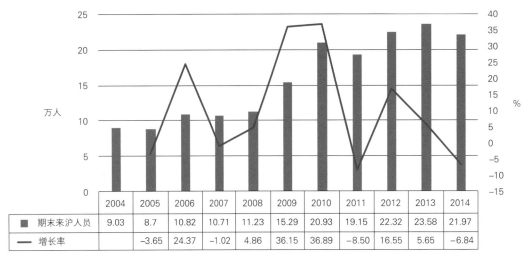

	2004	2005	2006	2007	2008	2009	2010	2011	2012	2013	2014
■ 期末来沪人员	9.03	8.7	10.82	10.71	11.23	15.29	20.93	19.15	22.32	23.58	21.97
— 增长率		-3.65	24.37	-1.02	4.86	36.15	36.89	-8.50	16.55	5.65	-6.84

历年外来人口及增长率

　　据第二次经济普查统计，陆家嘴金融贸易区拥有学前教育、学历教育、职业技能培训、特殊教育等教育法人单位199个，包括国内第一所中美合作办学的国际化大学——上海纽约大学和进才中学、建平中学等名牌重点学校。从业人员达1.38万人，其中，具有本科以上学历的占61.5%。

　　25年来，陆家嘴金融贸易区通过加强开放合作，提升教育国际化水平。2014年8月，上海纽约大学正式开学，招收了来自40个国家和地区的300名新生；2007年10月，由中欧国际工商学院与上海陆家嘴（集团）有限公司共同发起创办中欧陆家嘴国际金融研究院，定位为开放、国际化的学术交流平台，积极探索金融法制环境的改善，致力于为金融企业、金融监管部门、立法机构提供一流的研究、咨询和培训服务，成为建设上海国际金融中心和推动中国金融体系现代化的思想库和智囊团；开展高中国际课程试点，职业教育国际化工作；通过大力引进国外知名的教育机构，开展如金融理财师

（CFP）、注册金融分析师（CPA）的专业认证培训，成为上海现代服务业高级专业人才培训基地。

据第二次经济普查统计，陆家嘴金融贸易区拥有各类文化体育机构法人单位117家，从业人员6.27万人。经过25年的发展，区内基层文体设施基本实现全覆盖，各个街镇的公共文化设施占浦东新区的14.01%，其中群艺馆、文化馆更占到了整个浦东区的50%。2013年各类群众文化活动场次8387次，参与48.4万人次。

东方明珠电视塔、上海科技馆、海洋水族馆、东方艺术中心、源深体育中心等一批多功能现代化的大型文化体育设施相继投入使用；还有与现代时尚相映衬的吴昌硕纪念馆、证大艺术馆、浦东文化艺术指导中心为市民的文化生活提供场所，其中浦东文化艺术中心荣获文化部"国家一级文化馆"称号。

陆家嘴金融贸易区拥有图书馆6个，藏书57.75万册；公园5个，公共绿地达130.59万平方米。

据第二次经济普查统计，陆家嘴金融贸易区拥有各类卫生（含社会保障）机构法人单位83家，其中综合医院8家，专业医院6家，从业人员9696人。经过25年的建设，陆家嘴金融贸易区以提高服务水平为重点，建立了布局合理、功能完善、服务到位、标准化的公共卫生和社区卫生服务网络。广泛建立健全社区卫生服务点，推进家庭病床建设，满足不同层次居民的需求，2013年，社区卫生服务中心门急诊262.39万人次；重点建设和改扩建具有国际标准的高水平的综合医院和专科医院，包括东方医院、仁济医院、儿童医学中心、瑞东医院、明德五官科医院等著名医院，为区域居民和国内外人士提供多元化医疗服务。

进才中学

中心绿地景观（五）

中心绿地景观（六）

四、宜居社区惬意休闲

陆家嘴金融贸易区的宜居社区建设主要分为两大部分：①老旧社区的改建升级，让原住民共享陆家嘴金融贸易区开发开放的成果；②新兴社区的建设，满足新迁入居民包括外籍人士的生活需求。

作为一个城郊结合部，陆家嘴金融贸易区的老社区93％建于20世纪80年代之前，而这些"火柴盒"式的建筑，大多是有着十多年房龄的"老公房"，面积在60平方米以下的占88.4％，90平方米以上的仅占2％。多年来，通过"穿衣戴帽"，屋顶进行了"平改坡"改造，外墙被粉刷一新，部分还进行了保温处理，楼道安装了声控节能灯，小区内改善了绿化环境，增加了停车位。同时，针对老社区居民老龄化问题逐渐突出，着力增加老年人社区活动中心、老年居民就餐点、托老所等设施，关注城市老社区公共服务设施发展的需求，积极提出针对性的解决对策与思路，克服政策、制度、资金等方面的障碍，在城市建设与改造中逐步缓解老社区公共服务配置不足的现状，逐步改善老社区的民生问题，为老社区居民提供方便、完善、优质的公共服务，建设和谐社会、宜居社区。

25年来，由于区域经济的飞速发展，人口结构发生了明显的变化，外籍人士的逐年增加，使得公共配套设施的需求具有多样化和复杂化的趋势，依托现有的人居环境，现有的境外人士所占的人口比例，拥有了发展国际社区的基础和潜力，本区内现有陆家嘴滨江、联洋国际社区。在建设国际社区之初，在建设和管理上存在一定的差距和缺陷，与不断增加的外籍人口和他们的生活需求等人文环境还不相适应。如何进一步做好这方面的工作，是陆家嘴金融贸易区宜居社区建设的又一大挑战。通过25年的建设，陆家嘴金融贸易区逐步建立健全了各项规章制度，提高制度管理的水平，探索灵活的建设和管理模式，努力提高政府管理水平的竞争力，加强国际社区公共服务建设，提升政府服务水平，为国际社区硬件配套设施及人文环境建设创造了很好的条件。

金杨新村居住环境（1996）

	4	1 金杨新村全景
1	5	2 东和公寓外景
	6	3 陆家嘴东银公寓
2	3	4 陆家嘴宜居环境（一）
		5 陆家嘴宜居环境（二）
		6 陆家嘴宜居环境（三）

第四节　创新——陆家嘴金融贸易区的转型动力

1990年4月中央宣布浦东开发开放，通过各种财税优惠性政策，鼓励外商在制造业领域直接投资，但在服务业领域，对外资的开放受到严格限制，金融、保险、商业批发零售等领域禁止外资进入，这属于"限制中的开放"政策。

浦东在服务业领域试行向外资开放，是我国在服务业领域对外开放的第一步，意味着我国的对外开放从只允许外资投资制造业的"限制中的开放"，转向允许外资投资服务业的"开放中的限制"。

新区在服务业对外开放先行先试进程中，针对各种新问题新情况，通过创新并完善各种相关政策，使浦东在全国率先进行服务业对外开放的先行先试，为我国加入WTO和服务贸易总协定，以及全面对外资开放服务业取得了宝贵的实践经验。从20世纪90年代中期开始，浦东在国内率先提出了"功能性政策"的概念并进行了具体操作。所谓功能性政策，就是针对当时我国对外资进入的领域限制、产业限制、经营限制和其他限制，按照国际惯例和国内现状，允许浦东突破上述限制先行先试。

据不完全统计，在中央政府和上海市政府的直接支持和推动下，陆家嘴金融贸易区开发开放25年来，勇于探索善于创新，创造了中国大陆历史上的多个第一。

一、开发建设方面的创新

1990年国务院批准建立的中国第一个金融贸易区——陆家嘴金融贸易区，迄今为止也是唯一一个以金融贸易命名的国家级开发区。其中陆家嘴中心区1.7平方公里，金融机构集聚，特别是要素市场和外资银行的集聚度全国最高。

中国首次尝试土地批租，产权实转，财政—开发公司—土地主管部门—财政，批租资金循环流转的土地开发模式。

率先组织实施了"陆家嘴金融贸易区规划国际方案征集"，邀请了众多国际规划大师，历经2年3轮17个方案的反复论证、修改和完善，陆家嘴中心区规划诞生并获上海市政府批准。

创造了省部集中建设功能性楼宇的楼宇开发模式。其中第一幢中央部委办总公司大楼是由中国电力公司建造的中电大厦，第一家竣工的外省市开发的楼宇是安徽省建造的裕安大厦，第一家取得批租土地的外省市企业是上海安徽裕安实业总公司。

二、金融方面的创新

1995年9月28日，第一家外资银行日本富士银行上海分行在浦东成立。上海市副市长、浦东新区管委会主任赵启正向该行赠送一匹象征着"一马当先进浦东"的红木雕刻奔马。

安徽裕安大厦

1996年8月27日，第一家进驻浦东的外资银行总部泰华银行开业，由泰国明泰集团、正大集团和泰华农民银行共同出资组建，赵启正副市长向泰华银行赠送了工艺品"万象更新"以示祝贺，泰王国诗琳通公主专程从泰国来沪为泰华国际银行开业揭幕。

1996年12月，经国务院同意，中国人民银行批准上海浦东作为外资银行试办人民币业务的地区。美国花旗（万国宝通）银行、中国香港汇丰银行、日本东京三菱银行和日本兴业银行等四家外资银行的上海分行，从1997年起依据《上海浦东外资金融机构经营人民币业务试点暂行管理办法》，率先进行经营人民币业务的试点。

2001年1月17日，国泰君安证券公司与德国德累斯顿银行成立全国第一家中外合资基金管理公司。

1995年6月28日，中国人民银行上海市分行迁入陆家嘴金融贸易区，2005年8月10日，中国人民银行上海总部在此挂牌。

2002年11月1日，交通银行总部从北京迁入上海浦东。

2009年6月，出台《上海市浦东新区设立外商投资股权投资管理企业试行办法》，成为国内首个允许外资股权私募投资（PE）和风险投资（VC）等以"股权投资管理企业"身份进行合法登记注册的地区。

2012年3月20日，中国银行上海人民币交易业务总部正式在沪成立，成为首家在沪设立"第二总部"的商业银行。

2013年10月20日，上海市政府与中国建设银行在上海签署《战略合作备忘录》，明确建设银行将在上海设立一个名为"中国建设银行（上海）中心"的机构。建设银行（上海）中心是总行在上海的一个派出机构，类似于建设银行的"第二总部"。此外，农业银行、中国进出口银行、邮储银行都曾透露在上海设立"第二总部"的计划。

1　1995年赠人民银行的礼品
2　挂牌仪式

三、保险方面的创新

1992年9月25日全国第一家外资保险公司美国友邦上海公司经中国人民银行总行批准在陆家嘴注册开业，为外资保险公司进入上海打开了大门。

1997年5月9日，世界十大保险集团之一的丰泰保险（亚洲）有限公司上海公司落户。

1999年8月中法合资金盛人寿保险公司成立。

2001年2月16日中美合资恒康天安人寿保险公司成立。

2002年10月18日中国太平洋保险（集团）公司总部从北京迁入上海浦东。

四、商贸方面的创新

1995年9月18日，允许各省市和国家有关部委的外贸企业在浦东设立子公司。

1995年12月20日，中国第一家经国务院批准的中外合资商业零售企业——第一八佰伴有限公司在陆家嘴开业，率先打破我国商业内资经营的一统天下。试营业当天，100多万顾客光顾，载入吉尼斯纪录。

1996年10月24日，全国第一家中外合资外贸公司兰生大宇贸易公司成立。浦东率先向全国开放外贸市场，允许中央和外省市外贸公司到浦东设立子公司。

2001年8月，上海一百集团和日本丸红株式会社共同投资组建的上海百红商业贸易公司成立，标志中国批发业将允许外资进入，开辟了我国批发业中外合资的先河。

五、要素市场方面的创新

中国第一家证券交易所，上海证券交易所成立于1990年11月26日，同年12月19日开业，1997年12月迁入陆家嘴中心区。

上海金属交易所于1992年5月开业。

上海农业生产资料交易所于1993年2月开业。

上海石油交易所于1993年5月开业。

上海粮油商品交易所于1993年6月开业。

上海化工商品交易所于1993年7月开业。

上海建筑材料交易所于1993年11月开业。

1995年4月，上海石油、建材、农资、化工等4家交易所实行合并，组建上海商品交易所。

1999年12月，上海金属交易所、上海商品交易所和上海粮油商品交易所等3家交易所合并为上海期货交易所并开始运作。

2000年10月27日，成立全国第一家钻石交易所。由上海陆家嘴集团公司、中国工艺品进出口总公司及中国香港的有关专业公司等共同组建。

2004年8月，上海石油交易所注册成立。

1997年12月19日证券大厦
开业

六、服务业方面的创新

1992年，由留美法学硕士段祺华组建的全国第一家归国留学人员律师事务所在陆家嘴成立。1999年2月，段祺华律师开办的"段和段"律师事务所与欧洲律师团合作，历时4年，打赢了欧盟棉坯布反倾销案。

1999年4月1日，美国朗讯公司与上海市邮政局在浦东建立全国第一家中美合资电信企业，向用户提供先进增值业务。

2001年11月2日，中国第一家合资建造的展览中心——上海新国际博览中心开业。

2002年12月24日，中国首家跨地区律师联盟——金茂联盟成立。

2006年7月，全国第一家信托登记机构——上海信托登记中心在浦东挂牌成立，为信托在金融服务领域的健康发展提供重要的基础性制度平台。

2008年4月，我国第一个国家级服务外包研究中心"中国服务外包研究中心"落户浦东，浦东已成为首批"中国服务外包基地"上海示范区。

七、司法方面的创新

2007年12月，全国第一个金融审判庭——上海金融仲裁院落户浦东。

八、教育方面的创新

2007年10月，中欧陆家嘴国际金融研究院由中欧国际工商学院与上海陆家嘴（集团）有限公司共同发起创办，成为建设上海国际金融中心和推动中国金融体系现代化的思想库和智囊团，成为中国与欧盟学术机构的交流平台。

2010年3月18日，美国哈佛大学在海外最大的研究中心——哈佛上海中心在浦东陆家嘴投入运营。

2011年10月9日，由中国社会科学院和上海市人民政府合作成立的中国社会科学院陆家嘴研究基地挂牌。基地下设金融产品中心等12个研究中心，由中国社会科学院相关9个研究所全面支持。

2014年8月14日，由华东师范大学和美国纽约大学联合创办的第一所具有独立法人资格的中美合作创办的大学——上海纽约大学正式入住学生。

25年的开发建设，30多项极其重要的第一次，无一不是功能性政策上的历史性突破。既属于试点，又具备可复制、可推广的性质。可以说，陆家嘴金融贸易区真正成为国家在金融、贸易、服务等领域成功的政策试验区、运营示范区。

陆家嘴金融贸易区作为一个第三产业开发区，经济结构转型的特点明显，产业结构调整更为成功。产业结构的调整和优化升级实现了历史性转变，初步完成了现代化服务业结构框架。

1990年浦东开发开放初期，浦东新区的GDP仅60亿元，其中第三产业12.13亿元，约占20.1%。2013年，陆家嘴金融贸易区重点小区5.4平方公里GDP达1949.33亿元，约占浦东新区的30.23%；第三产业的比重达到了98.83%。尤其是主导产业——金融的增加值，2014年更是达到1288.05亿元，占浦东新区的85.7%，占上海全市的39.4%，金融核心功能区的地位由此可见一斑（表3-4）。

2013年浦东新区，陆家嘴金融贸易区及重点小区GDP　　　　　　表3-4

	陆家嘴金融贸易区重点小区（5.4平方公里）	陆家嘴金融贸易区（31.78平方公里）	浦东新区
GDP（亿元）	1949.33		6448.68
第二产业	22.73		2262.39
第三产业	1926.60		4155.01
其中：金融业	895.12	1045.08	1253.67

2005～2014年10年间，陆家嘴金融贸易区在二、三次产业上的全社会固定资产投资数据显示，2005年二次产业的投资占总投资的比例为10.3%，投资额为16.94亿元，以后逐年下降，至2014年仅为1.55%，投资额为1.39亿元。充分体现了陆家嘴金融贸易区作为一个第三产业开发区的固定资产投资结构的特点，以及多年来产业结构调整的成功。

第四章

经济中心

上海的发展目标是国际经济中心、金融中心、贸易中心、航运中心，其核心功能区就在陆家嘴金融贸易区。

从国际经济中心概念来看，当然是二产、三产同时发展，基本形成与世界级城市相适应的经济规模和综合实力，建立与世界城市相适应的新型产业体系，实现由资本拉动型向创新（知识技术）驱动型城市发展模式的战略性转变。

一般认为，经济中心城市本身应该具有较强的经济实力，其主要特征表现为集中：①人口的集中；②金融活动的集中；③商品流动的集中；④生产的集中；⑤中枢管理职能的集中。上海建设国际经济中心事实上包含了两个层面上的意思：一个可以称之为虚拟经济中心，或者说"服务经济中心"，这主要由发展第三产业来承担，金融中心、贸易中心和航运中心都属于这个范畴。另一个是实体经济中心，是以强大的经济实力和具有强有力的制造业和区域创新能力为依托的经济中心，是经济实力的集聚。

陆家嘴金融贸易区作为中国唯一以"金融贸易"命名的国家级开发区，发展目标是以金融为核心的现代服务业。25年来，陆家嘴金融贸易区实体经济（第二产业）比重逐年下降，第三产业快速发展，已经形成世界级经济中心城市的框架。其中，国际经济中心建设的亮点尤为突出，总部经济、楼宇经济、要素市场等成为陆家嘴金融贸易区独特的发展亮点。

第一节 总部经济

总部经济（Headquarters Economy）崛起于浦东新区，起到了人才、资金、管理、信息、技术的枢纽作用，带动了浦东新区的投资规模、经济发展水平，也提升了浦东新区的城市发展功能。浦东新区已经成为上海乃至全国跨国公司最为集聚的地区，辐射面广，服务能力强，是具有国际竞争力的总部经济高地，为长三角联动发展起到了积极的推动作用。[1]

一、发展概况

陆家嘴金融贸易区总部经济持续健康发展，内外并举，规模能级进一步提升，总部经济共享服务中心平台作用逐步发挥。截至2014年底，陆家嘴金融贸易区内地区总部达87户，占新区39.72%，占全市的17.8%。

陆家嘴作为上海建设国际金融中心的核心区域，不只是金融业一枝独秀，也正成为越来越多全球跨国公司地区总部的首选地。总部集聚提升了陆家嘴金融贸易区在全球资源配置中的市场地位，跨国公司地区总部选择"扎营"陆家嘴，也为公司下一步战略发展提前"落子"。

自2002年上海正式提出鼓励跨国公司设立地区总部的规定以来，陆家嘴金融贸易区一直把发展总部经济作为建设"四个中心"和优化产业结构的一项战略举措，已成为跨国公司地区总部在中国最集聚的地区，11年的总部经济发展历程，让陆家嘴金融贸易区走出了一条结合国际视野和自身特色的发展之路。

---

[1] 摘自《2013上海市浦东新区跨国公司地区总部发展蓝皮书》。

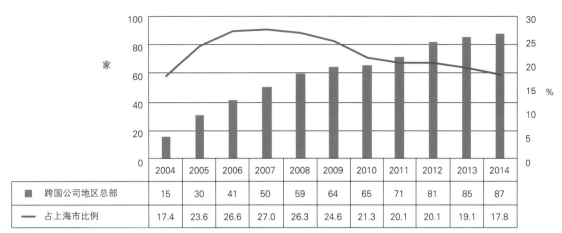

	2004	2005	2006	2007	2008	2009	2010	2011	2012	2013	2014
■ 跨国公司地区总部	15	30	41	50	59	64	65	71	81	85	87
— 占上海市比例	17.4	23.6	26.6	27.0	26.3	24.6	21.3	20.1	20.1	19.1	17.8

历年跨国公司地区总部入驻数及占上海比例

　　地区总部进驻对推动功能区域经济发展，加速区内高层次人才培养，加快技术革新，发挥扩散效应及辐射，服务周边地区意义重大。总部经济在中心城市与周边城市之间形成新的功能合作，增强中心城市的辐射能力，促进区域整体的经济发展。

　　浦东新区明确：陆家嘴金融贸易区和世博地区为"沿江顶级服务贸易集聚区"，加快形成集文化博览创意、总部商务、高端会展、旅游休闲和生态人居为一体的标志性的世界级中央活动区。

　　调研结果显示，区位优势、接近目标市场客户、政府重信守诺、高效行政和良好便利的基础设施，共同成为吸引跨国企业落户陆家嘴金融贸易区并设立地区总部的5大重要考量因素。

二、发展特点

1. 总部机构加速集聚

　　陆家嘴金融贸易区是浦东新区跨国公司地区总部集聚度最高的3个区域之一，87家大企业总部和区域性总部集中在此，占上海市的17.8%。其中，投资性总部39家，占总数的44.83%；管理性总部48家，占总数的55.17%。根据统计，在陆家嘴金融贸易区的87家跨国公司地区总部注册资金总额达到44.8亿美元，平均为5209.63万美元/家；其中，39家投资性总部注册资金总额达到37.35亿美元，平均为9575.74万美元/家，48家管理性总部注册资金总额达到7.46亿美元，平均为1553.64万美元/家。

2. 总部能级快速提升

　　随着中国在全球经济作用和地位的提高以及中国市场吸引力的显现，陆家嘴金融贸易区跨国公司地区总部能级不断提升，服务全国、面向世界的核心地位不断凸显，资源配置能力不断增强。目前陆家嘴金融贸易区跨国公司地区总部企业已部分具备亚太区管理功能，甚至已拓展至全球范围。陆家嘴金融贸易区总部企业主要包括3种类型：①事业部的全球总部，统一领导其全球范围内该项业务的发展；②全球共享服务中心，为集团内全球企业成员提供包括财务管理、研究开发、资金管理、人力资源、采购销售、投资及企业管理咨询等方面的跨境共享服务；③全球性的综合管理机构，强调管理的整体性和全面性，主要是覆盖新兴市场国家和地区的管理总部。

3. 促进金融中心发展

投资性的跨国公司地区总部所行使的投资和资金筹措功能带来了大量的资金流动，"外汇九条"、"国际贸易结算中心"等试点措施的实施促使各跨国公司地区总部资金归集管理的功能不断拓展。久保田、现代重工等在陆家嘴金融贸易区设立总部的跨国公司，也投资设立汽车金融和融资租赁企业。这些都促使陆家嘴金融贸易区成为人民币和外汇资金的集中地，有力地推动了金融功能的发挥，促进金融中心和航运中心建设步伐。

4. 总部经济共享服务中心（平台）助推总部经济发展

2012年6月15日，浦东新区在全国率先成立了"总部经济共享服务中心（平台）"，该中心（平台）通过整合政府、社会、企业等各方资源和优势，为落户浦东的总部企业提供集成创新服务，推动总部经济进一步发展。总部经济共享服务中心（平台）联合海关、检验检疫、出入境等部门，推出了包括集中报关、集中报检、总部绿色通道、对口联系人制度等政策和服务措施，为总部运营节约增效；搭建有效沟通平台，通过组织总部专委会活动、政策宣讲等形式加强政企沟通；并借助全球知名咨询公司的国际化视角，助推总部经济发展。

三、政策支持

2012年3月，浦东推出促进贸易便利化财政扶持政策，鼓励跨国公司和国内大企业在浦东新区设立总部，根据贡献程度，在3~5年内给予一定补贴扶持。此外，浦东将推进5项促进贸易便利化试点措施，包括：推进跨国公司地区总部，增强国际贸易功能优化区域通关"属地报关、口岸验放"作业模式，探索跨国公司地区总部属地实施集中申报、集中监管、集中收付汇的新模式；推进服务贸易便利化试点；推行分类管理，为诚信企业提供更多贸易便利；大力推行网上行政审批和并联审批，提高行政效能，加快推进通关作业无纸化试点，全面推行出口电子通关单试点；深化适应新业态、新技术、新模式发展改革试点。

2011年11月《浦东新区促进总部经济发展财政扶持办法》，鼓励跨国公司和国内大企业在浦东新区设立总部，加强总部集聚，促进总部持续发展。对新引进的跨国公司地区总部和国内大企业总部，根据贡献程度，在办公用房、管理人员等方面，给予一定的扶持。鼓励现有的总部扩大规模、发挥功能、提升能级，根据贡献程度，在一定的年限内给予一定的扶持。

2011年6月《浦东新区跨国公司地区总部加快发展的若干意见》明确，总部经济是推进上海"四个中心"建设的重要支撑，在产业带动、人才集聚、技术创新和要素集聚辐射等方面发挥了重要作用，对促进浦东服务经济发展和提升城市服务功能具有重要意义。为进一步完善浦东发展总部经济的经营环境，发挥浦东综合配套改革试点的制度优势，抓住跨国公司全球资源整合的机遇，鼓励跨国公司地区总部在浦东设立投资、管理、研发、营运、产品服务、结算等中心，不断提升跨国公司管理运营能级。

补充资料

220家跨国公司总部落户浦东陆家嘴成全球资源配置新高地[1]

陆家嘴，作为上海的地标之一，不只是金融业一枝独秀，也正成为越来越多全球跨国公司地区总部的首选地。

浦东新区商务委近日推出的《2013上海市浦东新区跨国公司地区总部发展蓝皮书》显示，陆家嘴金融贸易区和世博地区在浦东的总部发展空间和功能定位中位于第一层次，是总部经济核心区域，在建或待建总部楼宇32栋，已规划待开发12.75万平方米土地作为总部用地，陆家嘴总部经济发展潜力无限。

顺应客户需求

总部在瑞士的泛亚班拿集团是全球首屈一指的供应链解决方案供应商。集团将其核心业务——空运、海运和物流融合，以提供全球综合订制的门到门解决方案。泛亚班拿在全球货代行业位居第四，在全球70多个国家拥有500多个站点的巨型物流网络，其业务拓展进入中国38年，在中国区已拥有20个站点，而统筹这些中国站点运营的总部就设在上海陆家嘴中心区。2010年开始，公司正式决定将中国区总部搬到陆家嘴。泛亚班拿中国区高级副总裁费瑞将这个决策的重要因素总结为"紧跟大客户需求"。

费瑞是一位海运专家，他介绍，选择上海设立总部是因为这里是中国的航运中心，上海港的年集装箱吞吐量已经超过3370万标箱，位居世界第一，最贴近客户市场，是最重要的决策中心；选择陆家嘴是因为这里是成长最快的金融中心，航运更需要金融的支撑。

他透露，早在自贸试验区成立前，泛亚班拿已经在自贸试验区注册了一家企业，便于公司在保税区开展仓储业务。如今借了自贸试验区的"东风"，公司的跨境业务有了更多便利。该公司中国区财务总监陈平平介绍，公司目前正与其欧洲一家客户研究通过中国香港方面的境外人民币账户开展跨境结算，试点收付汇集中结算，此举可帮助公司提高资金运行效率，节约财务成本。

费瑞选择居住在陆家嘴，他说，"上海的天际线在浦东，陆家嘴是最能代表上海的区域之一，所以尽管陆家嘴租金不菲，但公司还是选择将中国总部放在陆家嘴，这也是顺应服务重要客户群的需求。"

吸引新兴行业

除了金融、航运这样的行业巨头青睐陆家嘴，一些新兴、小众产业也选择在陆家嘴安家。必维国际检验集团（以下简称"必维集团"）是一家跨国公司，集团年营业额逾39亿欧元，作为国际三大检测机构之一，同样将中国区总部设在陆家嘴。

"大楼能经得起时间的考验吗？是否达到国际环保标准？消费品是否达到国际最高质量标准？大项目建设过程中是否都达到高标准，确保今后无安全隐患？"这样的疑问可以通过国际专业机构的检测和技术支持，得到回答和验证。这样的新兴产业在全球范围内已经非常成熟，在中国"小荷才露尖尖角"，但前景无限。

大中华区市场与销售总监李文江是名"上海女婿"，到法国留学后被必维集团派驻中国拓展市场，必维集团在中国区的业务一方面是帮助国内企业做第三方检验、认证，包括产品出口认证；另一方面是服务进入中国市场的外资企业，无论其在中国何处开展项目，在资产或产品的整个生命周期内，必维集团都将协助其降低风险、提高业绩。

李文江说到必维和陆家嘴结缘的原因，他表示，开始时公司选择在浦西，但随着公司大量业务拓展到浦东，总部也"东迁"。公司在上海揽下的大项目包括2010年上海世博会12座国家馆的项目管理、技术支持

---

[1] 摘自2014年08月29日《新民晚报》，记者宋宁华。

服务，东海大桥风电场的并网发电项目检验、评估服务，上海电气火电机组出口到印度的项目认证、审核服务，以及公司正在全力投入的上海大型主题乐园工程项目管理服务等，都是"浦东项目"。

提升市场地位

据统计，截至今年6月底，浦东累计落户跨国公司地区总部220家，约占全市47%，近半壁江山。《2013上海市浦东新区跨国公司地区总部发展蓝皮书》显示，陆家嘴金融贸易区和世博地区在浦东的总部发展空间和功能定位中位于第一层次，是总部经济核心区域，在建或待建总部楼宇32栋，已规划待开发12.75万平方米土地可作为总部用地，总部经济在陆家嘴仍有充分潜力可挖。

记者从陆家嘴金融贸易区管委会获悉，截至今年6月底，陆家嘴累计引进300多家具有总部特征的功能性机构，其中跨国公司地区总部企业86家，投资性公司39家，管理性公司47家。

总部集聚提升了陆家嘴在全球资源配置中的市场地位，跨国公司地区总部选择"扎营"陆家嘴，也为公司下一步战略发展提前"落子"。国内知名的瑞华会计师事务所，早在2010年（当时名为中瑞岳华）迁到陆家嘴保险大厦办公，如今又将目光投向还未竣工的上海中心大厦。事务所合伙人、管委会委员连向阳说："尽管搬到陆家嘴后，成本更高，但宁可多付一点租金，也要锁定高端客户。"

第二节　楼宇经济

陆家嘴金融贸易区是唯一以金融贸易命名的国家级开发区，它的发展目标是成为国际金融、航运中心，现代化的新城。因此，大量的楼宇建设，就成为开发建设的主要任务。不仅形似，更要神似，也就是需要丰富楼宇中的内涵。开发建设25年以来，智能化大楼鳞次栉比，现代服务业领先发展，成为楼宇最为集聚的区域，数千家金融、资金、人才、总部、要素市场入驻的载体，于是，催生了一个新的名词——楼宇经济。

浦东开发开放以来，楼宇经济迅速发展，而陆家嘴是浦东新区楼宇经济发展的热土。楼宇经济是陆家嘴重点发展的新兴经济形态。商办楼宇建设是当前加快新区转型发展、提升服务经济功能的重要载体。今年以来，浦东商办楼宇建设明显提速，浦东"二次创业"正再度借力楼宇建设，发展楼宇经济，全方位打造区域经济转型升级的新引擎。

楼宇经济以其优质的办公环境和发展空间吸引了大批高品质的企业入驻，构成楼宇经济发展的基础要素，并形成企业在空间上的高度集聚，创造巨大的经济效应，产生强大的空间集聚效应。

陆家嘴金融贸易区是楼宇经济发展的典型，以商务楼宇为主要载体，其核心是金融业，重点是商业贸易业、信息服务业和会展旅游业；带动了文化服务业、房地产业、专业服务业和教育卫生体育等社会服务业的联动发展；以较高的空间集聚规模，形成金融集聚、贸易集聚、专业服务业集聚、会展经济、旅游经济、餐饮经济等集聚效应，推动了相关产业的联动发展，并辐射到其他区县、长三角地区、其他省市及其他国家，充分发挥楼宇经济空间集聚潜力，产生了巨大的经济效益，推动楼宇经济向更成熟高效稳健的方向发展。

一、商办楼宇建设情况

2009年4月，国务院正式发布《关于推进上海加快发展现代服务业和先进制造业建设国际金融中心和国际航运中心的意见》。随后，上海出台"关于贯彻国务院推进上海两个中心建设的实施意见"进一步明确了推进"两个中心"建设的具体任务和各项措施。浦东按照上海市贯彻国务院"两个中心"文件的实施意见，形成了浦东新区建设金融和航运中心核心功能区的相关实施意见，在推进陆家嘴金融城建设、"三港三区"航运中心载体建设方面，明确了具体目标和重点举措，进一步解放和发展生产力，优化资源配置、拓展发展空间、放大改革效应。

最近几年，受国务院"两个中心"建设的鼓舞，金融贸易区的楼宇入驻率和租金逐年攀升，呈现供不应求的状态，这也刺激了陆家嘴商办楼宇建设规模明显放大，投资呈快速增长态势。2010年起，陆家嘴金融贸易区启动了10大项目建设计划，项目总占地面积约40万平方米，约占"十二五"期间建成总量的70%。总建筑面积约350万平方米，计划总投资约551亿元。

同时，还实施了陆家嘴中心区"东扩"计划。

1. 已竣工楼宇规模

截至2014年底，陆家嘴金融贸易区已竣工商办楼宇200幢，总建筑面积1167.55万平方米，其中，甲级办公楼宇面积881.31万平方米，总投资额超过1000亿元。

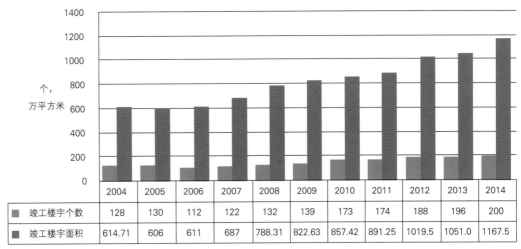

	2004	2005	2006	2007	2008	2009	2010	2011	2012	2013	2014
竣工楼宇个数	128	130	112	122	132	139	173	174	188	196	200
竣工楼宇面积	614.71	606	611	687	788.31	822.63	857.42	891.25	1019.5	1051.0	1167.5

历年楼宇竣工个数及面积

2. 在建楼宇情况

2014年全年在建商办楼宇35幢，施工面积360.64万平方米。

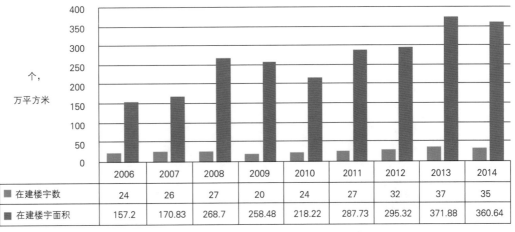

	2006	2007	2008	2009	2010	2011	2012	2013	2014
在建楼宇数	24	26	27	20	24	27	32	37	35
在建楼宇面积	157.2	170.83	268.7	258.48	218.22	287.73	295.32	371.88	360.64

历年在建楼宇数及面积

3. 楼宇建设主要特点

（1）在建项目大幅增加。为进一步满足市场需求，2013年在建商办楼宇项目增多，投资规模扩大，特大项目对投资的拉动作用显著，带动固定资产投资快速增长。在建项目35个，面积360.64万平方米，本年完成投资93.28亿元，分别增长15.63%、25.92%、135.02%。

（2）大型综合体项目增多。上海中心、世纪大都会、塘东总部基地、浦东金融广场、陆家嘴滨江金融城、保利国际中心等集办公、商业、文化、娱乐等为一体的多个大型商贸综合体项目的新建，促使各区域楼宇群的商业配套更为成熟，今后也将成为区域内消费和生活的标志性建筑，进一步促进产城融合发展。在建项目单体投资量大幅增加，如上海中心大厦总投资高达148.75的亿元，保利国际中心45.00亿元，浦东金融广场50亿元，世纪大都会22.61亿元，塘东总部基地38.7亿元，陆家嘴滨江金融城一期80.78亿元。

陆家嘴楼宇集聚组图

（3）项目竣工上市集中于2014～2015年。预计2年内有超过200万平方米商办楼宇竣工上市租售。

二、商办楼宇租售情况

陆家嘴金融贸易区经过25年的建设和发展，已形成强大集聚效应，大量金融、贸易、航运、现代服务业企业集聚发展。随着商办楼宇市场在竣工量逐年增加，市场吸纳速度不断加快，总体呈现供需两旺的势头。

租赁价格和入驻率

2014年，陆家嘴已竣工商办楼宇的平均入驻率达96.8%，平均日租金8.38元/平方米，呈逐年小幅提升趋势。

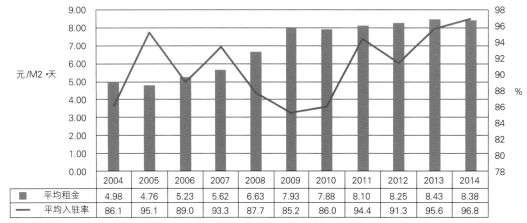

	2004	2005	2006	2007	2008	2009	2010	2011	2012	2013	2014
■ 平均租金	4.98	4.76	5.23	5.62	6.63	7.93	7.88	8.10	8.25	8.43	8.38
— 平均入驻率	86.1	95.1	89.0	93.3	87.7	85.2	86.0	94.4	91.3	95.6	96.8

陆家嘴金融贸易区历年商办楼宇入驻率和平均租金

截至2014年底，陆家嘴中心区共建成商办楼宇49幢，面积552.85万平方米，平均入驻率更是达到97.7%，已满租或接近满租，平均日租金已达10.29元/平方米。

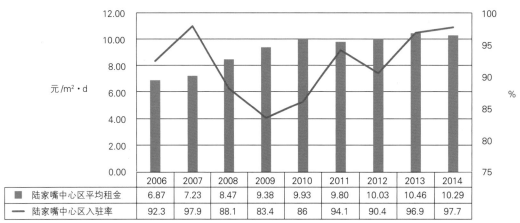

	2006	2007	2008	2009	2010	2011	2012	2013	2014
■ 陆家嘴中心区平均租金	6.87	7.23	8.47	9.38	9.93	9.80	10.03	10.46	10.29
— 陆家嘴中心区入驻率	92.3	97.9	88.1	83.4	86	94.1	90.4	96.9	97.7

陆家嘴中心区历年商务楼宇平均入驻率和平均租金

三、2014年陆家嘴中央商务区入驻情况分析报告

陆家嘴中心区商办楼宇入驻率达97.7%，近期新增可供租赁面积短缺。

为了及时跟踪掌握陆家嘴中心区商办楼宇市场的发展现状和趋势，2014年，新区统计部门对该区域的商办楼宇企业进行了调查，重点调查和盘点了区域内商办楼宇的开发建设和租售情况。结果显示：目前，陆家嘴中心区商办楼宇平均入驻率已达97.7%，存量空置有限；近年，该区域的可租赁商办楼宇新增供应短缺，租金面临持续上涨压力。

1. 存量楼宇七成满租或接近满租，可供整层出租的屈指可数

截至2014年年底，陆家嘴中央商务区共建成商办楼宇49幢，平均入驻率达97.7%，其中对外招租的26幢楼宇中，有20幢的入驻率超过95%，已满租或接近满租，可提供整层出租的楼宇更是屈指可数。分析原因：①2010年以来，该区域新建成的商办楼宇，整售或整租给机构自用的多，实际投入市场出租的少；②国内外经济形势已走出金融危机的低谷，逐渐复苏，对办公楼的需求形势较好。新增供应的短缺和庞大的市场需求使得有限的可供出租的新上市楼宇去化情况良好，存量楼宇的空置率也逐步得到消化。陆家嘴中心区商办楼宇的入驻率从2010年初的低位水平81.8%一路回升到目前的97.7%，达到历史高位。

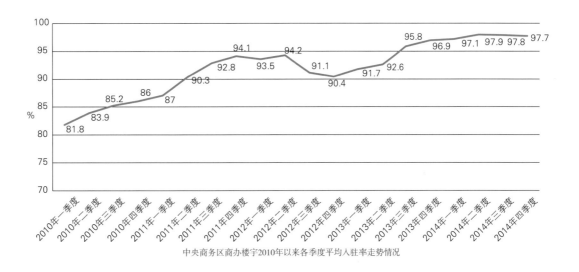

中央商务区商办楼宇2010年以来各季度平均入驻率走势情况

2. 今明两年内无可供出租楼宇建成，租赁供应短期匮乏

调查显示，今明两年内陆家嘴中心区预计有3幢商办楼宇建成，其中2幢由开发商自用，1幢整体出售给一家内资银行机构，没有可供出租的商办楼宇上市，这将使得自2010年以来新增租赁市场的供应不足达到极致。此外，目前存量楼宇的空置率普遍在10%以下，短期内租赁供应的匮乏已经既成事实。另一方面，金融和投资公司以及一些新型的服务业在中央商务区有着持续旺盛的租赁需求，而由于业务扩展的需要，很多原先入驻在陆家嘴中心区的中外资机构也存在扩租意愿。但是，由于办公楼的存量和增量供应都偏少，特别是能提供整层办公楼租赁的楼宇少之又少，他们的需求很难在陆家嘴中心区得以实现。

3. 供应短缺和经济向好，导致租金上涨压力持续

据调查了解，陆家嘴中心区楼宇的租金价格正面临持续的上涨压力。主要有两方面的原因：①目前可供选择的租赁办公楼面积较少；②前几年经济低迷和办公楼供应量较大时期，业主为了吸纳客户，

签订的租金水平较低，这些合同的到期之日，往往也是租金上涨之时，特别是一些建成不久、条件较好的办公楼，业主方的涨租愿望十分强烈，涨价空间较大。目前，陆家嘴中心区商办楼宇的租金处于上升通道，已经达到了历史最高水平，平均租金为10.29元/平方米·天。

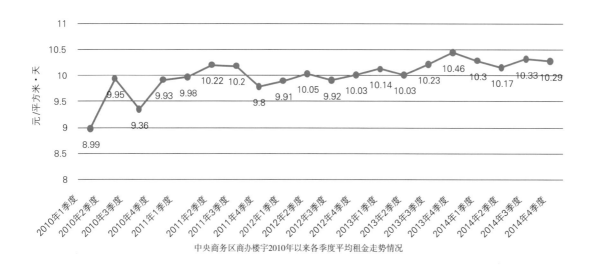

中央商务区商办楼宇2010年以来各季度平均租金走势情况

4. 2015年底上海中心大厦的投入使用，将对市场起到盘活作用

展望后市，距离最近的办公楼租赁供应将是预计2015年底投入使用的上海第一高楼上海中心大厦，它将为陆家嘴中央商务区注入约40万平方米的可供租赁增量，对缓解该区域商办楼宇供应紧张的局面将起到一定的作用。

鉴于目前陆家嘴中心区较低的空置率以及比较强劲的高端需求，预计上海中心大厦的招租将会相对顺利。由于其"高"、"新"的特点，租金水平预期较高。预计到时将会出现高中端客户在该区域依次置换，比如，有高端需求的客户入驻上海中心大厦，腾出办公场所，供中端客户选择入驻或扩租等一系列"腾笼换鸟"的现象，将对接近满租的区域市场起到盘活作用。届时，上海中心大厦的入市，将吹皱办公楼租赁市场的"一池春水"。

四、陆家嘴金融贸易区发展楼宇经济的主要作用

当前，陆家嘴金融贸易区正处于"二次创业"阶段，加快楼宇建设，重点发展楼宇经济对促进区域经济增长，加快"创新驱动、转型发展"具有重要作用：

1. 楼宇经济的投资拉动效应

据测算，商办楼宇平均造价一般高于商品住宅2/3，而少数超高层办公楼的投资更是达百亿元以上，直接带动房地产业及上下游产业发展，确保陆家嘴金融贸易区房地产业持续稳定增长。同时楼宇经济对国民经济的辐射范围广，国民经济核算42个产品部门中，有金融业等32个部门为房地产业提供产品和服务，从而产生较大的经济带动效应。因此，加快商办楼宇的开发建设，是促进新区投资增长，进一步扩大内需，实现区域经济持续快速发展的重要手段。

2. 楼宇经济的产业提升效应

楼宇作为第三产业发展的基本载体，其发展的意义深远。楼宇建设特别是具有一定规模和集聚效应的楼宇集聚区建设，能吸引大量知名企业人驻，促进人才、资本、信息、文化、技术等经济活动要素的集聚，直接推动现代服务业的发展和能级提升，同时带动周边商业零售、会展、旅游、文化娱乐、休闲和餐饮等配套服务业的发展。陆家嘴金融贸易区楼宇经济的集聚，能量辐射效应日益显现，并越来越具有吸引力。

3. 楼宇经济的财富集聚效应

据第二次经济普查统计，陆家嘴金融贸易区内166幢商务楼宇，吸引了5209家中外企业法人单位入驻这些商务楼宇主要分布在陆家嘴中心区、竹园商贸区、新上海商业城以及浦东大道周边。这些楼宇总面积818.9万平方米，营业收入达8542.31亿元，楼均51.46亿元；上缴税收130.29亿元，楼均0.79亿元。其中，2012年底，陆家嘴220多栋商办楼宇，税收"亿元楼"有74座，环球金融中心等22幢楼宇去年税收超过5亿元，其中去年税收超10亿元的有7座。从吸引投资方面看，2013年内资注册资本、合同外资、实到外资分别达398.31亿元、22.68亿美元、15.96亿美元，分别占浦东新区的37%、29%、30%。

4. 楼宇经济的行业联动效应

楼宇经济以商务楼宇为主要载体，金融、贸易等现代服务业高度空间集聚，产生巨大经济效益，而金融、贸易等核心产业的发展也离不开相关服务产业的发展提供支持，这就必然会对城市经济发展起到联动效应，带动相关产业联动发展。在金融和贸易业的带动下，建筑房产、商务服务、科学研究、信息产业、住宿餐饮、教育、文体、公共管理等产业联动发展。为金融贸易业发展提供有效的办公环境和工作空间；商务服务业、科学研究、技术服务和信息软件业为金融贸易的发展提供各类商务服务、科研服务和信息服务，为金融贸易的现代化服务提供了保障；住宿和餐饮业为从业人员提供住宿和餐饮服务；教育、文化体育业为从业人员提供必要的学习空间和休闲空间；水利环境、社会福利和公共管理业等共同发展，为金融贸易的发展提供有利的社会环境和优越条件。

5. 楼宇经济的经济辐射效应

陆家嘴金融企业服务的客户群分布范围不断扩展。楼宇入驻的金融机构在浦东新区、上海市其他区县和上海外地区的业务量不断提高，客户分布范围由原来浦东逐渐扩大到上海、长江三角洲甚至更远的中国内陆地区，陆家嘴的金融影响力辐射范围扩大。

6. 楼宇经济的人才集聚效应

据第二次经济普查统计，陆家嘴金融贸易区内60.73万从业人员中，具有本科及以上学历的有20.03万人，占32.98%；具有专业技术职称的有12.51万人，占20.6%。特别是陆家嘴中心区的15.22万从业人口中，具有本科及以上学历的有7.38万人，占48.49%，几乎占了总从业人员的半壁江山。他们所从事的职业普遍具有较高的知识含量，较复杂的职业技能和较高的收入。

补充资料

陆家嘴"楼宇经济"更上一层楼[1]

74座税收"亿元楼"

截至2012年底，陆家嘴220多栋商办楼宇，税收"亿元楼"有74座，环球金融中心等22幢楼宇去年税收超过5亿元，其中去年税收超10亿元的有7座。金融城的管理者们认为，这是个相当大的体量，也是一个很大的资源，一定要用好它。沿着这条路径做几件事：

首先，制定楼宇扶持政策，整合楼宇资源，服务转型发展，服务"腾笼换鸟"、"腾鸟换凤"，把重点产业、重点企业进一步向楼内集中。

接下来就是要发挥好业主、物业的作用。楼宇业主与物业在入驻企业信息，市场需求信息掌握，楼内资源配置协调，提供企业服务等方面各有千秋。要通过楼宇扶持政策招商引资、稳商留商，使楼宇变成一个个招商主体，变成一个个产税基地，变成一个个新的亿元楼。

三是要形成楼宇产业链。楼宇集聚相关产业，便于人才、技术、资本的资源共享，利于形成更大的产业竞争力，对楼宇产业链及其规律性进行深入研究，促进形成楼宇经济发展机制，有助于与金融城的建设和发展良性互动，相得益彰。

陆家嘴的创富秘密

陆家嘴，是中国第一个也是唯一一个国家级金融贸易开发区，2013年贡献税收512.12亿元。这个数字约占浦东新区税收的1/4，约占上海同期税收的1/16，而上海的税收又接近全国的1/16。

老牌楼宇金茂大厦坐"亿元楼"头把交椅，年产税27亿元。这座见证着陆家嘴发展的大楼里集中了来自美国、加拿大、意大利、西班牙、法国、日本等近15个国家和地区的银行、证券、保险、基金等金融机构，除此而外，还有众多的商贸和金融专业服务类企业。

陆家嘴的创富秘密在哪里？集中于这些"亿元楼"里的企业何以具有如此高的能量？答案在行业龙头和集团公司总部。截至2012年12月，陆家嘴累计引进跨国公司地区总部81家，占浦东新区总数近42%，其中投资型总部40家，管理型总部41家。这些总部企业包括保时捷中国总部、福特汽车金融，以及全球第二奢侈品巨头历峰商业集团等。仅去年一年，陆家嘴有12家区域性总部，2家国内大企业总部，2家营运中心入驻。2013年，陆家嘴还将继续关注总部经济，搭建总部经济提升和服务平台，放大总部的辐射效应，以此带动产业集聚和升级。

日前，陆家嘴金融贸易区管委会出台楼宇招商奖励办法，进一步调动楼宇业主积极性，推动金融城机构集聚、产业集中和优势集成。将在"以楼招商"上再做新文章，制定楼宇扶持政策，让楼宇变成招商主体、产税基地，形成楼宇产业链。

"建成一幢，繁荣一片"

最近，陆家嘴金融贸易区出台促进楼宇经济发展奖励办法。陆家嘴将设立突出贡献楼宇业主奖，对金融等功能性机构集聚度高，经济贡献达到一定规模，在引进和服务企业方面作出突出贡献的业主，经认定给予一定的奖励。

该办法同时聚焦特色楼宇，对符合产业导向的业态达到一定比例，经济贡献达到一定规模，为引进和服务企业作出突出贡献的楼宇，经认定授予"金融服务特色楼"、"航运服务特色楼"、"商贸服务特色楼"、"新

---

[1] 摘编自2013年04月12日《新编晚报》等。

兴产业服务特色楼"等称号，并给予一定的奖励。

统计数据显示，陆家嘴金融城重点区域、重点楼宇、重点企业税收贡献突出。从重点区域看，陆家嘴中央商务区5.4平方公里，2010年最高峰时期全年实现增加值1282亿元，平均每平方公里产出达到237亿元。从重点楼宇看，2012年，陆家嘴216栋商办楼宇中，税收"亿元楼"有74幢，税收超过5亿元楼宇有22幢，税收超10亿元楼宇有7幢，金茂大厦单幢楼宇税收达到27亿元。在陆家嘴现有户管企业中，来自楼宇企业贡献的税额占总体税收的80.61%，来自楼宇企业的财力贡献额占总体财力的88.48%。从重点企业看，2012年，陆家嘴金融贸易区税收超亿元的有100户，占新区的33%。

也正因为陆家嘴楼宇经济的强劲支撑，浦东新区在今年发布的"中国楼宇经济蓝皮书"中位列全国十强之首。《中国楼宇经济发展报告（2012）》显示，中国十强依次为：上海浦东新区、北京西城区、北京朝阳区、上海静安区、深圳福田区、上海黄浦区、上海徐汇区、深圳罗湖区、上海长宁区和杭州下城区。该报告评价："建成一幢，繁荣一片"，在全球知名企业争相入驻的形势下，上海走出了一条发展楼宇经济，支撑城区经济发展的成功之路。

"三集之路"启新程❶

在此背景下，陆家嘴金融贸易区管委会透露了下一阶段通过机构集聚、产业集中和优势集成的"三集之路"推动金融城经济发展的设想。

在机构集聚方面，陆家嘴计划将机构落地和陆家嘴的区位资源、楼宇资源相结合，打造楼宇载体的品牌优势和集聚优势。截至今年4月，陆家嘴持牌类金融机构达676家，约占浦东持牌金融机构总数90%，占上海市的60%。其中银行类机构205家，分行级以上外资银行79家，外资银行法人行18家（占全国半数以上）。股权投资等新兴投资机构和专业服务机构800余家。其中公募基金公司33户，占到全国的42%，其资产管理份额也约占全国近四成。初步形成了以中外银行、保险公司、信托投资公司、证券公司、财务公司、基金公司、金融租赁公司等为主的金融产业体系。

今年1~5月，包括容大融资租赁、鑫晟保理、拉赫兰顿、马士基等一批新增商业保理公司、融资租赁公司和航运经纪公司落户陆家嘴，合计到位资金超过7.5亿美元。

在产业集中方面，陆家嘴计划将机构落地和产业转型发展中的梯度转移和优胜劣汰结合起来，重点扶持和推动金融、航运服务、贸易、文化、旅游等产业的发展。目前，除了金融机构高度集聚外，陆家嘴还集聚了航运机构1032家，集聚跨国公司地区总部81家。

在优势集成方面，陆家嘴计划将机构落地与区域优势、政策优势、服务优势相结合，形成集成优势，加快产业功能提升。具体而言，将发挥"四个优势"，即国家战略优势、产业生态优势、经验和资源优势和楼宇经济优势。特别是在发展楼宇经济方面，通过制定扶持政策，发挥业主、物业的作用，把招商引资的职能延伸到楼宇，使楼宇变成招商主体，变成产税基地，变成新的亿元楼，形成新的楼宇产业链。

---

❶ 摘编自2013年6月28日《浦东时报》。

第三节　要素市场

所谓要素市场，现在主要的就是指生产要素市场。生产要素市场有金融市场（资金市场）、劳动力市场、房地产市场、技术市场、信息市场、产权市场等。生产要素市场的培育和发展，是发挥市场在资源配置中的基础性作用的必要条件，是发展社会主义市场经济的必然要求。市场体系是一个不可分割的有机统一体，由各种相对独立的商品市场和生产要素市场形成。从静态角度看，市场体系是商品、资金、技术、劳务、信息、房地产等各类市场的统一；从动态角度看，市场体系还包括各类市场及其构成的统一体运动、变化、发展的运行机制和管理调控机制。这些要素市场构成的统一体，在整个国民经济中起着十分重要的作用，在农村也是这样。❶

一、陆家嘴金融贸易区要素市场概述

各类要素市场集聚。全国主要交易市场——上海证券交易所、上海期货交易所、中国金融期货交易所和上海钻石交易所等，都位于陆家嘴金融贸易区内。区域内共有11家国家级和市级要素市场，成为上海乃至中国大陆要素市场最集中的区域。

陆家嘴金融贸易区各大要素市场立足上海、服务全国，强化市场风险控制，提高市场服务水平，开发推广新产品，加强国际交流合作，在弱市情况下保持市场稳定发展，为助推上海国际金融中心建设作出贡献。

2014年末，上证综指3234.68点，股票市价总值24.4万亿元，总成交金额128.15万亿元；上海期货交易所全年合计成交期货金额126.47万亿元；上海产权市场全年完成交易总量1188.18亿元；上海钻石交易所钻石进出口贸易额大幅增长，全年钻石进出口交易额51.31亿美元。

二、要素市场的"东进序曲"

从20世纪90年代中期起，浦东开发开放推动了要素市场的"东进潮"，也推动了中国市场经济体系建设的速度。

那时，随着浦东陆家嘴金融贸易区形态建设速度加快，大批楼宇拔地而起，但是招商速度和各类功能性企业机构进驻一时跟不上，有海外媒体报道"陆家嘴写字楼租售率只有20%"，"大楼里灯亮不起来"，"要看中国的泡沫经济典型，就看陆家嘴吧"。

为此，1995年11月，浦东改革与发展研究院院长姚锡棠教授给时任上海市市长徐匡迪写信，建议把位于浦西的上海市房地产交易中心东迁浦东，通过要素市场东移，促进陆家嘴中央商务区的形成。建议得到徐匡迪亲笔批示："请启正（时任上海市副市长、浦东新区管委会主任）同志阅，是否由王安德（时任陆家嘴集团公司总经理）、蔡育天（时任上海市房地局局长）同志具体筹划。可在陆家嘴证券大楼附近，觅一已建的大楼作为房地产交易中心。促进陆家嘴CBD早日形成。"

很快，在上海政府的强力推动下，位于浦西的上海市房地产交易中心和市房地局东迁浦东，由此

---

❶ 摘自百度百科。

掀开了要素市场东迁浦东的序幕。接着，1997年12月19日上海证券交易所东迁，同一天，中国上海人才市场也宣布入驻陆家嘴。期货交易所、产权交易所、商品交易所等国家级交易所也相继东迁浦东，国家级钻石交易所也于2001年在陆家嘴建立。

20年后的今天，陆家嘴已经集聚了11家国家级和市级要素市场，包括中国人民银行上海总部在内的728家中外金融机构，87家跨国公司地区总部，数千家中介服务机构和20万"金融白领"，入夜林立的摩天大楼灯都亮了起来，形成一道靓丽的风景线。

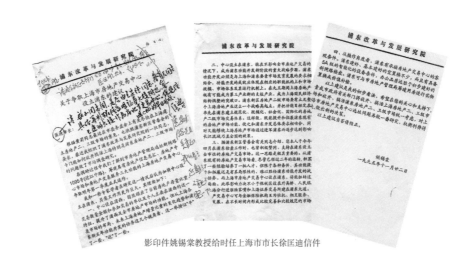

影印件姚锡棠教授给时任上海市市长徐匡迪信件

三、要素市场建设的历史沿革

1. 创办

上海筹建交易所的工作起步于1991年，至1993年11月，上海有6家期货交易所相继开业：

上海金属交易所于1992年5月开业；

上海农业生产资料交易所于1993年2月开业；

上海石油交易所于1993年5月开业；

上海粮油商品交易所于1993年6月开业；

上海化工商品交易所于1993年7月开业；

上海建筑材料交易所于1993年11月开业。

2. 试点期货交易所的核准

1993年11月，国务院发布《关于坚决制止期货市场盲目发展的通知》。1994年5月，国务院办公厅转发证券委《关于坚决制止期货市场盲目发展若干意见的请示》，对已经成立的期货交易所进行审核，大部分交易所将按批发市场进行管理，不再冠以交易所的名称，不得进行期货合约买卖；对符合条件的少数交易所，经证监会从严审核并报请国务院批准后，可进行标准化期货合约交易试点。

按照国务院部署，开展了对期货交易所的审批工作。1994年10月，证监会批准全国11家交易所为我国试点期货交易所，其中包括上海金属交易所、上海粮油商品交易所。

上海石油、建材、农资、化工等4家交易所实行合并，组建上海商品交易所；经审核，证监会1995

年4月批准上海商品交易所为我国试点期货交易所。

3. 整顿和规范

1998年8月1日，国务院发布《关于进一步整顿和规范期货市场的通知》。《通知》明确："按照'继续试点，加强监管，依法规范，防范风险'的原则，对现有14家期货交易所进行整顿和撤并，只在上海、郑州和大连保留3家期货交易所。对保留的期货交易所实行集中统一管理，比照证券交易所管理体制，将期货交易所划归中国证监会直接管理。"

"按照'统一机构、统一财务、统一交易、统一结算、统一规则'的原则，在清产核资后，将上海金属交易所、上海商品交易所和上海粮油商品交易所等3家交易所合并为上海期货交易所。" 1998年9月，3所合并的各项具体工作开始全面开展。在中国证监会和上海市政府的领导和有关方面的配合下，上海期货交易所筹备工作进展顺利。

1999年5月4日，经中国证监会同意，上海3家交易所期货交易合并试营运开始运作。

1999年12月，上海期货交易所的合并组建工作基本完成。

四、部分要素市场简介

1. 浦东新区人才交流中心陆家嘴（金融）分中心

浦东新区人才交流中心陆家嘴（金融）分中心成立于2000年1月，位于陆家嘴金融贸易区，是浦东人才为服务上海国际金融中心建设而设立的专业人才服务机构。该中心以营造良好的金融人才发展环境，推动上海国际金融人才高地建设为目标，依托浦东人才健全的服务体系、完善的服务网络和联系全国、沟通海外的服务平台，开发符合金融企业实际需求的核心服务产品，为中外金融机构和金融人才提供各类人才人事服务。服务包括人才引进、解决夫妻两地分居困难调沪，居住证转上海常住户口，国内人才申领《上海市居住证》，国内人才《上海市人才居住证》续签，人事档案挂靠，集体户口挂靠，人才公寓租赁，事业单位人员聘用登记，代办应届大学生进沪蓝表申请，代办境外人员就业许可证，代办留学生进沪手续，代办学历学位认定，办理单位录用和退工，社会保险代缴，商业保险代理，代发工资，人才招聘，员工派遣，薪资福利管理等。

2. 上海期货交易所

上海期货交易所（以下简称"上期所"）是依照有关法规设立的，履行有关法规规定的职责，受中国证监会集中统一监督管理，并按照其章程实行自律管理的法人。目前上海期货交易所上市交易的有黄金、白银、铜、铝、锌、铅、螺纹钢、线材、燃料油、天然橡胶、石油沥青、热轧卷板等12种期货合约，并推出了黄金、白银和有色金属的连续交易。2013年，上期所共有会员207家，其中期货公司会员155家，非期货公司会员52家。在全国各地开通远程交易终端700多个。2013年，上海商品期货市场运行规范有序，交易规模整体平稳。全年市场总成交金额为120.83万亿元，比上年增长35.47%，占全国总成交金额的22.59%；总成交量为6.42亿手，比上年增长75.86%，占全国总成交量的31.16%。

市场运行总体呈现4大特点：①交易规模稳步增长；②投资者结构逐步完善，有41.47万个客户参与交易，同比增长15.94%；561户特殊单位客户办理开户，包括基金、期货公司资管、证券公司自营、集合资产管理、定向资产管理客户等；③客户套保积极性明显提高，286户法人客户申请获批2605.55万手套保交易头寸，同比分别增长23.63%和49.56%，参与套期保值交易754.81万手，同比上升59.56%。④各品种走势与国际市场基本一致。

3. 上海证券交易所

上海证券交易所（以下简称"上交所"）成立于1990年11月26日，同年12月19日开业，归属中国证监会直接管理。其主要职能包括提供证券交易的场所和设施；制定证券交易所的业务规则；接受上市申请，安排证券上市；组织、监督证券交易；对会员、上市公司进行监管；管理和公布市场信息。上交所下设23个部门以及4个下属机构（上海证券交易所发展研究中心、上海证券通信有限责任公司、上证所信息网络有限公司和上海上证金融服务有限公司）。

在上交所上市的证券包括股票、债券、基金3大类。经过23年的快速发展，目前上海证券市场已进入发展的新阶段，市场规模迅速扩大，基础设施渐趋完善，规范程度不断提高。通过多年的积累，上交所的技术优势已显著增强，具有世界先进水平的新一代交易系统已成功上线，全球证券交易所最大的数据仓库和功能强大的新一代网站，具有一流水平的新机房等也已先后建成。上交所市场交易主要采用电子竞价交易方式，所有上市交易证券的买卖均须通过电脑主机进行公开申报竞价，由主机按照价格优先、时间优先的原则自动撮合成交。上交所新一代交易系统峰值订单处理能力达80000笔/秒，系统日双边成交容量不低于1.2亿笔，相当于单市场1.2万亿元的日成交规模，并且具备平行扩展能力。另外，上交所还支持大宗交易及固定收益类产品的报价、协议申报交易。

此外，上交所已经建成覆盖全国的设备先进、功能齐全、用户规模最大的证券专业卫星通信网络。目前，上交所已建立符合市场运作需要、功能较强的监控系统，对市场交易实施实时监控，并初步形成了一个以上市公司监管、会员监管和市场监控为主要内容的自律监管体系。

截至2013年底，上交所共有上市公司953家，上市股票数997只。股票市价总值151165亿元，流通市值136526亿元。上市公司总股本25752亿股，流通股本23731亿股，流通股本占总股本的92.15%。一大批国民经济支柱企业、重点企业、基础行业企业和高新科技企业通过上市，既筹集了发展资金，又转换了经营机制。

截至2013年底，上海证券交易所投资者开户数11444万户。

2013年，上海证券交易所各类证券成交总额865098.34亿元，同比增加58.0%。其中，股票成交总额230266.03亿元，占证券成交总额的26.62%；债券成交625839.41亿元，占证券成交总额的72.34%；基金成交8989.48亿元，占证券成交总额的0.01%。

4. 上海石油交易所

上海石油交易所位于陆家嘴金融贸易区，注册资本为1.05亿元，于2006年8月18日正式开业运营。股东为代表上海市的上海久联集团有限公司（申能集团有限公司全资持股）和中石油、中石化、中海油、中化集团。上海石油交易所是国内第一家也是唯一一家由4大能源央企参与投资组建的能源现货交易所。2006年，浦东新区政府将上海石油交易所纳入国务院批准的浦东新区综合配套改革试点单位；2011年，上海市国民经济和社会发展"十二五"规划中明确指出要培育支持发展上海石油交易市场；同年，上海建设国际贸易中心，提出力争建成面向海内外的天然气专项商品交易平台。2009年2月28日上海石油交易所西部交易中心与延长集团合作推出液化石油气（LPG）现货竞买交易，是国内LPG第一笔电子化市场化交易，2012年已是中国西部以西安市为中心的LPG定价中心。2012年4月1日，上海石油交易所推出了现货竞买季度供应交易。至此，上海石油交易所已推出了日供、月供、季供3种现货供货交易，分别满足了交易商不同时段的天然气需求。2013年8月13日，上海石油交易所在现货竞买交易平台上再次推出了LNG管输专场交易。这是继2012年12月28日上海石油交易所首次在现货竞买交易平台上推出迎峰度冬LNG管道交收专场交易后，为及时高效解决今夏天然气用气高峰需求再推LNG

管输专场交易。2013年10月30日推出了现货仓单交易。

上海石油交易所的发展目标和定位是：立足能源现货市场，依托国内大型能源企业，服务能源产业发展；以天然气和液化石油气现货竞买交易为突破口，由易到难，由单一品种到多品种，由现货竞买交易到多种现货交易方式，打造国家级能源要素市场和定价中心。

5．上海钻石交易所

上海钻石交易所是经国务院批准设立于上海浦东新区的国家级要素市场，是中国唯一的钻石进出口交易平台。上海钻石交易所按照国际钻石交易通行的规则运行，为国内外钻石商提供一个公平、公正、安全并实行封闭式管理的交易场所。上海钻石交易所设在陆家嘴金融贸易区的中国钻石交易中心大厦内，是海关特殊监管区，安保设施完备。相关政府部门驻所"一站式"受理业务，还有多家银行、押运、报关、钻石鉴定等配套服务机构驻所为会员提供便捷服务。

上海钻石交易所的会员包括国内外知名品牌的钻石零售商、批发商和大型钻石加工厂商等。截至2014年底，上海钻石交易所共发展会员369家，其中外资会员约占65%。全年钻交所钻石交易金额为51.31亿美元，海关代征进口环节增值税5.51亿元。

6．中国金融期货交易所

中国金融期货交易所由上海期货交易所、郑州商品交易所、大连商品交易所、上海证券交易所和深圳证券交易所共同发起设立的金融期货交易所，于2006年9月8日在上海成立。截至2012年底，中金所股指期货市场账户总数达到12.7万户，已有64家证券公司，33家基金公司，5家信托公司参与股指期货交易。于2013年3月12日起，中国金融期货交易所适度放宽股指期货持仓限额标准，将沪深300股指期货"进行投机交易的客户号某一合约单边持仓限额"由300手调整为600手，满足客户持仓需求，促进市场功能发挥。

2013年9月6日，国债期货在中金所挂牌上市，至2013年12月18日顺利完成首次交割，成功运行一个完整的周期。国债期货是继股指期货之后期货衍生品市场创新发展的重要突破，是我国多层次资本市场建设取得的重要成果。国债期货上市以来，投资者参与有序，市场交易理性，期现货价格联动良好，交割平稳顺畅，市场监管有效，运行规范。在深入评估国债期货市场运行情况的基础上，于2013年12月27日发布通知对5年期国债期货采取"调整交易保证金标准"，"平今仓免收手续费"两项措施，提高市场运行质量。

2014年沪深股指期货总成交21758.11万手，总成交金额1640169.73亿元，比上年分别增长12.42%和16.32%，日均成交87万手，日均成交金额6561亿元，近月合约为主力合约，交易最为活跃，占市场总成交的90%以上，符合成熟市场一般规律，市场整体流动性进一步增强。

补充资料

上海钻石交易所

一、钻交所功能定位与发展概要

钻交所是经国务院批准于2000年10月正式成立的国家级要素市场，也是国内唯一的钻石进出口交易平

上海钻石交易所

台。钻交所按照国际钻石交易通行的规则运行，为国内外钻石商提供一个公平、公正、安全并实行封闭式管理的交易场所。

钻交所自成立以来一直得到中央、地方各级政府部门的大力支持和关心，成立仅1个月，时任国家副主席胡锦涛专程视察钻交所，并为钻交所题字。2008年5月9日，时任国务院副总理王岐山在时任上海市委书记俞正声和市长韩正的陪同下专程视察钻交所，在听取了钻交所的情况汇报后，对钻交所的发展提出了殷切期望。

2009年10月，时任国家副主席习近平在访问比利时期间，和时任比利时首相范龙佩亲自出席了钻交所与安特卫普世界钻石中心合作协议的签约仪式。钻交所负责人还陪同习副主席参观了安特卫普世界钻石中心，在参观过程中，习副主席关切地询问了我国钻石行业的情况，钻交所负责人就我国钻石的税收政策、钻石加工业状况、钻交所的基本情况、钻石金伯利证书等问题作了汇报。习副主席对钻交所在比利时所做的工作提出表扬，并充分肯定了钻交所开展的民间外交活动。习副主席还指出：从国际钻石行业的状况来分析，钻交所还有很大的发展空间，希望钻交所越办越好。

目前，钻交所的钻石交易规模不断扩大，会员数量稳步增加，会员结构日趋合理，转口贸易额逐年增长，对周边国家的辐射作用正日益显现。作为世界新兴钻石交易中心的代表，上海钻交所已成为世界钻石交易所大家庭中的重要成员之一，并在推动和促进中国钻石产业健康、有序发展，完善中国钻石产业链的打造进程中发挥着越来越重要的作用。

二、钻石税收政策的历次调整与完善

钻石行业是一个政策引导性很强的行业，我国钻石政策的全面完善历时近6年时间，经历了2002年和2006年2次重大政策调整，当前基本形成了适应钻石行业发展且兼具中国特色的钻石管理机制。

2002年6月，国家钻石税收政策初次调整，政策明确规定我国一般贸易的钻石进出口均需通过驻上海钻交所海关报关。政策执行当月海关代征进口环节增值税就达500多万元人民币，超过钻交所成立前海关征收钻石增值税一年的总和。2002年9月，上海海关驻钻石交易所办事处正式挂牌成立；至此钻交所才真正踏上了健康发展的轨道，并充分显示出政策调整在减少国家税收流失的同时对本行业健康发展的巨大推动作用。

2006年10月，财政部和国家税务总局颁布：自钻交所销往国内的毛坯钻石免征增值税，成品钻石增值税实际税负超过4%的部分由海关即征即退。钻交所会员通过钻交所进口销往国内市场的成品钻石，凭海关完税凭证和核准单，由税务机关指定的驻钻交所税务代理机构使用防伪税控"一机多票"系统开具增值税发票。会员单位通过钻交所进口销往国内市场的毛坯钻石，通过防伪税控"一机多票"系统开具普通发票，免征增值税等规定。随着2006年10月18日，税务机关指定的税务代理机构正式入驻钻交所，新的钻石税收政策开始全面施行。

三、钻交所长效监管机制的确立

经过多方努力和协同发展，作为中国唯一的钻石进出口交易平台，上海钻交所综合管理的长效监管机制已经确立。

（1）在政策层面，在国务院所涉及的部委局中，商务部会同财政部、海关总署、税务总局等相关部门对钻交所进行宏观监管、协调。

（2）钻交所属海关特殊监管区域。目前，钻石办、海关、检验检疫局、外管局、工商局、税务局分别在所内设立机构或指定专人各自行使政府职能。钻石的进出口、进出境业务等由驻钻交所海关办事处监管，钻石毛坯金伯利证书由检验检疫局驻钻交所办事处负责，钻石进入国内开具增值税发票由市税务局驻钻交所代理机构负责，外资会员在所内成立公司由钻石办审批。

四、钻交所自主运营规范有效

在相关政府部门的监管下，上海钻交所严格按照国家钻石税收政策的相关规定进行运营和管理。

（1）自2006年国家钻石税收政策施行以来，钻交所在财政、海关、税务、检验检疫等部门的指导下，于2006年12月建立了钻石"购、销、存"一体动态电子监管系统，并对会员单位实行钻石专营管理。通过该系统，相关监管部门随时随刻都可以查询出该会员单位的进口情况、销售情况及库存情况等相关信息。

（2）钻交所对会员单位通过钻交所销往国内的成品钻石开具增值税发票实行统一管理，严格按照"一票一单"税收管理政策的有关要求执行，以便于政府部门的监管工作。

（3）在每一季结束，钻交所就会按购买方所属的各省、自治区、直辖市税务局分类统计，将该季度内开具增值税发票的相关信息制作成明细资料，在报税务主管部门审核无误后，由税务主管部门在开票明细资料上盖章确认并随附该明细资料的电子光盘一并报送各购买方所属的各省、自治区、直辖市税务局。

（4）钻交所还建立了与政府部门监管和查案的联动机制，该项工作自2006年起开展至今已近8年。钻交所多次为上海、深圳、浙江、内蒙古、新疆等多地税务机关单独出具实物量交易信息以满足监管及查案需要，并得到了相关监管部门的肯定。

（5）目前钻交所钻石交易平台涵盖了钻石进出所登记、所内交易备案、会员库存管理、会员开具增值税票的审核、登记等职能，交易登记率达到百分之一百，服务会员的整体水平得到了根本性的提升。

（6）为更好地服务全国钻石行业，进一步增强钻石交易平台在全国的辐射作用和服务功能，钻交所已在深圳设立了钻交所驻深圳办事处，其核心是让中国钻石珠宝企业尤其是中小企业能分享到国家的钻石税收政策带来的优惠。通过钻交所驻深圳办事处这一平台，以钻交所会员为代表的上游钻石供货方与当地企业为代表的购买方直接接触，不仅有利于供货方了解企业信息，拓展销售渠道及扩大市场份额，也使得购买方能以更优惠的价格享受到更好的产品和服务，这也将对钻石交易平台未来规模的扩大和国内钻石市场的规范起到积极的推动作用。

五、会员发展和钻石交易情况

1. 会员发展情况

截至2014年12月底，钻交所会员已发展至369家，其中外资会员约占会员总数的65%。目前，钻交所会员中钻石毛坯供应商、钻石加工商及钻石珠宝首饰零售商的占比正逐年稳步增长。钻交所原有的以钻石批发商为主的局面已发生根本变化，多元化的会员构成已基本成型，会员结构得到进一步优化，这也为未来钻石交易的均衡发展及规模扩大创造了有利条件。

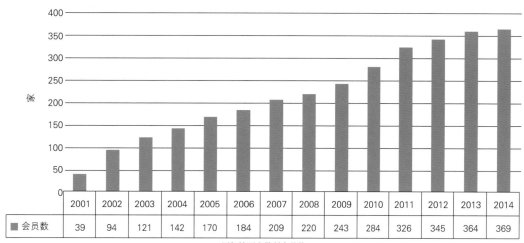

	2001	2002	2003	2004	2005	2006	2007	2008	2009	2010	2011	2012	2013	2014
■ 会员数	39	94	121	142	170	184	209	220	243	284	326	345	364	369

历年钻石交易所会员数

2. 钻石交易情况

2014年全年，钻交所实现钻石交易额达51.31亿美元，较2013年增长18.58%；上缴国家税收5.51亿元人民币（系进口环节增值税），较2013年增长31.19%。尽管近年来世界经济仍处于持续低迷状态，国内外钻石消费需求出现一定程度萎缩，但在相关政府部门的大力扶持下，钻交所充分利用现有钻石交易平台在信息、渠道及政策等方面的优势，积极从多个方面采取措施，确保了钻石交易平台的平稳运营。

自2000年10月钻交所成立至2014年底，上海钻石交易所已累计实现钻石交易总金额266.82亿美元，累计上缴国家税收33.92亿元人民币（系进口环节增值税）。

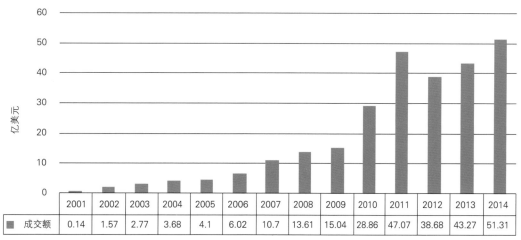

	2001	2002	2003	2004	2005	2006	2007	2008	2009	2010	2011	2012	2013	2014
■ 成交额	0.14	1.57	2.77	3.68	4.1	6.02	10.7	13.61	15.04	28.86	47.07	38.68	43.27	51.31

历年钻石成交额

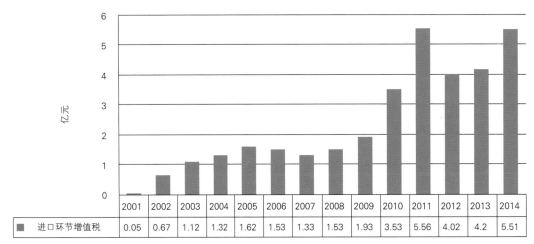

	2001	2002	2003	2004	2005	2006	2007	2008	2009	2010	2011	2012	2013	2014
进口环节增值税	0.05	0.67	1.12	1.32	1.62	1.53	1.33	1.53	1.93	3.53	5.56	4.02	4.2	5.51

历年钻石交易所进口环节增值税

六、毛坯供应渠道的多元拓展

过去的十多年，上海钻交所尽管在会员数量、交易规模以及国际影响力方面都取得了不俗的业绩，但钻石交易品种始终局限在成品钻的交易上，交易品种单一，交易结构有待完善。这一状况的形成原因，既和我国钻石业起步较晚有关，但更主要的是由于国际钻石市场尤其是毛坯钻石市场长期以来处于垄断状态，毛坯钻的供应量和价格一直受少数国际毛坯供应商的控制有关。中国市场所能拿到的毛坯货源少之又少，严重阻碍我国钻石加工产业的发展，进而影响到珠宝首饰产业的发展。

为了逐步扭转这一不利局面，钻交所与包括津巴布韦、南非、俄罗斯、加拿大等毛坯供应国的钻石机构就原产地毛坯钻石直接供应中国市场等进行了多方面接触和谈判，并鼓励更多有实力的国内企业参与进来。

2012年12月，首批由中资公司在津巴布韦钻石矿开采的毛坯钻石已正式进入钻交所。

2013年5月，在国家商务部的大力支持下，钻交所与毛坯钻石供应量世界第一的俄罗斯阿尔洛萨股份公司正式签署了有关钻石供应的战略合作协议，协议商定阿尔洛萨股份公司将通过上海钻交所平台销售其开采的毛坯钻和成品钻，由此拉开了双方实质性合作的序幕，意义重大。2013年7月底，阿尔洛萨股份公司在钻交所内举办了首场针对会员单位的钻石投标会，会员单位参与热情高涨，反响积极。至此，经过多年的努力，增加钻石毛坯对中国市场的供应已取得了具象征意义的突破。

2014年1月，加拿大代表团访问了钻交所，并明确提出希望与钻交所进行深入合作的愿望。加拿大西北部地区钻石资源蕴藏量丰富，更有在钻石矿产勘探、开发及钻石加工等方面的丰富经验和技术优势。通过上海钻交所平台从加拿大直接引入钻石毛坯，完善现有的毛坯供应格局，并借助于其在毛坯加工方面的技术优势，促进国内钻石加工业的发展，这已成为钻交所未来发展的重要事项。

2014年初以来，津巴布韦政府也正积极与钻交所就在上海钻石交易所批量拍卖津巴布韦钻石进行商谈。自欧盟2013年底年取消对津巴布韦钻石的制裁后，津巴布韦钻石首次登陆欧洲，约30万克拉裸钻在世界知名的安特卫普钻石交易中心售得1000多万美元，收入并不理想。因此津巴布韦政府目前正积极争取钻石能够进入上海钻石交易所等新兴钻石交易市场。

随着未来新兴钻石交易市场规模的不断扩大，现有的全球毛坯供应格局也将会出现改变，中国毛坯供应受制于人的不利局面将有所改善，这不仅有利于上海钻交所交易结构优化和交易规模进一步扩大，更将对中国钻石产业的未来发展产生极大的推动作用。

七、对外交流与国际合作

钻交所成立之初，便依照国际钻石交易通行的规则运行，并与世界钻石业界的重要机构和组织保持着良好的合作关系，通过增进了解，加强沟通和促进交流，更好、更快地融入国际钻石业界这个大家庭中，取长补短、共同发展。尤其是2004年10月，钻交所正式成为世界钻石交易所联合会成员后，钻交所与世界钻石交易所联合会一直保持着密切的联系。这为钻交所了解国际钻石行业的最新情况及在更高层程度上参与国际钻石业的合作奠定了基础。

至今，钻交所已与比利时、以色列、美国、俄罗斯、南非、津巴布韦等多家国际重要钻石机构建立了战略合作关系，并正积极推进与印度、加拿大及南部非洲产钻国家等钻石机构建立类似友好合作关系的相关工作。

上海期货交易所

一、上海期货交易所介绍及发展现状

上海期货交易所是在上海期货市场探索发展基础上，由上海金属、商品、粮油商品等三家试点期货交易所合并组建而成；其最初的起源始于上海商品期货市场的创办。

上海期货交易所自1999年成立营运以来，改革创新不断深入，各方面建设稳步推进，取得了显著业绩和长足发展，为进一步做大做强市场，跻身世界衍生品市场主要期货交易所之列奠定了坚实基础。

1. 交易所的性质

上海期货交易所是依照有关法规设立的、隶属中国证监会领导、在中国证监会集中统一监管下履行有关法规规定的职能，不以营利为目的，按照交易所章程的规定实行自律性管理的法人。英文名称为Shanghai Futures Exchange（缩写为SHFE），住所在上海市浦东新区松林路300号上海期货大厦。

上海期货交易所下属拥有4家子公司：上海上期商务服务有限公司、上海期货信息技术有限公司、上海期货衍生品研究院和上海国际能源交易中心。其中，能源中心成立于2013年11月6日，注册于中国（上海）自由贸易试验区，经营范围包括组织安排原油、天然气、石化产品等能源类衍生品上市交易、结算和交割。

上海期货交易所由总经理领导班子领导日常运营活动。会员大会是交易所的权力机构，由全体会员组成。理事会是会员大会的常设机构，对会员大会负责。

2. 交易所的职能

上海期货交易所遵循公开、公平、公正和诚实信用的原则组织期货交易，保证期货交易正常运行，维护期货交易当事人的合法权益和社会公众的利益，充分发挥期货市场的积极功能，促进社会主义市场经济的发展。

交易所履行以下职责：提供期货交易的场所、设施及相关服务；制定并实施交易所的业务规则；设计期货合约并安排上市；组织、监督期货交易、结算和交割；制定并实施风险管理制度，控制市场风险；保证期货合约的履行；发布市场信息；监管会员期货业务，查处会员违规行为；指定交割仓库并监管其期货业务；指定结算银行并监督其与交易所有关的期货结算业务；中国证监会规定的其他职责。

3. 交易所的发展目标

期货市场是我国金融市场的重要组成部分，经过多年发展，实现了从无法可依到法规体系基本健全，从自我发展到市场功能逐步发挥，从风险频发到抗风险能力大大增强的3个转变。在这一过程中，上海期货交易所在上海市委、市政府的关心支持下，坚持以科学发展观为统领，立足服务资本市场改革和经济社会发展全局，着眼长远，逐步确立起努力实现的发展目标。2002年提出的目标是，努力把交易所办成规范、高效、透明的，以金融衍生品交易为主的综合性期货交易所。2008年，进一步提出了一个长期目标和一个"一五战略规划"目标，前者是"建设成为规范、高效、透明，综合性、国际化的衍生品交易所"；后者是"建设成为一个在亚太时区以基础金属、贵金属、能源、化工等大宗商品为主的主要期货市场"。2013年，交易所提出"二五战略规划"，2013～2017年目标是建设成为亚太时区领先，具有全球重要影响力的商品期货、期权及其他衍生品的交易所。

二、近年来业务发展情况

上海期货交易所目前上市交易的有黄金、白银、铜、铝、锌、铅、螺纹钢、线材、燃料油、天然橡胶、石油沥青、热轧卷板等12种期货合约，并推出了黄金、白银和有色金属的连续交易。交易所现有会员207家，其中期货公司会员155家，非期公司会员52家，在全国各地开通远程交易终端700多个。近期发展吸收中信银行、广发银行等成为自营会员，会员结构逐渐优化。

1. 持续拓展市场影响，逐步发挥市场功能

（1）市场影响力稳步提升。近年来，上海商品期货市场有序运行，交易规模总体稳步增长。按照单边计算，2011年上海期货交易所成交额为43.45万亿元，2012年为44.60万亿元，2013年为60.42万亿元，2014年为63.24万亿元（以下数据均按单边计算）。根据美国期货业协会（FIA）公布的全球主要衍生品交易所成交量统计数据，2009年，上海期货交易所迈入全球十大衍生品交易所的行列，2013年在全球商品期货与期权交易所中排名第4位。

稳步推进品种创新，上海期货交易所上市品种基本涵盖了金属、能源、化工等几大关系国计民生的领域。同时全力推进上期有色金属指数期货的上市准备工作，积极开展期权产品研发和推广工作，上线铜和黄金期货期权的仿真交易。稳步推动上期有色金属指数ETF、白银期货ETF等基金产品开发工作，积极推进镍、锡、不锈钢、水泥、纸浆、电力、稀土、航运指数等10余个储备品种的研发工作。

2013年上海商品期货市场运行规范有序，总体呈现4大特点：①交易规模稳步增长，总成交金额为60.42万亿元，总成交量为6.42亿手，同比分别增长35.47%和75.86%，分别占全国的22.59%和31.16%，其中，连续交易总成交量为1.02亿手，总成交额为8.91万亿元，分别占全年的15.82%和14.74%；②投资者结构逐步完善，有41.47万个客户参与交易，同比增长15.94%，561户特殊单位客户办理开户，包括基金、期货公司资管、证券公司自营、集合资产管理、定向资产管理客户等；③客户套保积极性明显提高，286户法人客户申请获批2605.55万手套保交易头寸，同比分别增长23.63%和49.56%，参与套期保值交易754.81万手，同比上升59.56%；④各品种走势与国际市场基本一致。

（2）市场功能逐步发挥。伴随着品种和规模的稳步拓展，期货市场的价格发现和避险功能也逐步显现。通过为实体经济和市场参与者提供丰富多样的产品和服务，助力经济的平稳、顺利转型。

一是发挥价格信号的导向作用。长期以来，上海期货市场价格已成为发改委、工信部、商务部等政府部门监测大宗商品变化的风向标。以有色金属为例，铜、铝等有色金属期货价格与生产资料指数PPI密切相关，能提前反映3～6个月工业原材料市场价格趋势，因此成为宏观经济决策部门预测通胀或通缩的重要依据；期货市场显性库存的公开性、及时性、集中性等特点，也有助于了解产业供求情况、预测国际贸易的物流导向。近年来，一些金融监管部门和交易所合作，每月定期采集相关大宗商品的价格和库存数据，对重点行业运行进行动态监测，密切关注相关行业信贷风险。尽管除了期货衍生品交易的直接参与者之外，大部分人并不参与交易，但市场的供求，各类资产、商品、服务的价格已经与各行各业的经营发展，与各类资产财富的保值、增值息息相关。

二是优化资源配置，推动行业调结构转方式。近年来，在期货合约标的选择、规则设计和交割标准制定过程中，交易所通过融入技术、环保、节能等要素，对不同等级的期货交割产品给予有差别的升贴水设置，

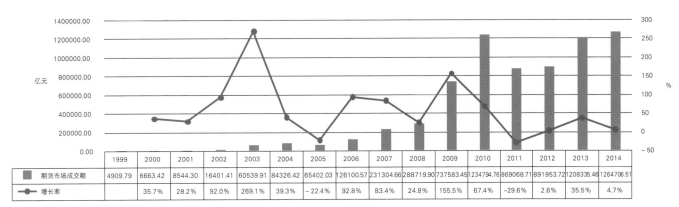

	1999	2000	2001	2002	2003	2004	2005	2006	2007	2008	2009	2010	2011	2012	2013	2014
期货市场成交额	4909.79	6663.42	8544.30	16401.41	60539.91	84326.42	65402.03	126100.57	231304.66	288719.90	737583.45	1234794.76	869068.71	891953.72	1208335.46	1264706.51
增长率		35.7%	28.2%	92.0%	269.1%	39.3%	−22.4%	92.8%	83.4%	24.8%	155.5%	67.4%	−29.6%	2.6%	35.5%	4.7%

历年期货市场成交额及增长率

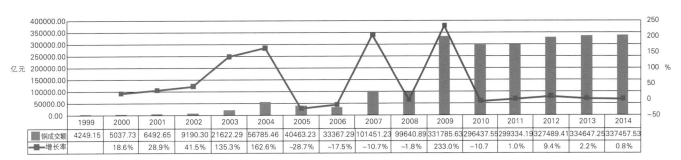

	1999	2000	2001	2002	2003	2004	2005	2006	2007	2008	2009	2010	2011	2012	2013	2014
铜成交额	4249.15	5037.73	6492.65	9190.30	21622.29	56785.46	40463.23	33367.29	101451.23	99640.89	331785.63	296437.55	299334.19	327489.41	334647.25	337457.53
增长率		18.6%	28.9%	41.5%	135.3%	162.6%	−28.7%	−17.5%	−10.7%	−1.8%	233.0%	−10.7	1.0%	9.4%	2.2%	0.8%

历年期货市场铜成交额及增长率

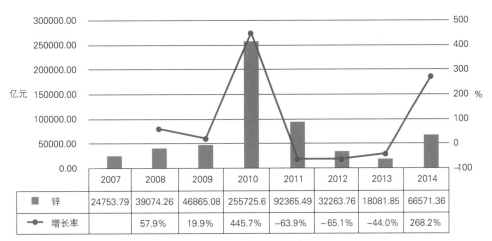

	2007	2008	2009	2010	2011	2012	2013	2014
锌	24753.79	39074.26	46865.08	255725.6	92365.49	32263.76	18081.85	66571.36
增长率		57.9%	19.9%	445.7%	−63.9%	−65.1%	−44.0%	268.2%

历年期货市场锌成交额及增长率

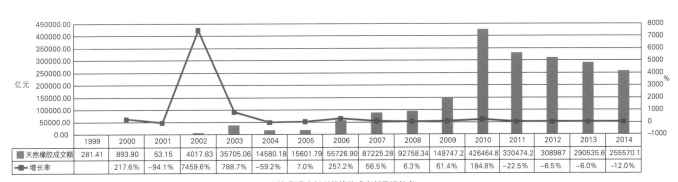

	1999	2000	2001	2002	2003	2004	2005	2006	2007	2008	2009	2010	2011	2012	2013	2014
天然橡胶成交额	281.41	893.90	53.15	4017.83	35705.06	14580.18	15601.79	55726.90	87225.28	92758.34	149747.2	426464.8	330474.2	308987	290535.6	255570.1
增长率		217.6%	−94.1%	7459.6%	788.7%	−59.2%	7.0%	257.2%	56.5%	6.3%	61.4%	184.8%	−22.5%	−6.5%	−6.0%	−12.0%

历年期货市场天然橡胶成交额及增长率

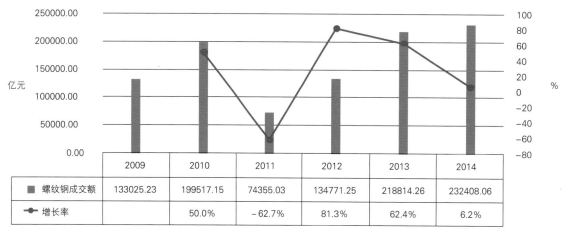

	2009	2010	2011	2012	2013	2014
■ 螺纹钢成交额	133025.23	199517.15	74355.03	134771.25	218814.26	232408.06
—●— 增长率		50.0%	−62.7%	81.3%	62.4%	6.2%

历年期货市场螺纹钢成交额及增长率

利用价格导向的作用，促进产业政策落实，推动产业转型升级。如铅期货，对注册企业的生产规模、工艺和质量提出明确要求，规定注册品牌必须符合国家"铅锌行业准入条件"和环保部"清洁生产标准"三级工艺以上的标准以及应存放在通风、干燥、无腐蚀的库房内的要求，推动淘汰落后产能，提升行业环保水平。再如，通过对高品质铜给予升水待遇，激发企业加强技术改造。经过多年的发展，铜行业80%以上企业的产品质量达到了高纯阴极铜标准，提升了整个行业质量。

三是帮助实体企业规避市场风险，实现精细化管理。面对转型时期的风险，越来越多的企业开始运用期货工具为生产经营保驾护航。目前国内80%以上的国有大中型有色金属企业都参与了该所期货交易。随着我国钢铁产能过剩现象加剧，行业绩效低位运行，更多的钢铁生产、流通企业参与了该所钢材系列期货的套期保值交易。2013年套期保值的成交量达到823万手，同比上升约400%。参与套期保值的民营钢铁企业中，超过60%的企业表示保值效果达到或超过预期。其他品种产业客户参与套保交易的积极性也明显提高。

2. 积极推动对外开放，以创新提升市场竞争力

（1）抓住机遇重点突破，积极推进国际化进程。坚持以我为主，统筹兼顾的开放原则，积极争取有关方面的理解支持。一是在2010年12月顺利启动铜、铝保税交割试点，2011年8月期货保税交割完成全流程操作，保税交割结算价逐步辐射到保税区甚至境外市场，2013年海关总署正式批复同意将保税交割试点品种扩展至除铜、铝以外的其他期货品种，将保税区域延伸至自贸区。二是积极推进参与者结构国际化，先后吸引汇丰、澳新银行等机构成为会员。三是通过推行国外品牌境内注册的方式，"制定标准"和"输出标准"，目前已有包括智利铜业、必和必拓集团在内的29个境外铜品牌在该所成功注册，合计占国外铜产量的50%左右。四是创办"上海衍生品市场论坛"，努力向市场化、专业化和国际化方向发展，至今已成功举办11届。

目前按照党中央、国务院的要求，上海期货交易所上下正抓紧筹备原油期货上市的相关工作。在原油期货的开发过程中，制定了"国际平台、净价交易、保税交割"的方案，获得国家20个部委和石油公司的广泛认可。2013年11月22日，上海国际能源交易中心股份有限公司在上海自由贸易试验区正式挂牌成立，具体承担原油期货平台的筹建工作，力争年内能够顺利推出。

（2）落实规则机制创新，持续优化市场效率。近年来上海期货交易所以问题为导向，以提高市场效率，

更好地服务投资者为目标，持续推进规则机制创新。一是推出了单向大边保证金制度，提高了资金使用效率。二是实施套利交易制度，满足不同投资者的策略需求。三是推出FOK、FAK等新型交易指令，丰富指令种类，提高下单速度。四是完善有色金属、贵金属等品种时间和持仓梯度保证金收取标准，降低交易成本。五是持续做精做深现有品种，开展品种年度评估，适时优化合约及相关配套规则。六是调整会员限仓比例，优化会员平仓制度。七是科学制定长假风控措施，适度调整部分品种保证金比例和涨跌停板幅度。八是完善各品种成交、持仓排名方式，并向市场公布相关时段的期货合约加权平均价。

其中，推出连续交易制度是去年该所提高市场运行效率和促进市场功能发挥的一项重要创新举措。自2013年7月5日连续交易上线至2013年12月底，黄金期货和白银期货交易量较2012年同期同比提高5.2倍和9.6倍。黄金、白银市场在满足实体经济风险管理需求方面的功能发挥更加充分，价格连续性得到改善，盘后"跳空"幅度明显收窄，国际联动更加紧密，价格影响力显著增强。白银合约成交量因跃居全球首位，被期货期权世界杂志（FOW）评为"2012～2013年度亚洲最佳合约"。有色金属期货品种连续交易运行时间尽管不长，但市场已呈现积极变化，整体运行平稳，成交量稳中有升，部分品种成交增幅明显。

（3）加强技术领域创新，引领行业发展方向。为适应市场快速发展和信息安全保障的需要，该所加快了技术创新的步伐。构建了国际一流的新一代交易系统，报单延迟低至400微秒，每秒报单处理能力达到2.4万笔，比过去35毫秒缩短了98.8%；报单处理性能稳定在每秒24000笔，比之前的每秒12000笔提高了100%，基本达到国际一流水平。以灾备中心建设为抓手，先后建设并启用张江数据中心及北京数据中心，率先实现"两地三中心"这一行业领先的灾备运行和备份管理模式。为提升全市场的技术水平，目前有74家期货公司的技术系统托管在交易所张江中心，起到了对全行业技术引领的作用。

3. 不断提升科学监管能力，持续完善市场法制建设

（1）完善日常风险防控，着力提升监管效能。一是升级监管系统，完善监管手段，充实监管队伍，强化异常交易行为管理。二是重视风险预研预判，推进业务前端风险的动态监控与分析，紧盯市场主要运行风险指标，及时发现风险隐患。三是坚持每周召开市场动态分析例会，针对风险苗头制定应对预案。四是全面排查运维风险隐患，完善突发事件应急预案，优化应急处置流程。五是加强应急演练常态管理，以交易端的突发事件为切入点，开展日常实战演习。六是积极推进风险动态管理，适时调整涨跌停板幅度。七是持续优化风险监控系统，启动引进SMARTS风险监控系统项目，完善历史数据分析系统，加强数据定量分析。八是积极推进跨品种、跨市场监管研究，探索建立上期大宗商品交易大平台方案。九是总结监管实践经验，积极探索对由于套利交易引起的异常交易行为进行豁免等提高市场运行效率的举措。

（2）系统完善市场法规体系，加快期货法立法研究。在业务发展同时，积极进行规则修订，近年来形成了一套行之有效的规则体系。2011年以来，在证监会领导下，该所组织骨干员工对《期货法》立法涉及的重点问题进行了全面、系统研究，同时对美国《商品交易法》和《多德—弗兰克法案》等国际法规进行全面翻译与研究，为加快推动制定《期货法》提供了基础资料和研究思路。经过多年努力，在《十二届全国人大常委会立法规划》中《期货法》被列为二类项目，2013年12月10日，全国人大财经委员会正式启动期货法立法工作，目前《期货法》草案第一稿已经草拟完毕。

第四节　各类投资

一、全社会固定资产投资

1990～2014年的25年间，陆家嘴金融贸易区全社会固定资产投资累计达3662.11亿元。高强度的全社会固定资产投资，有力地促进了区域形态开发和功能开发的快速发展。同时，固定资产投资是经济的先行变量，也是资本积累的重要途径，对国民经济的发展具有重要的推动作用，也是政府实现经济增长目标的主要手段。

（一）历年全社会固定资产投资分析

1. 投资规模与主要特征

1990～2014年的25年间，陆家嘴金融贸易区全社会固定资产投资累计达3662.11亿元。

1993～2014年，陆家嘴金融贸易区全社会固定资产投资基本保持稳定增长的趋势。曲线形态可以分成3个时间段：①1993～1999年的稳定增长阶段，这一阶段的特征是投资数额大增速平稳，1993～1999年的7年间，1993年为85.84亿元，至1999年达158亿元，年均增长9.1%；②1999～2002年的萎缩与恢复阶段。其特征是受1997年亚洲金融危机对中国大陆的延后影响，自1999年起投资总额快速减少，2001年的投资总额是1997年的66.7%，直至2004年才基本恢复到1999年的投资水平；③2004～2014年投资总额基本呈上升态势。其中，2006年受国内宏观调控的影响，2010年受世界金融危机滞后的影响，陆家嘴金融贸易区全社会固定资产投资总额出现2次大幅下降，下降幅度分别为26.6%和32.1%，其余年份均表现为投资规模稳步增长的趋势，至2014年达到231.07亿元。

很明显，作为一个以第三产业特别是以金融为主导产业的开发区来说，全社会固定资产投资受国内宏观调控和世界金融危机的影响程度，要远远大于一般的城市或工业开发区。

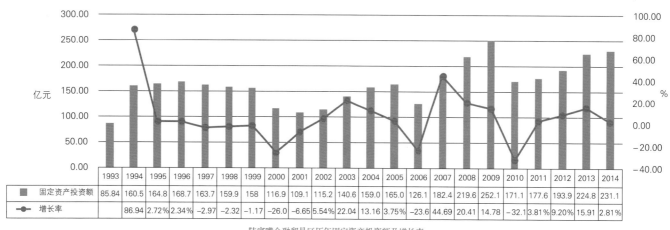

陆家嘴金融贸易区历年固定资产投资额及增长率

2. 二、三次产业投资结构分析

陆家嘴金融贸易区第一产业固定资产投资额为0。2005～2014年的10年间，陆家嘴金融贸易区在二、三次产业上的全社会固定资产投资如图所示。数据显示，2005年二次产业的投资占总投资的比例为

10.3%，投资额为16.94亿元，以后逐年下降，至2014年仅为0.6%，投资额为1.39亿元。充分体现了陆家嘴金融贸易区作为一个第三产业开发区的固定资产投资结构的特点，以及多年来产业结构调整的成功。

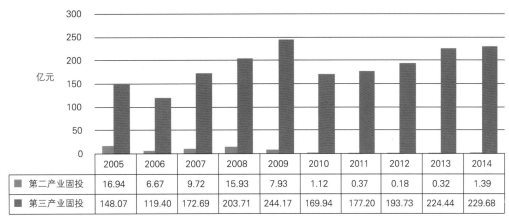

	2005	2006	2007	2008	2009	2010	2011	2012	2013	2014
第二产业固投	16.94	6.67	9.72	15.93	7.93	1.12	0.37	0.18	0.32	1.39
第三产业固投	148.07	119.40	172.69	203.71	244.17	169.94	177.20	193.73	224.44	229.68

陆家嘴金融贸易区历年二、三产业固定资产投资额比较

3. 房地产业投资占比大

陆家嘴金融贸易区固定资产中，最大的投资方向是房地产业。在过去的11年间（2004～2014年），房地产业投资总额占全社会固定资产投资总额的比例为71.64%，最高的达到90.38%（2013年），最低的为57.82%（2008年）。投向房地产的投资，除了占据固定资产投资的绝大部分外，其波动性也要平稳一些。

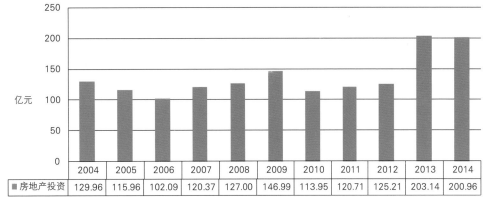

	2004	2005	2006	2007	2008	2009	2010	2011	2012	2013	2014
房地产投资	129.96	115.96	102.09	120.37	127.00	146.99	113.95	120.71	125.21	203.14	200.96

房地产业历年投资额

4. 基础设施投资近5年逐年递减

1990年以后，陆家嘴金融贸易区开始大规模的基础设施投入，高强度的资金投入，极大地改善了投资环境，改善了陆家嘴金融贸易区的城市形态、投资环境和生活设施，为招商引资奠定了坚实基础。

2004～2014年，陆家嘴金融贸易区城市基础设施累计投资353.13亿元，占同期全社会固定资产总额的16.79%，

同时，我们也看到一个有趣的现象，在2009年以前，基础设施投资增长趋势与固定资产投资的增长趋势基本相同，2010年以后却出现了反向变化。这说明陆家嘴金融贸易区经过20年开发以后，城市基础设施已经基本建成，也说明陆家嘴金融贸易区开始从投资拉动阶段，逐步转向靠内涵发展的阶段。

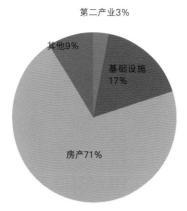

2004~2014年固定资产投资总额占比

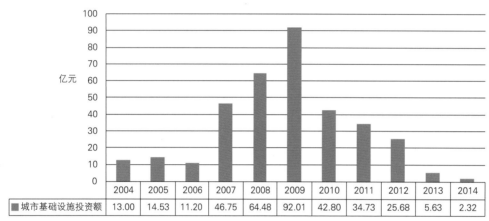

	2004	2005	2006	2007	2008	2009	2010	2011	2012	2013	2014
■ 城市基础设施投资额	13.00	14.53	11.20	46.75	64.48	92.01	42.80	34.73	25.68	5.63	2.32

城市基础设施历年投资额

5. 投资主体结构

陆家嘴金融贸易区固定资产的投资主体来自于国有经济、集体经济、股份制经济、港澳台及外商投资经济等不同的经济主体。可以看出，排前三位的是港澳台及外商、股份制经济、国有经济，分别达到了34.42%、28.65%和24.86%，这充分说明在陆家嘴金融贸易区的开发建设过程中，投资主体的不断多元化，投资项目的逐步市场化，也充分说明在陆家嘴金融贸易区是名副其实的外向型开发区。

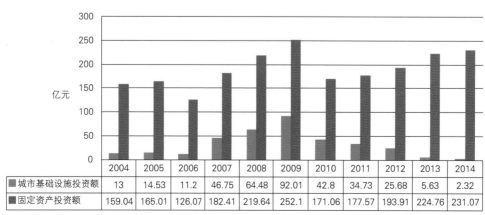

	2004	2005	2006	2007	2008	2009	2010	2011	2012	2013	2014
■ 城市基础设施投资额	13	14.53	11.2	46.75	64.48	92.01	42.8	34.73	25.68	5.63	2.32
■ 固定资产投资额	159.04	165.01	126.07	182.41	219.64	252.1	171.06	177.57	193.91	224.76	231.07

历年固定资产投资额与基础设施投资额比较

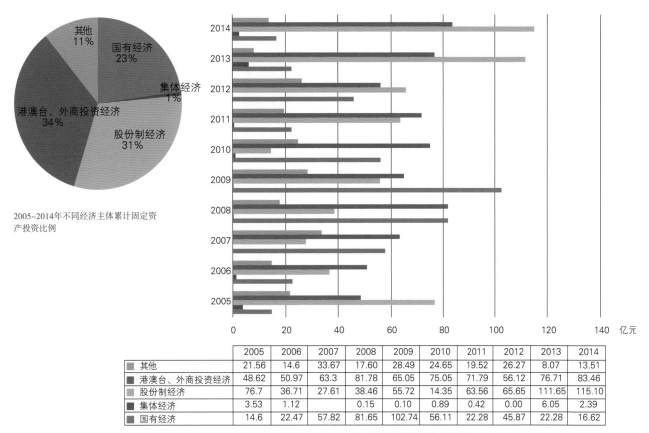

2005~2014年不同经济主体累计固定资产投资比例

	2005	2006	2007	2008	2009	2010	2011	2012	2013	2014
其他	21.56	14.6	33.67	17.60	28.49	24.65	19.52	26.27	8.07	13.51
港澳台、外商投资经济	48.62	50.97	63.3	81.78	65.05	75.05	71.79	56.12	76.71	83.46
股份制经济	76.7	36.71	27.61	38.46	55.72	14.35	63.56	65.65	111.65	115.10
集体经济	3.53	1.12		0.15	0.10	0.89	0.42	0.00	6.05	2.39
国有经济	14.6	22.47	57.82	81.65	102.74	56.11	22.28	45.87	22.28	16.62

2005~2014年不同经济主体固定资产投资额

各投资主体的特点简述如下：

（1）港澳台及外商投资企业投资具有比重大、投入相对稳定的特征。2005～2014年，10年间外商累计投资672.85亿元，平均比重为34.62%，即陆家嘴金融贸易区固定资产投资中有1/3以上来自于外商投资，最高的2010年达到43.87%，说明陆家嘴金融贸易区招商引资取得丰硕成果，也说明外商在陆家嘴金融贸易区的城市发展和经济建设过程中作出了贡献。

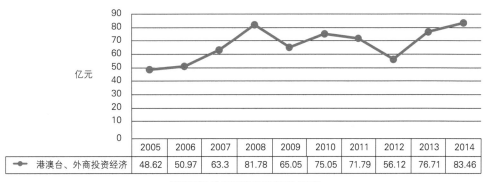

	2005	2006	2007	2008	2009	2010	2011	2012	2013	2014
港澳台、外商投资经济	48.62	50.97	63.3	81.78	65.05	75.05	71.79	56.12	76.71	83.46

历年港澳台及外商投资经济固定资产投资

（2）股份制企业投资波动明显。2005～2014年，10年间累计投资605.51亿元，平均比重为31.15%，最高的2014年达到49.81%，由于上海陆家嘴（集团）有限公司其核心企业在1992年在上海证交所成功上市，说明该企业依然是陆家嘴金融贸易区的开发主力军。

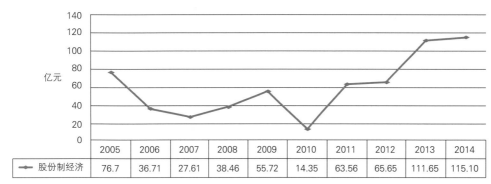

	2005	2006	2007	2008	2009	2010	2011	2012	2013	2014
股份制经济	76.7	36.71	27.61	38.46	55.72	14.35	63.56	65.65	111.65	115.10

历年股份制经济固定资产投资

（3）国有经济单位在全社会固定资产投资活动中依然起着重要作用。2005～2014年，10年间累计投资442.43亿元，平均比重为22.76%，最高的2009年达到40.75%。虽然从2010年起，国有经济单位在全社会固定资产投资的比重和绝对金额都呈逐年下降趋势，但不可否认，国有经济单位在陆家嘴金融贸易区的全社会固定资产投资活动中，依然起着重要作用。

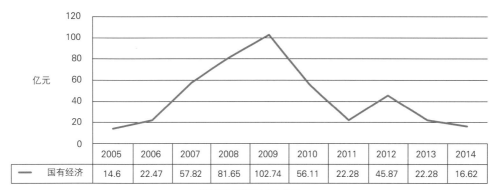

	2005	2006	2007	2008	2009	2010	2011	2012	2013	2014
国有经济	14.6	22.47	57.82	81.65	102.74	56.11	22.28	45.87	22.28	16.62

历年国有经济固定资产投资

（二）2014年全社会固定资产投资报告

2014年是陆家嘴金融贸易区实现"十二五"规划的关键一年，围绕建设国际金融中心及国际航运中心总目标和全力推进大项目建设，把加大固定资产投资作为促进经济发展的重要措施来抓，完善投资促进协调机制，推动重大项目开工落地，全社会固定资产投资持续保持稳步增长。

1. 投资运行总体情况

投资快速平稳增长。2014年陆家嘴金融贸易区全社会固定资产投资231.07亿元，比上年增长2.81%。2009年以来，受金融危机的影响，陆家嘴金融贸易区固定资产投资呈现高位盘整态势，年增长率连续几年在个位数徘徊，2010年甚至出现32.1%的负增长。2013年起，随着宏观投资环境趋于宽松，投资上涨空间得到充分释放，推动全年固定资产投资实现快速平稳增长。

2. 投资运行结构特点

（1）产业结构不断优化。

2014年，陆家嘴金融贸易区固定资产投资结构继续优化。第二产业投资额仅1.39亿元，第三产业投资额229.68亿元。第三产业投资额占投资总量的比重高达99.4%，侧重于金融业和商务服务业为主的现代服务业，为陆家嘴金融贸易区的产业结构转变、经济发展方式转型进一步奠定了基础。

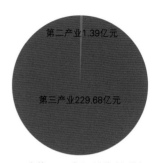

2014年第二、三产业固定资产投资额

（2）重点项目投资成为重要支撑。

2014年，陆家嘴金融贸易区共有在建固定资产重点投资项目19个，项目计划总投资828.13亿元，2014年当年完成投资164.97亿元，占陆家嘴金融贸易区全社会固定资产投资的71.39%。投资项目规模扩大的同时，推动项目质量不断提升，一批以商务办公、总部基地为代表的功能性大项目相继开工建设，建成后，将进一步提升陆家嘴金融贸易区商务服务业发展能级。

2014年重点项目投资进展情况　　　　　　　　　　　　　　　　表4-1

项目名称	计划总投资（亿元）	累计完成投资（亿元）	1～12月投资（亿元）
世纪大都会*	22.61	14.80	4.97
上海中心大厦*	148.75	155.94	34.46
铜山街项目	80.00	50.00	4.80
浦东金融广场*	50.00	9.75	4.02
陆家嘴滨江金融城*	80.78	38.35	3.17
保利国际中心	45.00	38.24	3.60
塘东总部基地*	38.70	24.02	4.11
新建海航总部办公楼	28.60	27.55	4.07
花木老集镇改造一号地块	29.14	8.44	2.39
上海纽约大学*	4.40	4.69	1.66
东方纯一大厦	8.85	7.80	1.18
浦东E18地块浦明华庭地块项目	72.58	51.53	37.86
仁恒世纪公寓	66.00	35.94	35.94
上海国际金融中心*	65.00	45.28	8.03
中海集装箱运输股份有限公司船舶购置	38.74	41.31	2.57
中国金融信息大厦*	8.72	8.72	2.35
路发广场*	13.46	5.32	0.48
Wind资讯总部大厦	15.00	8.69	8.69
富士康总部大厦	11.80	4.26	0.62
合计	828.13	580.63	164.97

注：有*号项目为陆家嘴十大重点工程。

（3）房地产开发投资额居高不下。

2014年，陆家嘴金融贸易区房地产开发投资额居高不下（表4-2），投资200.96亿元，与2013年的203.14亿元基本持平，占全社会投资比重达86.97%。其中，住宅投资96.41亿元，是2013年的2.3倍；办公楼投资67.06亿元，下降28.11%。从开发情况看，施工面积和新开工面积分别为519.32万平方米和49.26万平方米，分别下降7.66%和46.5%。

二、房地产业

房地产是陆家嘴金融贸易区固定资产投资的主要组成部分。

（一）25年陆家嘴金融贸易区房地产业总体发展情况

25年来，房地产业已成为陆家嘴金融贸易区经济快速稳定发展的重要支撑，为陆家嘴的形态开发、功能提升和城市发展作出了重要贡献。国务院关于"两个中心"的建设持续为陆家嘴房地产市场发展拓展了新的空间、提供了新的动力。

总结11年陆家嘴房地产市场发展，主要有4个特点：

1. 房地产开发投资额巨大，但基本上是在高位徘徊

2004年~2014年11年间，房地产投资累计达到1506.34亿元，远高于陆家嘴同期基础设施投资353.13亿元。同时，2004年陆家嘴的房地产投资已经达到129.6亿元，2012年也仅为125.21亿元，年平均为122.43亿元，在这11年间，前9年一直在高位徘徊，直到2013年才出现大幅增长。

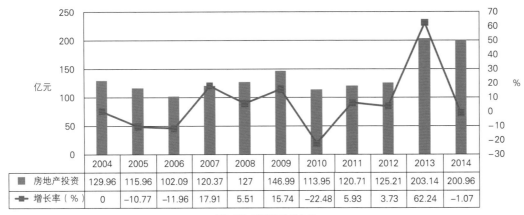

	2004	2005	2006	2007	2008	2009	2010	2011	2012	2013	2014
房地产投资	129.96	115.96	102.09	120.37	127	146.99	113.95	120.71	125.21	203.14	200.96
增长率（%）	0	-10.77	-11.96	17.91	5.51	15.74	-22.48	5.93	3.73	62.24	-1.07

历年房地产投资额和增长率

2. 房地产业投资占比高

陆家嘴房地产投资在全社会固定资产投资额中，一直保持较高的比例，2004年以来，平均占比为71.64%，最高的2013年高达90.38%。这说明，陆家嘴作为快速城市化进程中的开发区，房地产需求旺盛，吸引各方资金进入房地产市场。

3. 房地产业态结构

从房产用途上看，与其他开发区或城区明显不同，陆家嘴金融贸易区无论是投资额还是竣工面积，办公楼都高于商品住宅，反映了区域房地产业态的鲜明特点。在过去的11年间，办公楼投资总额为539.42亿元，商品住宅投资总额为513.09亿元；办公楼竣工面积为323.29万平方米，商品住宅投资总额为289.78万平方米。

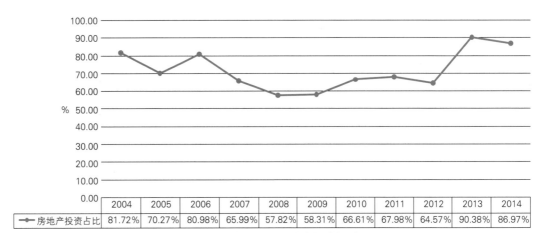

历年房地产投资额占全社会固定资产投资额比例

	2004	2005	2006	2007	2008	2009	2010	2011	2012	2013	2014
房地产投资占比	81.72%	70.27%	80.98%	65.99%	57.82%	58.31%	66.61%	67.98%	64.57%	90.38%	86.97%

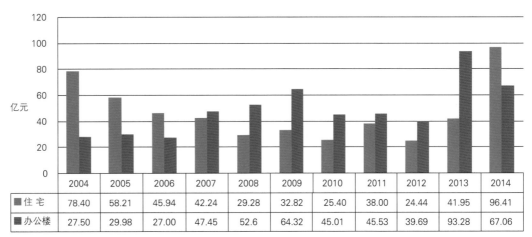

历年办公楼与商品住宅投资额

	2004	2005	2006	2007	2008	2009	2010	2011	2012	2013	2014
住宅	78.40	58.21	45.94	42.24	29.28	32.82	25.40	38.00	24.44	41.95	96.41
办公楼	27.50	29.98	27.00	47.45	52.6	64.32	45.01	45.53	39.69	93.28	67.06

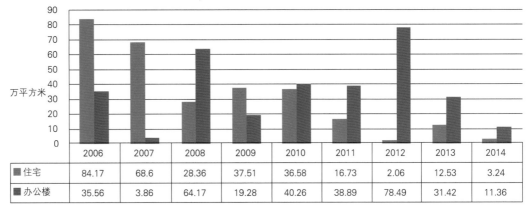

历年办公楼与商品住宅竣工面积

	2006	2007	2008	2009	2010	2011	2012	2013	2014
住宅	84.17	68.6	28.36	37.51	36.58	16.73	2.06	12.53	3.24
办公楼	35.56	3.86	64.17	19.28	40.26	38.89	78.49	31.42	11.36

（二）2013年房地产业发展报告

2013年是地产复苏、楼市活跃的一年，在"两个中心"建设的大力推进下，陆家嘴金融贸易区房地产投资实现较快增长，全年投资迈过200亿元大关，达203.14亿元，比上年增加78亿元，年增长62.2%。占新区房地产投资额的24.59%，比重比上年高出3.7个百分点。同时，房价整体上行的态势依然明显。

1. 房地产投资增幅出现阶段性"井喷"

2013年，陆家嘴房地产开发完成投资203.14亿元，占浦东新区的24.59%，摆脱了多年以来的高位徘徊状态，房地产开发投资占全社会固定资产投资的比重高达90.38%，上升25.81个百分点。

从用途上看，商办楼宇、商品住宅的投资双双增势强劲，对房地产投资拉动作用尤为明显。其中，在"十大项目"等重点楼宇项目带动下，办公楼全年投资93.28亿元，在2012年小幅下降之后，在2013年实现较大幅度的增长，增长1.4倍，商品住宅建设全年投资41.95亿元，增长71.7%。住宅、办公楼和商业项目分别占比21%、46%和17%。

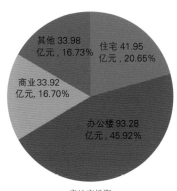

房地产投资

房地产投资增长幅度较大的主要原因是新建项目的土地费以及"上海中心"项目的土地增资款，这部分投资规模达到99亿，占总投资的49%，而在2012年，这个比例是19%。

2. 施竣工面积

房地产市场建设规模保持稳定。

2013年陆家嘴金融贸易区房地产施工面积562万平方米，与上年基本持平。其中，住宅施工面积连续6年下降后，在2013年实现增长，增长的主要原因是浦明华庭（暂定名）和锦绣兰庭这两个较大的住宅项目开工。

从新开工面积来看，2013年陆家嘴金融贸易区房地产施工面积92.08万平方米，比上年增长56.39%，住宅、办公楼和商业项目的新增施工面积分别是27万平方米、39万平方米和9万平方米，与上年新建项目以商业为主不同，2013年区域内的新建项目主要是办公楼，从建设周期来看，3年后将会有较多的办公楼供给流入市场。

从竣工面积来看，2013年陆家嘴金融贸易区房地产竣工面积101.86万平方米，比上年微降4.29%，住宅、办公楼的竣工面积分别是12.53万平方米、31.42万平方米。

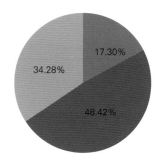

■ 住宅 97.32 万平方米
■ 办公楼 272.28 万平方米
■ 其他 192.81 万平方米

施工面积

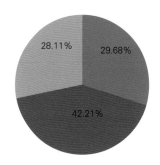

■ 住宅 27.33 万平方米
■ 办公楼 38.87 万平方米
■ 其他 25.88 万平方米

新开工面积

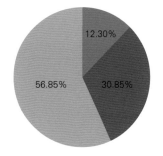

■ 住宅 12.53 万平方米
■ 办公楼 31.42 万平方米
■ 其他 57.91 万平方米

竣工面积

3. 租售情况

商办楼宇市场呈阶段性"供不应求"的态势。2013年，一方面商办楼宇受前两年大宗整售和整租的影响，存量楼宇供应有限且新增供应量存在阶段性短缺；另一方面随着经济逐渐复苏，金融、贸易等现代服务业企业对办公楼的需求旺盛。部分原入驻中外资机构更是由于业务扩展，存在扩租意愿。受上述两重因素的影响，陆家嘴区域楼宇存量去化率和租金进一步提高。2013年末，陆家嘴金融贸易区商办楼宇的平均入住率达95.6%，提高4.3个百分点；平均租金达到8.43元/平方米·天，上涨0.18元/平方米·天。

住宅由于供应量的减少，以及新区继续贯彻执行限购、限贷和限价政策，再加上年初新"国五条"的实施年末地方性政策的出台（沪七条），2013年陆家嘴新房销售面积有所下降，为6万平方米，比上年减少10万平方米。从6个销售周期持续两年的项目来看，有3个涨幅超过10%，2个涨幅在10%以内，仅有1个项目的价格有所下降。虽然新房项目的价格会受到开发商推盘策略的影响，但总体而言，虽然有"国五条"的房地产调控，但陆家嘴的新房价格依然呈现上涨的态势，2013年的陆家嘴新房市场，是"量缩价涨"的一年。

从第一太平洋戴维斯的市场分析，陆家嘴金融贸易区的办公楼的价值，从2010年初（指数设为100）到2014年第二季度末，4年6个月增加了约4.7倍（指数470），年均增长41%。

（三）展望

投资方面，从已经掌握的情况看，仁恒世纪公寓、船厂2E3-1和船厂2E7-1地块内新建项目的相继开工，以及"上海中心"项目进入投资较高的设备安装阶段，将对2014年陆家嘴房地产投资形成一定支撑。

销售方面，预计2014～2015年新房销售面积会有较高的增长。从2014年一季度情况看，虽然有包括限购、限贷、有效需求下降以及外部环境包括南京、杭州等二线城市降价这些不利于住宅市场的消息蔓延，但陆家嘴的住宅市场在一季度依然保持了强劲的需求和较高的去化水平。

三、主要结论

（1）陆家嘴金融贸易区作为一个第三产业开发区，固定资产投资结构的特点明显，反映产业结构调整的成功。

（2）房地产始终是陆家嘴金融贸易区高强度的投资行业。

（3）陆家嘴金融贸易区的全社会固定资产投资与宏观经济波动高度相关，但在各类投资主体中，港澳台及外商投资企业的投资额相对比较稳定。

（4）随着城市化逐步建成，基础设施投资增长趋势与固定资产投资的增长趋势出现反向变化，绝对额也呈逐年下降趋势。

（5）非公经济的投资平均比重占3/4左右，且呈上升趋势。

第五章

金融中心

第一节　金融发展概述

　　25年来，作为陆家嘴金融贸易区主导产业之一的金融业，一直是在不断改革、不断创新、不断探索、不断集聚中快速发展。

　　《上海浦东金融核心功能区发展"十一五"规划》明确：至2010年，浦东金融核心功能区金融机构数量力争超过600家，金融业占全区生产总值的比重超过18%。

　　实际上，截至2010年底，浦东新区的金融机构数量达649家，金融业增加值825.78亿元，占新区生产总值（4707.52亿元）的比重为17.54%[1]。仅陆家嘴金融贸易区，金融机构数量就达592家，金融业增加值687.77亿元，占新区生产总值（4707.52亿元）的比重为14.61%。

　　因此，"十一五"规划确定浦东建设金融核心功能区的主要目标已经全面完成。

	3	4
	5	6
1	7	8
2	9	10

1　陆家嘴金融贸易区楼宇（一）
2　陆家嘴金融贸易区楼宇（二）
3　陆家嘴金融贸易区楼宇（三）
4　陆家嘴金融贸易区楼宇（四）
5　陆家嘴金融贸易区楼宇（五）
6　陆家嘴金融贸易区楼宇（六）
7　陆家嘴金融贸易区楼宇（七）
8　陆家嘴金融贸易区楼宇（八）
9　陆家嘴金融街
10　陆家嘴金融街入驻银行与企业

[1] 2009年南汇区与浦东新区二区合并，新区生产总值增加了原南汇区的数据。

一、金融市场初具规模

2014年，陆家嘴金融贸易区金融业继续推动金融改革、发展和创新，更好地为经济转型发展服务。全年陆家嘴金融贸易区金融业保持快速增长态势，金融市场成交活跃，实现增加值1288.05亿元，比上年增长23.25％，占上海全市金融业增加值的4成。过去的6年中，陆家嘴金融贸易区金融业增加值占浦东新区金融业增加值均在80％以上，年均增长率为12.89％。

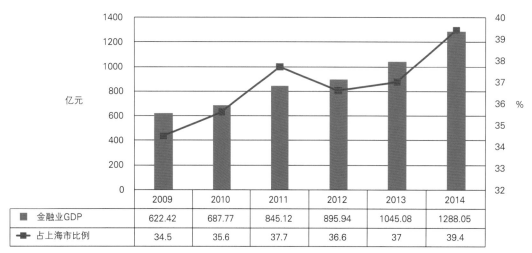

	2009	2010	2011	2012	2013	2014
■ 金融业GDP	622.42	687.77	845.12	895.94	1045.08	1288.05
─■─ 占上海市比例	34.5	35.6	37.7	36.6	37	39.4

陆家嘴金融贸易区金融业GDP及占上海市比例

二、金融体系日趋完善

自2006年9月8日中国金融期货交易所在陆家嘴正式挂牌成立以后，标志着陆家嘴基本形成了包括货币、股票、债券、商品期货、金融期货、产权市场等现代金融要素市场在内的、比较完善的多元化金融市场体系。其中证券市场是全国主板市场，期货市场成交金额在我国三大期货交易所中名列第一，股权投资、第三方支付和融资租赁等新兴市场发展迅猛，金融机构集聚效应基本形成，国际金融中心功能进一步完善。

三、金融机构集聚加速

陆家嘴金融贸易区2014年引进监管类金融机构累计达728家，约占浦东新区的90％，约占上海市的60％。其中银行类金融机构211家，占28.98％；证券类金融机构318家，占43.68％；保险类金融机构199家，占27.34％。

其他金融机构方面，陆家嘴金融贸易区比上年增加了134家，累计共有1032家，约占浦东新区的60％。其中各类股权投资及管理企业578家，占56.01％；融资租赁机构53家，占5.14％；小额贷款和融资担保机构4家，占0.39％；金融专业服务机构397家，占38.47％。

在证监会对券商及基金公司的制度改革背景下，陆家嘴金融贸易区进一步吸引基金子公司、券商直投基金进驻，中海基金、万家基金等都已在陆家嘴设立其基金子公司，从事专户、高净值业务。

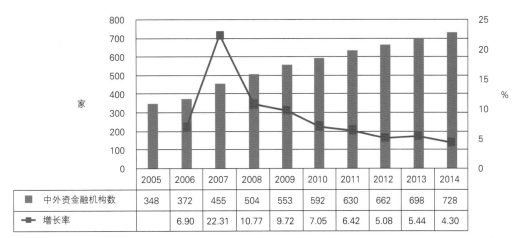

陆家嘴金融贸易区历年金融机构数和增长率

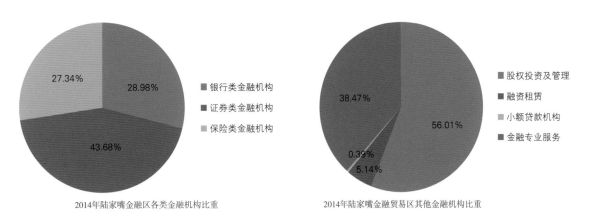

2014年陆家嘴金融区各类金融机构比重　　　　2014年陆家嘴金融贸易区其他金融机构比重

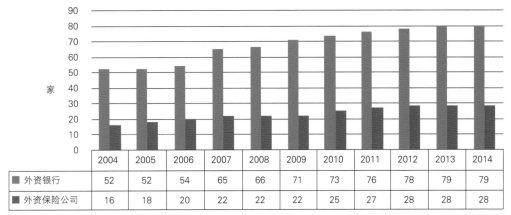

历年外资银行和外资保险公司数

　　陆家嘴金融贸易区金融机构集聚规模效应凸显，已形成包括银行、证券、保险、基金、信托等在内的中外资金融机构共同发展的格局。同时，一批新型金融和服务机构如基金管理、货币经纪、第三方支付、咨询评估、金融信息、金融中介服务等公司纷纷落户，进一步丰富了陆家嘴金融贸易区金融机构的种类。

　　外资金融机构数量增长迅速。陆家嘴金融贸易区进一步加快金融开放步伐，吸引外资金融机构进驻，不断提高陆家嘴金融中心的国际化程度。到2014年末，陆家嘴外资银行法人行达18家，外资银行分行达61家，外资银行代表处69家。随着法人银行的设立，外资银行在上海金融市场上的重要性将更加突出，也将大大提高上海银行业金融机构在全国的地位和影响力。2014年末外资保险公司28家。

四、金融人才高地渐成

陆家嘴金融贸易区大力推进金融人才战略，金融人才发展环境有所改善，金融人才集聚逐渐增强。金融从业人员层次不断提高。

据第二次经济普查统计，陆家嘴中心区法人单位从业人员约15.22万人，本科及以上学历占到了近半壁江山。其中，研究生以上学历为1.36万人，占8.9%；本科学历为6.02万人，占39.55%；上述数据均远远高于上海一般城市化地区。

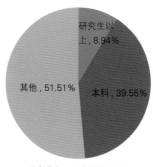

陆家嘴中心区从业人员学历

另外，具有高级专业职称约2600人，意味着每100名从业人员中，有2名高级专业人员，均具有较系统的专业理论知识，较丰富的实践经验和相当的创新和管理能力。但是，陆家嘴金融贸易区金融人才国际化水平还相对滞后，高级国际金融经营管理复合型人才仍比较缺乏。

五、金融环境相对完善

金融监管体系方面，上海形成了人民银行、证监会、保监会、银监会及上海市金融服务办公室四家监管机构与上海市政府共同监管区域性金融市场的格局，监管体系相对完善，金融发展的环境不断优化。

金融信用建设方面，上海是全国金融信用建设最早和最完善的城市之一，信贷征信和个人联合征信系统建设均走在全国前列，正日益发挥其防范金融风险，稳定运行资产质量，培育社会诚信观念等积极作用，并已成为当地良好金融生态环境的重要组成部分。

金融法制环境方面，2007年12月，全国第一个金融审判庭——上海金融仲裁院落户浦东。作为专门解决金融商事争议的特色机构，将受理在金融交易、金融服务等活动中发生的商事纠纷。

同时，上海金融仲裁院致力于逐步建立符合国际惯例的金融仲裁体系，化解各类金融争议，防范金融风险，进一步优化上海的金融生态环境，提高上海国际金融中心竞争力，推进上海国际金融中心建设进程。

六、金融服务不断改进

1. 金融服务业

金融专业服务方面，第三方支付发展十分迅速，交易量已从2008年的1.3万亿元增长至目前的15万亿元，规模5年增幅超过10倍。自央行颁发首批支付许可证以来，浦东新区第三方支付企业共20家，约占上海市总量的38%，其中一半以上位于陆家嘴金融贸易区，具有集聚程度高，业务类型全，细分市场优势明显等特点。

2. 建立金融教育基地——中欧金融研究院

中欧陆家嘴国际金融研究院由中欧国际工商学院与上海陆家嘴（集团）有限公司于2007年10月共同发起创办。研究院定位为开放、国际化的学术交流平台，依托上海作为金融市场中心的有利条件，积极探索金融法制环境的改善，致力于为金融企业、金融监管部门、立法机构提供一流的研究、咨询和培训服务，成为建设上海国际金融中心和推动中国金融体系现代化的思想库和智囊团，成为中国与欧盟学术机构的交流平台。

3. 人才公寓

聚焦陆家嘴、加快建设金融中心，更需要通过完善陆家嘴金融城配套服务功能加以贯彻落实。近年来，上海陆家嘴（集团）有限公司投资建造陆家嘴金融城人才公寓项目，位于浦东新区的东绣路、东建路以及锦和路围合而成。项目总占地面积40600平方米，由6栋11~14层公寓楼组成，总建筑面积超过7万平方米，可提供出租式公寓2386套，并配备267个地下车位及近万平方米的社区配套。

人才公寓主要为陆家嘴金融城白领设计，旨在解决他们购房前的过渡性居住需求。现设25平方米一室户房型以及50平方米一室一厅房型，每套公寓内设独立卫生间、储藏室、料理台、日用家电和家具，并配备高速宽带信息网络接口和IPTV，曾在2012年度上海市大型居住社区建设推进办公室主办的"我最喜欢的保障房"设计评选活动中，荣获"我最喜欢的房型"奖。

人才公寓配备24小时安保以及设备服务，另有租赁及客服接待服务解决租户租赁房屋以及后续生活中所遇的问题。同时，在社区商铺招商引进了银行、24小时便利店、洗衣店、健身房、风味餐饮等各式各样的生活服务配套，方便满足租户的日常生活需求。另外，人才公寓公司投资建设了免费向租

人才公寓

人才公寓内景

户开放的篮球场及羽毛球场，以此丰富他们的业余生活。

　　人才公寓一直受到广大青年白领的欢迎。2012年3月正式运营以来，公寓出租率始终维持在90%以上，租户中金融及相关行业人士占比80%左右；租户公司注册地或经营地为陆家嘴地区的占比90%左右；92%左右的租户年龄为35岁以下。

　　人才公寓开业运营以来，不仅得到了社会各界的高度关注，更得到了相关政府部门的鼎力协助，为人才公寓提供了多种政策支持。例如，陆家嘴管委会针对公司注册地在陆家嘴地区且为金融及相关行业的租户，提供"631补贴政策"❶，开设了专程往返于陆家嘴中心区和人才公寓间的早晚高峰时段短驳巴士"金融城4路"，分别为早6班及晚4班，票价为1元，且可享受换乘优惠；入住人才公寓的租户，还可享受提取公积金来支付部分房租的政策。

1	2
3	4

1 3V3篮球赛（一）
2 3V3篮球赛（二）
3 陆家嘴人才公寓公交开通仪式（一）
4 金融城人才公寓专线开通仪式（二）

❶ 即符合补贴条件的人才公寓租户，入住人才公寓第一年每人每月补贴600元，入住第二年每人每月补贴300元，第三年每人每月补贴100元。

为了更好地发展人才公寓，营造人才公寓和谐温馨的生活氛围，人才公寓管理公司针对租户倾情打造了"LOVE@LJZ"系列租户联谊活动，每季度一次的活动租户均可免费参与。截至目前，已举办过2012年度七夕联谊、2012年度圣诞舞会、2013年度欢乐厨房美食活动、2013年度开心市集活动、2013年度第一届运动汇、2013年度圣诞慈善派对、2014年度第二届运动汇以及2014年度七夕联谊活动等在内的八次活动，提供形式多样、内容丰富的高水平社交活动平台，同时也让单身年轻男女走出公司公寓的两点一线，融入社会生活，丰富情感世界。如此深入细致周到的服务受到了青年租户的广泛欢迎以及高度评价。租户们在每次活动后，对于日后的联谊活动都会表现出相当大的期待，每一季的系列交友活动已经成为青年租户最为期盼的公寓盛事。

1 | 2
1 开心市集活动
2 七夕联谊活动

第二节　金融业务规模

一、信贷市场

2014年，陆家嘴金融贸易区存贷款保持快速增长。陆家嘴金融贸易区中外资金融机构本外币存款余额13940.19亿元，占上海全市的19.6%，是11年前的2004年2541.89亿元的5.48倍，年均增长16.73%；中外资金融机构本外币贷款余额11279.89亿元，占上海全市的23.49%，是11年前的2004年2491.03亿元

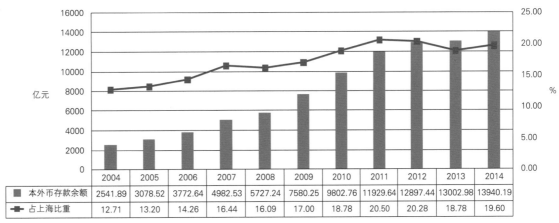

	2004	2005	2006	2007	2008	2009	2010	2011	2012	2013	2014
■ 本外币存款余额	2541.89	3078.52	3772.64	4982.53	5727.24	7580.25	9802.76	11929.64	12897.44	13002.98	13940.19
◆ 占上海比重	12.71	13.20	14.26	16.44	16.09	17.00	18.78	20.50	20.28	18.78	19.60

陆家嘴历年中外资金融机构存款余额及占上海比重

4.53倍，年均增长14.72%。其中，外币存款余额252.79亿美元，外币贷款余额448.53亿美元。

2014年，外资银行资产总额规模稳定增长，存款余额为6069.35亿元，增幅3.55%，贷款余额为4551.06亿元，增长3.3%，中外资金融机构形成良性竞争的局面。

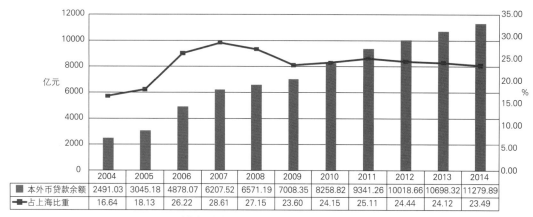

	2004	2005	2006	2007	2008	2009	2010	2011	2012	2013	2014
■ 本外币贷款余额	2491.03	3045.18	4878.07	6207.52	6571.19	7008.35	8258.82	9341.26	10018.66	10698.32	11279.89
■ 占上海比重	16.64	18.13	26.22	28.61	27.15	23.60	24.15	25.11	24.44	24.12	23.49

陆家嘴历年中外资金融机构贷款余额及占上海比重

二、保险市场

2014年，陆家嘴金融贸易区全年保险保费收入649.75亿元，是11年前的2004年140.84亿元的4.61倍，年均增长14.91%。其中财产险保费收入256.08亿元，是11年前的2004年32.99亿元的7.76倍，年均增长20.48%；人身险保费收入393.67亿元，是11年前的2004年107.85亿元的3.65倍，年均增长12.49%；产寿险保费收入比为39：61。

2014年，陆家嘴金融贸易区保险赔付支出累计198.69亿元，是11年前的2004年15.07亿元的13.19倍，年均增长26.43%。其中财产险赔付支出135.75亿元，是11年前的2004年12.41亿元的10.94倍，年均增长24.3%；人身险赔付支出16.57亿元，是11年前的2004年的2.66亿元的6.23倍，年均增长18.09%；赔款率30.58%。

全年新增保险机构12家，总数为193家。

随着人身险费率上限的开放，人身险业务将会有进一步发展。

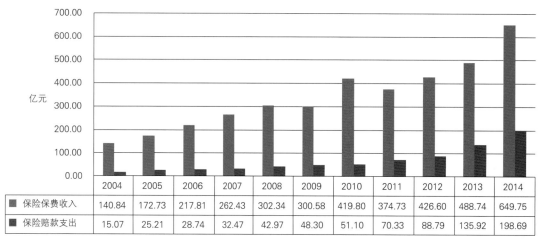

	2004	2005	2006	2007	2008	2009	2010	2011	2012	2013	2014
■ 保险保费收入	140.84	172.73	217.81	262.43	302.34	300.58	419.80	374.73	426.60	488.74	649.75
■ 保险赔款支出	15.07	25.21	28.74	32.47	42.97	48.30	51.10	70.33	88.79	135.92	198.69

陆家嘴历年保险收支

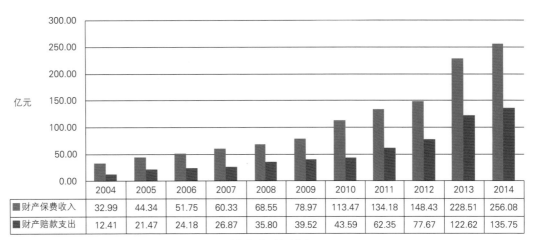

亿元	2004	2005	2006	2007	2008	2009	2010	2011	2012	2013	2014
■财产保费收入	32.99	44.34	51.75	60.33	68.55	78.97	113.47	134.18	148.43	228.51	256.08
■财产赔款支出	12.41	21.47	24.18	26.87	35.80	39.52	43.59	62.35	77.67	122.62	135.75

陆家嘴历年财产险收支

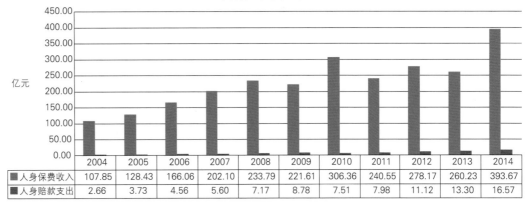

亿元	2004	2005	2006	2007	2008	2009	2010	2011	2012	2013	2014
■人身保费收入	107.85	128.43	166.06	202.10	233.79	221.61	306.36	240.55	278.17	260.23	393.67
■人身赔款支出	2.66	3.73	4.56	5.60	7.17	8.78	7.51	7.98	11.12	13.30	16.57

陆家嘴历年人身险收支

三、证券市场

2014年，上海证券交易所全年成交额为128.15万亿元，增长48.13%。

2014年末，上证综指收于3234.68点，全年涨幅达52.87%。上海证券交易所股票成交37.72万亿元，增长63.79%。股票市价总值24.4万亿元。

2014年，基金成交额连续第二年呈现爆发性增长，全年成交37479.25亿元，是上一年的4.17倍。

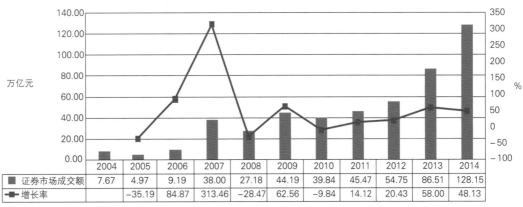

	2004	2005	2006	2007	2008	2009	2010	2011	2012	2013	2014
■ 证券市场成交额	7.67	4.97	9.19	38.00	27.18	44.19	39.84	45.47	54.75	86.51	128.15
■ 增长率		−35.19	84.87	313.46	−28.47	62.56	−9.84	14.12	20.43	58.00	48.13

历年证券市场成交额及增长率

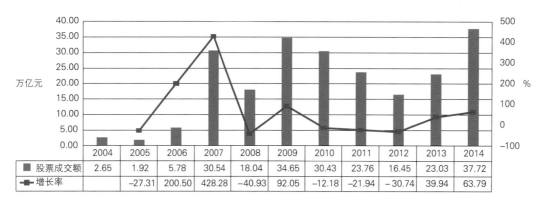

	2004	2005	2006	2007	2008	2009	2010	2011	2012	2013	2014
■ 股票成交额	2.65	1.92	5.78	30.54	18.04	34.65	30.43	23.76	16.45	23.03	37.72
─■─ 增长率		−27.31	200.50	428.28	−40.93	92.05	−12.18	−21.94	−30.74	39.94	63.79

历年股票成交额及增长率

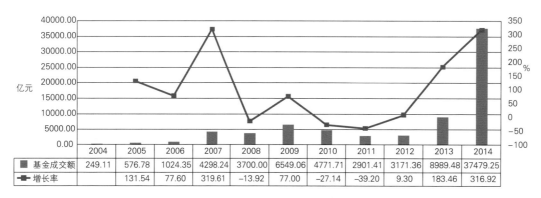

	2004	2005	2006	2007	2008	2009	2010	2011	2012	2013	2014
■ 基金成交额	249.11	576.78	1024.35	4298.24	3700.00	6549.06	4771.71	2901.41	3171.36	8989.48	37479.25
─■─ 增长率		131.54	77.60	319.61	−13.92	77.00	−27.14	−39.20	9.30	183.46	316.92

历年基金成交额及增长率

　　债券成交继续保持增长。2014年上证国债指数收于145.68点，全年累计上涨6.16%。沪市债券全年累计成交86.68万亿元，增长38.51%。

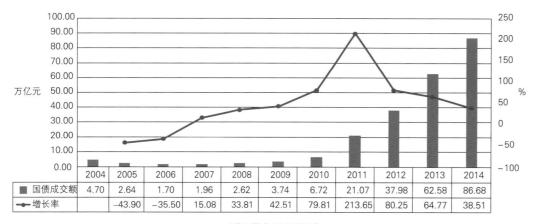

	2004	2005	2006	2007	2008	2009	2010	2011	2012	2013	2014
■ 国债成交额	4.70	2.64	1.70	1.96	2.62	3.74	6.72	21.07	37.98	62.58	86.68
─●─ 增长率		−43.90	−35.50	15.08	33.81	42.51	79.81	213.65	80.25	64.77	38.51

历年国债成交额及增长率

四、期货市场

　　商品期货方面，上期所累计成交额126.47万亿元，增长4.67%。金融期货方面，中金所股指期货全年成交额164.02万亿元，增长16.32%。

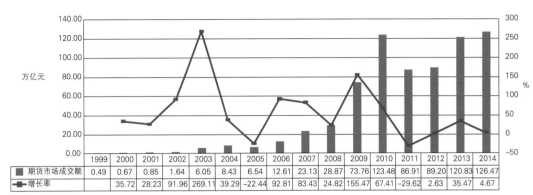

历年期货市场成交额及增长率

	1999	2000	2001	2002	2003	2004	2005	2006	2007	2008	2009	2010	2011	2012	2013	2014
期货市场成交额	0.49	0.67	0.85	1.64	6.05	8.43	6.54	12.61	23.13	28.87	73.76	123.48	86.91	89.20	120.83	126.47
增长率		35.72	28.23	91.96	269.11	39.29	−22.44	92.81	83.43	24.82	155.47	67.41	−29.62	2.63	35.47	4.67

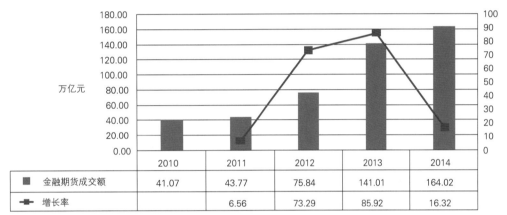

历年金融期货成交额及增长率

	2010	2011	2012	2013	2014
金融期货成交额	41.07	43.77	75.84	141.01	164.02
增长率		6.56	73.29	85.92	16.32

五、产权交易

产权交易呈现交易额小，交易企业多的特点。2014年，上海联合产权交易所完成企业产权交易额1188.18亿元，增长58.15％。

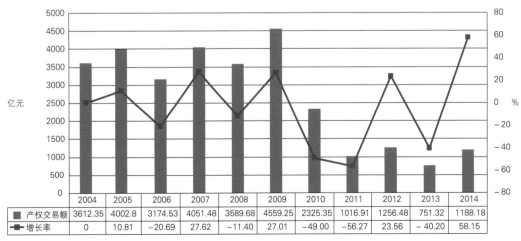

历年产权交易额及增长率

	2004	2005	2006	2007	2008	2009	2010	2011	2012	2013	2014
产权交易额	3612.35	4002.8	3174.53	4051.48	3589.68	4559.25	2325.35	1016.91	1256.48	751.32	1188.18
增长率	0	10.81	−20.69	27.62	−11.40	27.01	−49.00	−56.27	23.56	−40.20	58.15

六、钻石交易市场

钻石交易额基本保持平稳增长。2014年全球钻石珠宝需求较上年温和增长，上海钻交所钻石成交额为51.31亿美元，增长18.58%。海关代征进口环节增值税累计为5.51亿元人民币，增长4.4%。全年新增会员单位5家，累计发展会员单位369家（其中外资会员约占会员总数的65%）。

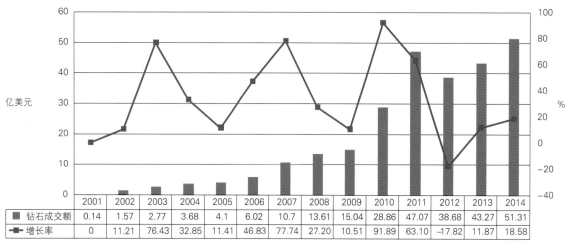

	2001	2002	2003	2004	2005	2006	2007	2008	2009	2010	2011	2012	2013	2014
钻石成交额	0.14	1.57	2.77	3.68	4.1	6.02	10.7	13.61	15.04	28.86	47.07	38.68	43.27	51.31
增长率	0	11.21	76.43	32.85	11.41	46.83	77.74	27.20	10.51	91.89	63.10	−17.82	11.87	18.58

历年钻石交易额及增长率

第三节 重点项目介绍：陆家嘴金融城"东扩"

通过25年的建设，1.7平方公里的陆家嘴中心区所有开发项目都已落实，绝大多数项目已经建成，其余部分都在建设过程当中，发展空间趋于饱和。建成楼宇目前自用和租售情况良好，是上海金融企业最主要的集聚区。但是，如果考虑到上海国际金融中心的发展前景，目前的空间容量明显不能支撑。在现有的基础上，将金融城沿着世纪大道向东扩展势在必行。

陆家嘴金融城"东扩"既有对现状区域的补充完善，也有新增区域的调整开发，因此必须高度强调统一规划和统筹开发。用统一规划指导统筹开发，用统筹开发落实统一规划。规划要特别注重地下空间的综合利用，开发要形成政府主导下的企业联合开发主体。

陆家嘴金融城首轮开发既形成了现代中央商务区的靓丽形态，也留下了因经验不足而形成的种种功能缺憾。金融城东扩是在"人本"和"可持续发展"开发理念指导下的形态和功能的再开发，是现有形态的优化续构，是现有功能的丰富完善。

陆家嘴金融城东扩，必须放到浦东综合配套改革试点和上海建设国际金融中心和国际航运中心的大背景下，要创造新思想、新体制、新机制和新办法，用"改革"和"开放"的办法去解决发展中的新问题。

一、陆家嘴金融中心区二期项目介绍

陆家嘴金融中心区二期项目是陆家嘴金融中心区的东向延伸，东起荣成路，南至东城路、银城路，西至浦东南路，北临黄浦江，占地约25万平方米，开发面积共计136.7万平方米，其中地上建筑面积约85万平方米，地下建筑面积约52万平方米。地上建筑面积中，商办楼约68万平方米，住宅约11万平方米；酒店和公寓式酒店共约6万平方米。2009年市政府有关部门批准该地区命名为"陆家嘴滨江金融城"，规划有高档商务办公、五星级酒店和公寓式酒店、休闲商业、文化娱乐、高档住宅等物业，具有整体规划、独特景观、便捷交通和成熟配套之优势。

该项目分3期开发建设，由中信泰富有限公司和中国船舶工业集团合作投资。首期开发的甲级双子办公楼"浦江双辉"大厦，总建筑面积约30万平方米，于2009年底实现整体销售，2011年初竣工交付，荣膺世界高层建筑委员会（CTBUH）评选的2011年度亚太地区最佳高层建筑优异奖，中国建设银行和中国农业银行双双入驻；首期开发的浦东文华东方酒店、公寓式酒店已开业运营。

项目二、三期已陆续开工建设，包括国际甲级写字楼群组、时尚商业街、音乐文化中心、时尚购物中心、滨江豪宅多种业态，其中五幢甲级写字楼已锁定世界顶级金融机构入驻。二、三期各项目预计2016～2017年陆续竣工。

陆家嘴滨江金融城是陆家嘴区域沿黄浦江唯一可供开发的黄金地段，对于陆家嘴金融中心区的形成和功能完善，对于上海建立国际金融中心具有极其重要的战略意义。

1 | 2
1 浦江双辉大厦
2 建设中的陆家嘴东扩船厂地块

二、浦东金融广场

浦东金融广场（世纪大道SN1地块），位于上海市浦东南路以东，商城路以北，南泉北路以西，世纪大道以南围绕地块，占地面积48538平方米，总建筑面积为472176平方米，总计面积300167平方米，地下建筑面积162103平方米，人防面积20075.4平方米。项目为城市综合体，包含3栋甲级写字楼及1栋商业中心，其中1幢38层塔楼，2幢20层塔楼，1幢11层商业中心，还设有公交枢纽站。地下室大部分为地下4层，靠近南侧商城路车站的部分为地下3层。该项目由上海陆家嘴开发股份有限公司投资建设，目前，泰康人寿保险公司已经购入整幢38层大楼，支付宝公司已经购入整幢20层大楼。

浦东金融广场效果图

第四节　2020年发展目标

2009年4月，国务院下发《关于推进上海加快发展现代服务业和先进制造业建设国际金融中心和国际航运中心的意见》（国发〔2009〕19号），明确了上海建设国际金融中心的总体目标、主要任务和措施。

国际金融中心建设总体目标是：

到2020年，基本建成与我国经济实力以及人民币国际地位相适应的国际金融中心；基本形成国内外投资者共同参与、国际化程度较高，交易、定价和信息功能齐备的多层次金融市场体系；基本形成以具有国际竞争力和行业影响力的金融机构为主体，各类金融机构共同发展的金融机构体系；基本形成门类齐全、结构合理、流动自由的金融人力资源体系；基本形成符合发展需要和国际惯例的税收、信用和监管等法律法规体系，以及具有国际竞争力的金融发展环境。

国际金融中心建设的主要任务和措施是：

（1）加强金融市场体系建设。

（2）加强金融机构和业务体系建设。

（3）提升金融服务水平。

（4）改善金融发展环境。

上海市人民政府贯彻《国务院关于推进上海加快发展现代服务业和先进制造业建设国际金融中心和国际航运中心意见》的实施意见（沪府发［2009］25号）明确：

加快推进上海国际金融中心建设的具体任务和措施是：全力配合国家金融管理部门，积极推进金融市场体系、金融机构体系建设，大力支持金融产品创新和业务发展，促进金融改革、开放、创新在上海先行先试，维护金融安全稳定。同时，加强政府服务，营造良好环境。到2020年，基本建成与我国经济实力以及人民币国际地位相适应的国际金融中心。

（1）加强金融市场体系建设。①拓展金融市场广度。②促进债券市场加快发展。③加大期货市场发展力度。④完善多层次资本市场体系。⑤积极发展上海再保险市场。

（2）加强金融机构体系建设。①大力发展各类金融机构。②积极推进金融综合经营试点。③积极推进地方国有控股金融企业改革和重组。④鼓励发展各类股权投资企业（基金）。

（3）加快金融产品创新与业务发展。①大力发展各类债券产品。②稳步发展金融衍生产品。③率先开展个人税收递延型养老保险产品试点。④支持商业银行开展并购贷款业务。⑤支持机构投资者扩大金融市场投资业务。⑥积极拓展各类金融业务。

（4）稳步推进金融对外开放。①推进金融市场扩大开放。②支持设在上海的合资证券公司、合资基金公司率先扩大开放范围。③积极探索上海与中国香港的证券产品合作。

（5）完善金融服务体系。①健全现代化金融支持体系。②加强陆家嘴等重要金融集聚区的规划和建设。③加快发展融资担保机构。④加快发展各类投资咨询机构。⑤加快发展信用评级机构。⑥加快发展资产评估、会计审计和法律服务机构。⑦大力促进金融资讯信息服务平台建设。

（6）优化金融发展环境。①完善金融税收和法律制度。②优化金融法治环境。③加强社会信用体系建设。④完善金融创新政策和机制。⑤改进金融监管方式。⑥切实维护金融稳定和安全。

浦东新区关于加快推进上海国际金融中心核心功能区建设的实施意见中的目标是：基本形成国际金融中心核心功能区的空间布局。加快建设陆家嘴金融城，形成总量充足、结构合理的金融产业空间形态；深入研究陆家嘴金融城和张江银行卡产业园延伸区域及其他相关地区的功能拓展，为可能出现的金融集聚区做好空间准备。……基本形成金融业的核心支柱产业地位。加快集聚金融要素市场、金融机构和金融人才，统筹发展传统金融和新兴金融，促进金融主体产业和金融辅助产业协调发展，加快发展金融财经资讯、教育咨询、会计审计、法律服务等中介服务产业。基本形成金融支持经济社会发展和产业结构优化升级的良性发展模式。推动形成金融与航运、贸易、科技及先进制造业联动发展的格局，促进现代服务业和先进制造业加快发展。

浦东新区人民政府关于印《浦东新区促进金融业发展财政扶持办法的通知》（浦府［2012］202号）明确：新引进金融机构、股权投资企业和股权投资管理企业、融资租赁企业、金融专业服务机构、人才及企业改制上市给予补贴的激励措施。

第六章

贸易中心

第一节 贸易发展概述

陆家嘴金融贸易区是中国唯一以"金融贸易"命名的国家级开发区。也就是说，国家层面在浦东开发之初就赋予了贸易的重要功能，浦东打造国际贸易核心区也是国家的战略任务。金融和贸易功能是相互依托、密切联系的。贸易企业的融资、结算等需要金融企业提供，金融企业的这些服务需要贸易企业来消费。尤其是贸易企业和金融企业对环境的需求有很多相似性，决定了它们会集聚在一起。

1990年之前，陆家嘴地区的商业几乎就仅仅是居民区旁一些零星的杂货店铺，与浦西城市化发展不可相比。如今，陆家嘴金融贸易区内有众多大型购物中心，譬如在陆家嘴中心区域内的正大广场以及上海国金中心，在陆家嘴金融贸易区内的新上海商业城已经成为上海的六大市级商圈之一，包括华润时代广场、上海第一八佰伴、新梅大厦、中融国际商城等多个购物广场。

25年来，陆家嘴金融贸易区的商业格局初步形成。完成了"十一五"商业规划明确的中心商业圈、特色商业圈、地区商业中心、居住区商业4个层次的总量布局。①国金中心等地标性商业建设成果初现；②特色商业街建设居全市前列，形成了滨江休闲街、九六广场等上海特色商业街；③地区商业中心项目建设逐步启动。建成塘桥巴黎春天等重点项目；四是居住区必备业态网络体系初步形成。已有联洋等国家和市级社区商业示范区。重要的是在1995年12月开业的上海第一八佰伴（隶属于新世纪商厦），当时作为中国第一家中外合资零售企业，是浦东陆家嘴金贸区内，第一幢集购物、餐饮、娱乐、休闲为一体的综合性百货商厦，填补了陆家嘴地区大型商业设施的空白。1997年，时代华润中心开业，成为这一地区的第二座商业零售建筑。

陆家嘴金融贸易区的这种转变是核心驱动力变化的结果。如果说是政治与资本启动并引领了这一区域的前期发展的话，那么"生活因素"则是目前第二阶段的核心驱动力。驱动力背后真正的根本动因，还是"市场"——是满足这一区域甚至更大范围内人们生活需求的市场。伴随着这两类驱动力的，是不同空间的审视方式；视角的不同，影响并决定了空间形态和商业建设面貌的转型。对这一转变的认识和研究，将有助于后续城市空间的开发建设方式和机制的优化，并对新的空间生产带来启示。

滨江大道商业设施

1	2
3	
4	
5	6

1　国金中心商业
2　嘉里城
3　联杨大拇指广场
4　陆家嘴96广场（一）
5　陆家嘴96广场（二）
6　陆家嘴中心区商业

第二节　商贸发展回顾

一、发展背景介绍

如同浦西外滩记录了20世纪30年代的繁荣，与之隔江相望的陆家嘴金融贸易区则是上海今天辉煌的象征。自1990年至今的25年间，陆家嘴金融贸易区的空间形态发生了翻天覆地的变化，贸易和商业功能也从零日渐快速崛起，这一切仅仅从浦西外滩向东望去，那恢宏的天际线和高耸入云的摩天楼群便可窥一斑。

如果经常到访这一区域的话，人们不难发现，自2005年起，陆家嘴金融贸易区，特别是陆家嘴中心区内，城市面貌和商业空间出现了一些新的变化，这主要包括商业配套设施的增补，连接商业设施与城市公共空间的二层连廊的加设，城市综合体的出现，以及一些细微尺度上的公共活动空间的修复等等，它们在完善着这一区域的商业功能，以及完善着其他"人"对于生活的种种需求。这诸多的变化展现出一个城市建设的趋势：在经由基于国家与地方政府"特殊关注"而促发的"空间跃迁"的阶段后，陆家嘴金融贸易区空间形态的演进路径开始越发受到城市日常生活因素的影响——对"宜居性"的关注，成为新阶段空间营造和商业开发的一个重点内容。

二、陆家嘴城市规划和建设的变迁对贸易与商业功能的影响

纵观陆家嘴金融贸易区25年来的空间发展历程，可以大致归纳为以下5个阶段。在这些阶段，我们可以清晰地看到，城市规划和建设的变迁，对这一区域商业功能的影响。

1. 自然演进（1990年以前）

受制于交通条件和历史因素，在浦东开发以前，上海的建设重点均在浦西；20世纪90年代以前，相对于浦西的城市繁华，一江之隔的浦东地区发展迟缓得多。一面是外滩宏伟的"万国建筑博览会"与"十里洋场"，一面是一望无际的农田、仓库、厂房、船坞，浦江两岸形成鲜明的对比。与浦西城市化发展不可相比。在这期间，陆家嘴地区的商业，几乎就仅仅是居民聚居区旁一些零星的杂货店铺。

2. 蓝图初绘（1985～1993年）

开发浦东的设想，早在1984年上海市关于这一地区的发展战略中就已被提及。1985年2月，国务院在对《上海经济发展战略汇报提纲》的批复中，首次肯定了上海开发浦东的战略设想，在随后1986年国务院批复的《上海城市总体规划》中，对开发浦东有了更为正式、明确的提议。同年，陆家嘴地区的发展蓝图首次出台。到1991年，《陆家嘴中心地区调整方案》获得上海市政府批准，成为指导陆家嘴中心区具体城市建设的首个法定规划文件。

1992年对于陆家嘴中心区的空间发展具有标志性意义。这年的4～11月，举行了陆家嘴中心区规划方案的国际征询活动，来自英、法、日、意、中5国的设计公司参与了这次方案征集，开创了新中国成立后首次引入国际力量开展城市设计的先河，提高了陆家嘴金融贸易区的国际知名度，从而获得世界的关注。

国际征集过后，又经过数论方案深化，1993年12月，《上海陆家嘴中心区规划设计方案》正式公布并获批。与1991年确定的规划相比，优化方案在开发强度、空间结构、功能布局、道路系统和地块划分等各方面均有较大的变化，陆家嘴的建设总体蓝图再一次重新绘制。这份规划文件，成为日后陆家

1 | 2
———
3

1 1993年尚未开发的上海浦东陆家嘴鸟瞰
2 2015年上海浦东陆家嘴地区鸟瞰
3 新上海商业城周边

嘴中心区全面展开建设开发的总纲领和基本依据，而这一区域日后的商业布局意向，在此蓝图中被初步勾勒出来。

3. 结构赋予（1993～1999年）

1993年之前，除了首期启动的部分区块外，陆家嘴中心区原有工厂企业和居住地段的拆迁并未全面展开。自1993年开始，土地整理的进度明显加快；至1999年，除了陆家嘴中心区南侧的X5和N地块以外，绝大部分场地拆迁、土地整理和路网结构均已完成。

这一时期的商业，呈零星分布状态，未经统一规划布局。其中重要的一幢，是在1995年12月开业的上海第一八佰伴（隶属于新世纪商厦），当时作为中国第一家中外合资零售企业，是浦东陆家嘴金融贸易区内，第一幢集购物、餐饮、娱乐、休闲为一体的综合性百货商厦，填补了陆家嘴地区大型商业设施的空白。1997年，时代华润中心开业，成为这一地区的第二座商业零售建筑。这两座商场的开业，为日后这一区域形成以八佰伴为核心的新上海商业城商圈埋下伏笔。

4. 要素填充（2000～2006年）

伴随空间结构的形成，要素填充逐步接入到空间的生产进程中来。到1996年，陆家嘴中心区东部的4个金融街坊已经基本完成，"核心三塔"（金茂大厦、环球金融中心、上海中心）中的金茂大厦也已初具形象，滨江区段的绿地环境基本形成；此外，港务大厦、海关大厦、东方明珠落成。之后的四年间，受亚洲金融危机的影响，要素填充进程受到一定的波折而有所减慢。

2001年之后，随着经济形势的逐渐恢复，要素填充的建设进程再次加速。陆家嘴中心区南部片区的汤臣一品、盛大金磐、鹏利海景公寓等高档公寓相继建成。同时，中心绿地西侧地块也快速发展，如开工于2002年的花旗银行大厦（X1-7地块）、汇亚大厦（B2-2地块）、上海银行大厦（B2-4地块），开工于2003年的香格里拉酒店二期工程（X1-4地块），开工于2004年的黄金置地大厦（B2-5地块）、合生国际大厦（X1-5地块）、中古新天哈瓦那大酒店（B4-3地块），开工于2005年的陆家嘴金融中心大厦（现更名为星展银行大厦，B4-2地块）、发展大厦（B3-5地块）、平安金融大厦（B1-1/B1-4地块）、中融碧海蓝天大厦（B3-6地块），开工于2006年的招商银行大厦（B3-2地块）、东亚金融大厦（X3-1地块）等。到2006年左右，随着这些建筑的相继落成，陆家嘴中心区的整体轮廓线日趋丰富和完整，陆家嘴可供批租的地块也已所剩无几，陆家嘴中心区大规模的开发进程进入收尾阶段。

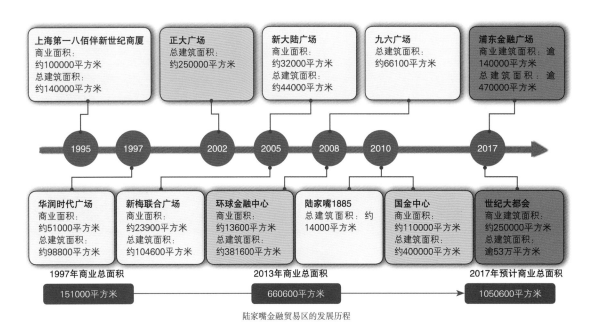

陆家嘴金融贸易区的发展历程

这一时期的商业建筑，除了以上提及的办公楼宇（裙房），还有一幢是于2002年10月开业的正大广场；这一建筑不仅是作为陆家嘴中心区重要的商业设施，同时也成为都市旅游路线上的一个站点，凭借地段优势和层次多变的室外式内部空间设计，正大广场成为参观东方明珠、上海海洋水族馆、观光隧道游线上的特色一环。

此外，在上海第一八佰伴周围，建造起了新大陆广场（2005年）、新梅联合广场（2005年），形成了以八佰伴为核心的新上海商业城商圈，这也是浦东第一个重要商圈。

5. 补缀修复（2007年至今）

自1990年算起，经过十多年的建设，陆家嘴金融贸易区，特别是陆家嘴中心区取得了巨大的成绩，单从气势恢宏的空间格局和栉比鳞次的摩天大楼便可见一斑。不过，在随着金融贸易区的日渐发展成熟，城市实际建成环境也表现出一些不尽如人意的地方，比如商业配套设施的缺乏，过大的空间尺度，孤立的商业建筑单体，高端的单一产品定位导致的日常生活空间的缺失，机动车主导，以及中心感的缺乏，地域文化味道的不足等等……

这当中有一些问题，是当年在城市规划设计阶段就已被预见，只是相对于宏大构架和形象的塑造，相对于资本的吸纳与产出，相对于速度和效率而言，这些暂时被置于次要地位。随着生活与工作人员的迁入，陆家嘴金融贸易区的空间布局与城市活动的博弈和互为调适渐次展开，包括商业设施布局及其与城市公共空间关系的调整在内的城市空间重构成为必然。2006年，陆家嘴中心区的重新规划被提上日程。于是，"补缀与修复"，成为这一阶段陆家嘴金融贸易区商业布局调整的主要特征。

（1）商业增补。

商业设施的增补完善，是陆家嘴金融贸易区城市空间演变的新环节，是区域内功能布局开始重点关注使用者生活需求的重要反映。浦东"十二五"商业规划中明确提出，陆家嘴金融城的陆家嘴中心区商圈除正大广场、国金中心等大型商业设施外，原上海船厂项目，即总建筑面积达130万平方米的滨江金融城中将规划20万平方米的商业设施。除了商业设施的"增容"外，陆家嘴在商业层次定位和类型的复合化上也进行了改善，例如对滨江大道的再开发，利用自建办公楼宇空间和绿地空间，以及对陆家嘴环路有限空间的再开发等。此外，还通过政府财政补贴的形式，鼓励陆家嘴金融城内各大厦自办餐厅，并提倡利用土地的"边角料"开设小型的餐饮店铺。

近年来，陆家嘴金融城环境配套项目的建设已陆续展开，有的业已建成。主要建设内容包括：地下空间的开发项目、南滨江酒吧休闲街项目、北滨江文化休闲长廊项目、陆家嘴金融城成衣定制街项目，以及陆家嘴金融城餐饮广场项目等5大类型。这些商业服务设施的增补，是为了弥补之前陆家嘴中心区商业类型单一、面积不足等方面的问题。

这些增补的商业配套设置，重点是考虑城市环境如何更好地体现人性关怀的问题；同时结合金融城公共空间功能提升课题的研究，将商业设施建设和公共空间功能提升的需求同步考虑，以期巧妙合理利用城市空间，解决金融城商业配套不足的问题。

如今，夕阳西下，漫步在滨江大道，红日在外滩"万国建筑博览会"后缓缓地落下，江面一片金黄，天空日移景异；夜幕降临，和朋友或家人在浦江两岸的璀璨灯火里品上一杯咖啡或好茶，共赏黄浦江上游船货轮闪烁游弋，同任海风徐徐清柔拂面。新增添的商业休闲设施，也正在给浦东增添一种别样的文化气氛，平分浦西的几分浪漫格调。

滨江餐饮商业设施

（2）综合开发。

考虑到陆家嘴早期开放所采用的以单个地块为单位的孤立开发模式的不足，以中国香港新鸿基集团投资建设的国金中心项目为先，跨地块的城市综合体开发方式开始出现。这个项目整合了X2地块内6幅地块，集商务办公、商业零售与文化展示、酒店、公寓等多种功能于一体进行整体开发，室内外环境统筹设计，总建筑规模达42万平方米。项目将地下空间与地铁站厅直接相连，实现了建筑群与城市公共交通的无缝连接，并在更大范围内的城市地下空间系统中留有接口，以在将来与金茂大厦、环球金融中心大厦和上海中心大厦的地下空间连成整体。这种成片的综合开发模式，打破了建筑与城市间的界线，将建筑的室内外环境一体化设计，弥补了单一地块孤立开发所造成的城市公共活动空间的丧失，在城市的高强度开发中具有明显的整合性优势。

（3）二层连廊。

为优化陆家嘴中心区的交通环境，尤其是为了缓解步行与车行空间的矛盾，即缓解办公楼和商业设施人流与陆家嘴密集的车流的交错拥堵，关于陆家嘴中心区二层连廊系统的设置构想在2006年被正式提出。2008年4月，二层连廊方案正式启动，一期工程由"明珠环"、"东方浮庭"、"世纪天桥"和"世纪连廊"4个部分组成，已于2013年国庆前夕全部建成。

随着二层连廊的逐步建成，地铁2号线陆家嘴站、正大广场、东方明珠、国金中心、陆家嘴中心绿地、金茂大厦、环球金融中心等城市交通枢纽、商业零售与商务办公建筑、城市公共活动空间全部连为一体，原来由机动车道路割裂起来的城市空间在一定程度上得到整合；而更重要的是，步行空间的连续性得到了较大程度的改善，商业商务建筑的人行可达性及其外部环境与城市公共空间联系的紧密性大大加强。陆家嘴金融贸易区内，城市之于生活，更便利了。

1　2
　　3

1　上海国金中心（IFC）
2　国金商业中心景观（一）
3　国金商业中心景观（二）

$\frac{1}{2\ |\ 3}$

1 陆家嘴二层连廊
2 陆家嘴二层连廊步行系统
3 陆家嘴二层连廊俯瞰

（4）地下空间。

除向空中发展以外，地下空间体系的营造成为近年来陆家嘴的另一个发展方向。自2010年起，"陆家嘴金融城地下空间开发项目"开始实施，预计至2015年底竣工。按照规划，这一项目由7121平方米

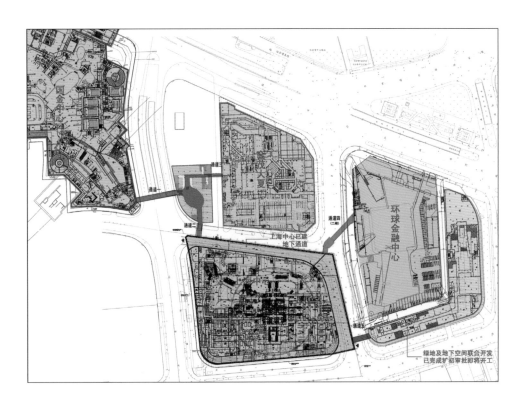

陆家嘴金融城地下室间开发通道区位关系图

地下建筑、地面绿化景观及其与周边地标性建筑相连的5条地下通道共同组成，与现有设施组成较为完善的行人步行系统；同时，将正大广场、国金中心、南北滨江等商业点串联成片，形成规模效应与区域效应。建成后的陆家嘴中心区地下空间系统还将与地面上的二层步行连廊串联，经由正大广场、国金中心，与地面"明珠环"相连；行人将可以通过楼宇间的二层连廊或地下空间，全部以步行直达各地标性楼宇及其商业设施内部。如以地铁作为交通形式，则可步行至国金中心的地下空间，换乘地铁2号线与规划中的14号线，而不必被地面上的车流所阻挡。

地下空间的开发还给这一区域带来了一个新的变化，那就是宜人尺度的出现。这些尺度开始出现在新增的商业空间，以及与它相连的城市公共空间、商业设施的"前沿"空间中。2005年以前，陆家嘴的城市空间，包括点状的商业设施，是带有一种粗放型的特征：大、中尺度的空间比比皆是，却缺乏近人的小尺度空间。而如今，随着地下和半地下空间的开发，一系列的小尺度空间在这一区域渐次出现。明珠广场、国金中心的下沉庭院及其提供的室内公共步行空间等，都是这方面的典型案例。

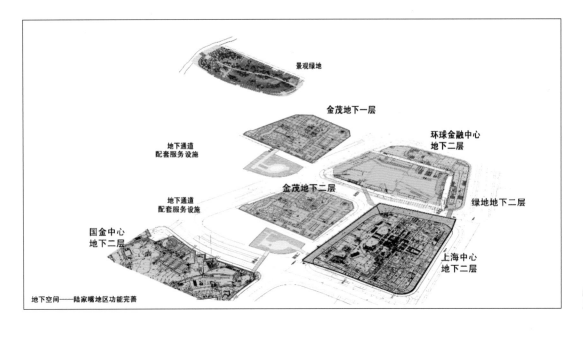

陆家嘴金融城地下空间开
发区位功能分析图

6. 贸易与商业功能的发展历程以及其对其他功能的影响

审视陆家嘴商业功能的发展历程，从最初零星的自然生长，到后来国家干预下的计划式地理性演进，再逐渐向以关注人性空间和人的需求这一方向来完善增补，这些商业功能发展的渐进式转变，一方面它对陆家嘴金融贸易区内其他功能是一个有效的补充，在这里生活工作的人们感受到越来越便利、越来越宜人的城市环境；同时，这一衍变，也反映了在城市建设中两种主导视角的变化——从以国家视角为主导，渐渐衍变为以日常生活为视角。

每个成熟的商圈都要经历市场的洗涤，每个时尚街铺都要经历时间考验，每个商业区域都要有历史文化的积淀。浦东，在20世纪90年代几乎毫无实践基础和经验的情况下，从一栋栋商厦挖土动工，一个个店铺开业揭牌，到今天业已形成繁荣与便民并举的商业新格局，个中经历也展现了从时代和实践出发，不断思考、不断充盈和发展的商业思路。

根据2006年公布的《浦东新区商业发展"十一五"规划》，浦东总体划分中心商业圈、特色商业圈、地区商业中心、居住区商业4个层次。其中，以世纪大道为轴线，由张杨路商业圈和陆家嘴中心区的中央商务和都市观光旅游区、新博会展商贸区等特色商业圈集合形成浦东商业发展的主轴，便民利民的居住区商业零售网络是基础。

特色商业圈，目前主要规划有陆家嘴中央商务区和都市观光旅游区、新国际博览中心会展商贸区、机场物流区、世博会区域和主题公园区域。

而地区商业中心是结合交通枢纽，结合功能分区、新市镇和地区公共活动中心建设，根据城镇产业特色、基础设施等，形成具有一定商业特色、功能相对完善、能够带动和辐射一定区域需求升级的区域商业中心。

此外，居住区商业指以一定居住地域为载体，以便民利民为宗旨，以不断提升居民生活质量为目标，为社区居民提供日常物质生活、精神生活需要的商品和服务的属地型商业。居住区商业包括社区商业中心（邻里生活中心）和街坊商业。

在陆家嘴金融贸易区内，商业设施囊括了以上全部4个类型；而其辖区内的商业，占据中心商业圈和特色商业圈类别中大部分比重。

第三节　商贸总体规模

一、总体规模

据第二次经济普查统计，陆家嘴金融贸易区的商贸企业（批发、零售、住宿、餐饮）共6694家，资产总计2572.56亿元，从业人员达13.31万人。

2014年，陆家嘴金融贸易区商品交易额达12974.02亿元，占浦东新区的64%，在过去的11年中，平均占浦东新区的59.83%，最高（2011年）占77.78%。社会消费品零售总额521.36亿元，占浦东新区的31.8%，在过去的11年中，平均占浦东新区的29.14%左右，最高（2006年）占42.9%。

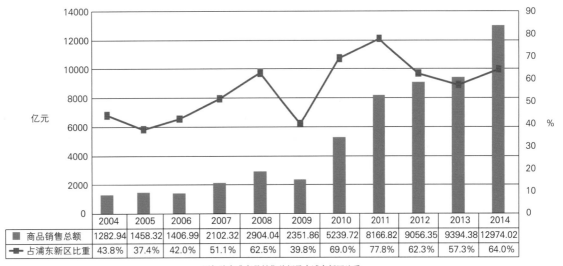

	2004	2005	2006	2007	2008	2009	2010	2011	2012	2013	2014
商品销售总额	1282.94	1458.32	1406.99	2102.32	2904.04	2351.86	5239.72	8166.82	9056.35	9394.38	12974.02
占浦东新区比重	43.8%	37.4%	42.0%	51.1%	62.5%	39.8%	69.0%	77.8%	62.3%	57.3%	64.0%

历年陆家嘴商品销售总额及占浦东新区比重

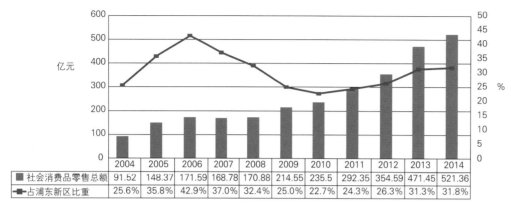

历年陆家嘴社会消费品零售总额及占浦东新区比重

	2004	2005	2006	2007	2008	2009	2010	2011	2012	2013	2014
社会消费品零售总额	91.52	148.37	171.59	168.78	170.88	214.55	235.5	292.35	354.59	471.45	521.36
占浦东新区比重	25.6%	35.8%	42.9%	37.0%	32.4%	25.0%	22.7%	24.3%	26.3%	31.3%	31.8%

二、2014年陆家嘴金融贸易区商业发展报告

2014年陆家嘴金融贸易区实现商品销售总额12974亿元，同比增长15.7%，增幅较2013年上升7.6个百分点，略高于浦东新区15%的平均增速；社会消费品零售总额521.36亿元，同比增长8.1%，增幅上升3个百分点，略低于新区8.9%的平均增速。

1. 贸易业

2014年陆家嘴贸易业景气度较高，商品销售总额始终保持高速增长，各季均实现两位数增长。

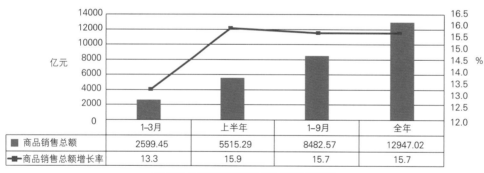

	1–3月	上半年	1–9月	全年
商品销售总额	2599.45	5515.29	8482.57	12947.02
商品销售总额增长率	13.3	15.9	15.7	15.7

2014年各季度累计陆家嘴商品销售总额及同比增速

1）金属类延续去年增势，增幅保持15%以上

2014年陆家嘴金属材料类商品销售延续2013年末增长态势，除2月同比增幅3.4%以外，3月起各月累计增幅均在15%以上。从具体销售情况看，全年金属材料类销售额4723.11亿元，增长17.4%，增

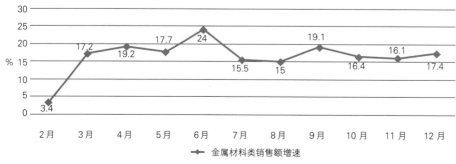

金属材料类销售额增速

2014年各月累计陆家嘴金属材料类销售额同比增速

速提升10.6个百分点。金属材料类占到陆家嘴商品销售总额36.4%，占比较去年提升1.8个百分点，排名第一。

2）化工类销售中间高两头低

2014年陆家嘴化工类商品销售起伏较大，总体仍较理想，各季末同比增速分别为：13.8%、21.1%、6.1%和13.3%。全年化工类销售总额达到1534.94亿元，占全陆家嘴商品销售总额的11.8%，较去年下降1.3个百分点。上半年国际油价维持小幅上涨格局，同比增速延续去年较高的趋势。7月起国际油价持续大幅下跌，受此影响主要化工类产品价格进入降通道，销售增幅回落明显，但全年累计增幅仍维持两位数。

3）汽车类销售进入高速增长期

2014年陆家嘴汽车类销售额实现1939.68亿元，增长38.8%，占比14.9%，上升1.6个百分点。全年始终保持高速增长，二季度由于去年基数较低原因，增幅一度达到过58.6%。

从具体品牌看，豪华车品牌销售增速较高，如保时捷、捷豹路虎等全年销售增幅分别达到40.2%和35.4%；福特汽车在去年基数较高的情况下今年仍保持28.3%的增速。

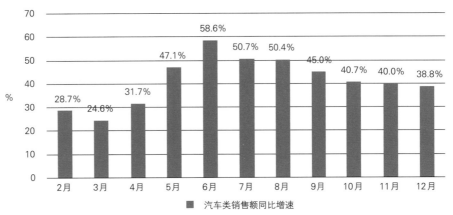

2014年各月累计陆家嘴汽车类销售额同比增速

4）石油类销售呈倒"V"字形走势

2014年陆家嘴石油类销售呈明显的倒"V"字形走势。全年石油类实现销售额1218.16亿元，下降3.8%，占比9.4%，下降4.1个百分点。石油类商品的销售受国际油价影响较大，上半年国际油价小幅上扬，石油类销售额也逐步走高，7月份达到全年最高增幅12.5%。之后国际油价持续大幅下跌，不少石油类企业为规避风险，主动缩小业务规模甚至完全停止业务活动，导致石油类销售额增幅持续回落，

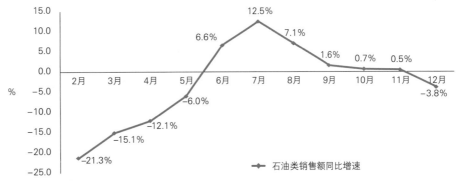

2014年各月累计陆家嘴石油类销售额同比增速

至年底，累计销售额同比增幅为-3.8%。

2. 社会零售业

2014年陆家嘴实现社会消费品零售总额521.36亿元，同比增长8.1%，略低于新区8.9%的平均增速。其中新上海商业城销售额73.37亿元，增速为-3.4%；综合百货销售额50.97亿元，增速-3.2%；大型综合超市销售额19.64亿元，增速-5.3%。

1）百货销售额较去年略有下降

2014年各季度陆家嘴百货业销售始终低于去年，呈负增长。

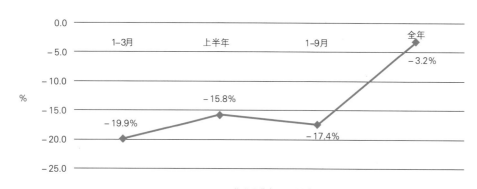

2014年各季度累计陆家嘴百货业零售额同比增速

一季度陆家嘴百货业增幅呈大幅下降态势，零售额同比下降达19.9%。这种态势一直持续到三季度末。第四季度在"十一黄金周"促销及对抗电商双十一的系列促销活动作用下，几大实体百货商场销售增速逐渐回升，最终全年增速定格在-3.2%，大幅低于陆家嘴8.1%的社零平均增速。在电商的竞争以及对公消费萎缩等新形势下，陆家嘴实体百货受到冲击明显，已连续两年负增长。虽然实体百货业积极通过调整商品定位以及商场布局强化购物体验，希望以此与电商错位经营，但是在商品信息透明度越来越高的互联网时代，其在社零总额中的比重逐步下滑已是不可避免的趋势。

2）餐饮业逐步恢复常规增速

在经历了去年销售大幅下滑的艰难时期后，2014年陆家嘴餐饮业经营已渐有起色。全年陆家嘴餐饮业零售额实现62.71亿元，同比增长6.2%，已恢复正常增速。

3）汽车零售高端品牌增速较高

2014年陆家嘴汽车类零售额59.55亿元，同比增长43.5%，增幅主要是由高端品牌拉动的。比如永达路胜（经营捷豹路虎品牌）同比增幅达66.5%；保时捷（上海）增幅为7.6%（较去年回升17.6个百分点）。降幅较高的主要集中在经营日本品牌汽车的企业，比如浦东冠松（经营本田品牌）下降28.5%；由由丰田（经营丰田品牌）由于搬迁等因素，销售额降幅达51.7%。

第四节　重点商圈介绍

一、新上海商业城

新上海商业城原名为"张杨路商业金融文化中心",规划范围为浦东南路以东,张杨路以北,商城路以南,崂山东路以西,规划用地面积为13.8公顷。

新上海商业城规划由18栋楼宇组成,建筑面积约为80万平方米。其中商场面积为26万平方米,餐饮面积为5万平方米,娱乐面积为5万平方米,办公面积为28万平方米,宾馆面积为3万平方米,地下车库面积为13万平方米。经过2005~2008年3年的改造,新上海商业城展现出耳目一新的活力。八佰伴、华润时代广场和上海湾成为雄踞浦东南路和张杨路黄金十字路口的三大商厦,加上新梅双塔、中融国际商城、恒瑞商厦、三鑫世界、华诚食品城和太平洋数码广场等商业建筑的加盟,新上海商业城作为浦东新区、甚至上海市的商业中心集群的轮廓清晰瞩目。新上海商业城内的三条步行街、两个绿树成荫的小广场,串联起各大商厦,在此闲逛的人流,可以在购物之外悠然地漫步、小憩,新的改造使购物的体验更加生活化。在诸多商厦中,八佰伴当之无愧地一直是浦东百货零售业的老大,华润时代广场走的是高端小众的路线,而新梅联合广场则是关注年轻潮流的快时尚,"上海湾"则定位为时尚地标;它们共同形成相互差别化竞争的多样商业格局,满足着不断发展的陆家嘴金融贸易区和更广阔的浦东人的生活消费需求,随着这一商圈的不断升级,它也是上海市市级商圈的一枝新秀。

新上海商业城
新上海商业城商圈图

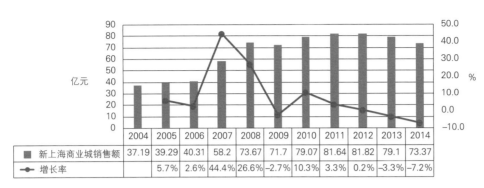

	2004	2005	2006	2007	2008	2009	2010	2011	2012	2013	2014
■ 新上海商业城销售额	37.19	39.29	40.31	58.2	73.67	71.7	79.07	81.64	81.82	79.1	73.37
━●━ 增长率		5.7%	2.6%	44.4%	26.6%	-2.7%	10.3%	3.3%	0.2%	-3.3%	-7.2%

新上海商业城历年销售额及增长率

二、第一八佰伴

新上海商业城中，一直备受瞩目的还是百货行业内的龙头企业——第一八佰伴。

上海第一八佰伴有限公司是经国务院批准成立的国内第一家中外合资大型商业零售企业，1992年9月28日成立之初，是由上海市第一百货商店、日本八佰伴流通集团和中国香港八佰伴国际联合投资设立的，中方占注册资本的45%，外方占55%，后由于外方投资者先后倒闭和清盘，其所持的合资公司股权分别转让。目前，公司注册资本7500万美元，其中上海百联集团股份有限公司占64%，中国香港昌合有限公司占36%。

上海第一八佰伴有限公司所属的新世纪商厦位于浦东陆家嘴金融贸易区内的张杨路、浦东南路路口，总建筑面积14.48万平方米，包括地上10层和地下2层，有车位350个，拥有咖啡屋、电影院、美容院、进口食品超市等较为完备的服务设施，是集购物、餐饮、娱乐、休闲为一体的综合性百货商厦。商场平时的人流3万人左右；遇周末或节假日，没有大型活动的时候，则在5~6万人之间。八佰伴别具一格的建筑曾荣获上海市商业建筑最佳建筑形象称号、建国五十周年经典建筑铜奖和浦东开发开放十年建筑金奖，是浦东十大标志性建筑物之一。

1995年12月20日，新世纪商厦开门迎客，当日曾创下一天光临同一店铺一百多万客人的吉尼斯世界纪录。开业至今，党和国家领导人也多次莅临商厦视察工作，对商厦的发展表示了极大的关注。

在以八佰伴为中心的方圆500米的商圈内，有新梅联合广场、时代华润广场、中融国际商城、浦东

1 | 2

1　上海第一八佰伴
2　1995年上海第一八佰伴
　开业情景

融富百货、J.LIFE金茂时尚生活中心、和之百货、华联商厦、新上海商业城等，是浦东最早，也是最主要的商圈之一。

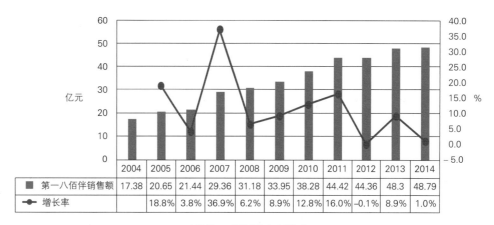

历年第一八佰伴销售额及增长率

	2004	2005	2006	2007	2008	2009	2010	2011	2012	2013	2014
第一八佰伴销售额	17.38	20.65	21.44	29.36	31.18	33.95	38.28	44.42	44.36	48.3	48.79
增长率		18.8%	3.8%	36.9%	6.2%	8.9%	12.8%	16.0%	-0.1%	8.9%	1.0%

作为中国第一家中外合资零售企业，第一八佰伴从无到有，从小到大，从亏到赢，经历了无数的风雨曲折（开业之初商品曲高和寡，亏损巨大，合资初期日方管理人员的盛气凌人，银行贷款数额巨大，日方投资者破产等等），也正是这些曲折，才造就了如今第一八佰伴海纳百川的胸襟和处惊不变的气度，并形成了公司的企业文化。

在"新世纪商厦，新生活启示"经营理念的指引下，公司不断拓展思路，创新经营，令企业的经济效益连年大幅攀升。从1999年日方宣告破产，中方奋勇自救至今，第一八佰伴凭借其先进的经营理念，诚信的经营态度，出众的经营手段，使公司扭亏为盈，业绩呈现出跨越式增长，一跃成为上海百货界的一朵奇葩。2007年实现年销售29.69亿元，利润3.28亿元，再创历史新高。2007年12月31日8点至2008年1月1日凌晨2点共计18小时实现创纪录的2.0595亿元的销售，号称中国的单店销售冠军。而2012年12月31日到2013年1月1日零点，跨年营销第一天，八佰伴实现销售额5.26亿元，同比上升了30%，再次刷新历史新高。如今，第一八佰伴正踌躇满志努力创造新的辉煌。

伴随着浦东改革开放成长起来的第一八佰伴，近20年的不懈努力，使其经营业绩、管理水平和社会形象都得到了飞速提升，并因此而取得了无数令人自豪的荣誉。

三、正大广场

正大广场是由泰国正大集团旗下的上海帝泰发展有限公司投资兴建的大型国际化都会购物中心，坐落在被称为"东方华尔街"的陆家嘴中心区黄金地段，总建筑面积接近25万平方米，地上10层，地下3层，是正大集团在中国最大的投资项目之一。

上海正大广场是正大集团地产产业与商业正大广场品牌在中国的第一次结合尝试。在设计上，正大广场融入了全新的"四季"理念（不同的楼层采用不同季节的象征色）及贯穿二楼到五楼的"黄金大道"，提供集购物，餐饮，休闲和娱乐于一体的现代化服务和设施。

正大广场曾有过尴尬的过去，开业3年多，依然只有65%左右的出租率，六楼之上的5层楼面几乎全部空置。这里大部分的客流以观光客和浦东本地客流为主，消费人流难以满足正大广场巨大的胃口。

1 正大广场外观
2 正大广场内景
3 正大广场中庭

当时的正大广场，一直力图成为整个华东顶级的购物场所。但两家美国和新加坡公司的联合调查却发现，整个上海最缺的，或者是在华东地区最缺的是以家庭为核心的，有大批的娱乐项目和餐饮项目的购物中心。

重新调整之后，正大广场以"家庭娱乐消费中心"的定位重新亮相。2005年的10月，正大广场根据新的经营定位进行招商调整。先后引进室内真冰溜冰场、KTV、健身馆、美容美体馆等设施，接着，新开出了临江的几家餐厅，并引入更多知名品牌。

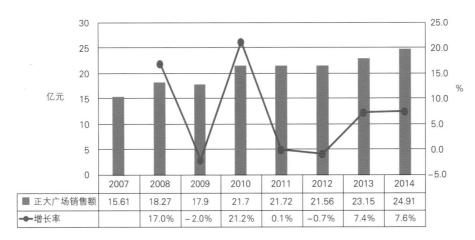

	2007	2008	2009	2010	2011	2012	2013	2014
■正大广场销售额	15.61	18.27	17.9	21.7	21.72	21.56	23.15	24.91
◆增长率		17.0%	−2.0%	21.2%	0.1%	−0.7%	7.4%	7.6%

正大广场历年销售额及增长率

调整之后，家庭开始成为正大广场的主要客流来源。夫妇两人带着孩子一块来到正大广场的消费比例在增加，浦西客源前往陆家嘴的比例也在增加。仅仅半年时间，正大广场的空置率便下降至1%。

包括ZARA、H&M、汤姆熊、玩具反斗城等一批知名服装、娱乐、玩具业态纷纷被正大广场招揽至旗下，这时租金也因此不断上涨。

正大广场在业态布局上，已经成为浦东新区最具规模的现代家庭娱乐购物中心：

（1）业态特色：零售及餐饮占据主导地位，以六大主题特色馆（卜蜂莲花超市、正大生活馆、鞋类主题馆、化妆品主题馆、伊殿主题馆、欢乐童趣馆）为核心，引导家庭型主体购物，满足家庭一站式消费需求。

（2）品牌定位：以国际时尚品牌为主导，时尚中档，特别是国际时尚快销品牌成为消费关注焦点。

（3）业种分布：品牌服饰与各类餐饮占据半壁江山，是家庭购物中心核心业种。

业态整合后的正大广场，凭借其精准的消费群定位，以及大而全的业态设置，还突出地具有三个特色"之最"：

（1）品牌之最：当时，是浦东地区最大的好乐迪KTV，华东地区最大的汤姆熊游乐中心，浦东地区首家五星级主题式电影院，拥有全球最大的玩具及婴幼儿用品专门零售商——玩具反斗城店铺。

（2）品类之最：涉及品牌服饰、运动服饰、珠宝钟表、餐饮、个人护理美容、电气数码、家装饰品、儿童用品、休闲娱乐、教育培训等多种品类，进驻品牌达1000余家，为华东购物中心之最。

（3）餐饮之最：从品牌快餐到高档餐厅，从中国特色小吃到国际特色料理，从地下二层到地上九层，70余家各类档次、不同风味的各色餐饮全面满足消费需求。

旗舰品牌店群聚一堂：ZARA、优衣库亚洲旗舰店、H&M、C&A、Next、VEROMODA等品牌旗舰店主导上海时尚人群消费潮流。以旗舰店式大面积店铺充分分解项目商业面积，避免品牌纷杂、良莠不齐。单层大面积店铺占据单层面积50%以上。

四、上海国金中心商场

由新鸿基地产发展的上海国金中心商场坐落于上海浦东陆家嘴中心区，并将浦东这个繁盛的商业地域，进一步打造成为世界级地标。

上海国金中心商场总面积超过11万平方米，拥有超过240间国际顶级品牌店及享誉世界的顶级餐厅，商场云集最多国际一线品牌专卖店及旗舰店，其中约一成半是首次登陆内地，四成则是首度进驻上海，包括全球单层最大路易威登旗舰店及中国第一家苹果旗舰店。商场首层汇聚了31家世界级品牌旗舰店，这些钻石级的商户组合，加上独具精心的门店设计，为顾客带来尊贵的购物惊喜。

国金中心商场一直致力引入崭新多元化品牌，满足追求最尖端的国际时尚潮流和高贵生活品位顾客的需要。商场积极引入了多个特色区域，位于一楼的国际钟表廊云集了世界级钟表品牌。同时，缤纷瑰丽和闪耀夺目的顶级珠宝专区汇聚了名贵级珠宝品牌。位于二楼气派非凡的奢华男士区域呈现男士服饰最尖端的国际时尚潮流趋势。另外，为配合爱美顾客需要，商场更开创殿堂级的奢侈化妆品区并拥有多家顶级美容品牌。位于三楼的童装专区，搜罗多国国际一线童装，为顾客提供更多元化的购物选择。

商场在商户组合的策略上也尽显心思，紧贴国内消费者需求。除了汇集国际顶级服饰品牌外，在餐饮、娱乐及生活方面皆引进新模式，让顾客享受多姿多彩的购物体验。商场设有首家在国内开业的

1 ｜ 2
3 ｜ 4

1 上海国金中心商场
2 中国第一家苹果旗舰店
3 国金中心商场外景
4 国金中心商场内观

百丽宫影城（Palace Cinema），有6间共能容纳 800座位的影城，设有华丽的座椅和先进的影音设备，播放多出最新上映的国际巨片，为顾客带来无与伦比的视听效果。

2012年，国金中心实现零售额39.53亿元，总营业收入为43.67亿元，零售额比上年增长8%。下半年国金中心基本保持与上年持平，增幅最大的是中心的餐饮，比上年增长32.3%。

五、上海浦东嘉里城

上海浦东嘉里城，是浦东新国际博览中心区域的崭新地标，也是该区域内目前规模最大的综合性发展项目，总建筑面积达33万平方米。

嘉里城投资方包括嘉里建设有限公司、香格里拉（亚洲）有限公司、新加坡长春产业有限公司和上海陆家嘴金融贸易区开发股份有限公司。该项目由香格里拉酒店公司管理的30层五星级酒店、43层写字楼、28层的公寓式酒店、4.5万平方米商场和通往上海新国际博览中心的入口大厅组成，于2010年第四季度竣工并陆续开幕。嘉里城面向世纪公园展开，距浦东国际机场约30分钟车程，毗邻轨道交通7号线终点站。

第五节 "十二五"规划及2020年展望

2011年颁布的《浦东新区商业发展"十二五"规划》，将浦东新区商业总体布局按照区位优势、建设规模和功能定位、服务人口，在空间布局上，划分为市级商业中心、市级商业副中心（即特色商业中心）、地区商业中心、社区商业中心（产业园区商业中心）4个层次，其中浦东3个市级商业中心，全部在陆家嘴金融贸易区内。

一、市级商业中心布局

（1）陆家嘴金融城结合金融城建设，推进形成"国际购物天堂"标志性区域之一。

（2）沿滨江商务休闲带。

以滨江杨浦大桥到南浦大桥区域为重点，进一步深化黄浦江沿线规划，加快向具有滨江风情的商务旅游休闲带的转变。

（3）沿世纪大道商业黄金走廊。

沿世纪大道轴线，重点建设陆家嘴中心区、新上海商业城、世纪大道东方路、新国际博览中心等商圈，形成世纪大道商业黄金走廊。

二、市级商业副中心（特色商业中心）布局

环新国际博览中心区域依托博览中心，以会展配套和商务商业为主导功能。已有嘉里中心、证大喜马拉雅艺术中心等商业设施。规划沿芳甸路和龙阳路两侧，布局为会展配套的商务办公、商业零售、休闲娱乐、酒店等设施。商圈内商业面积约35万平方米。

　　在浦东新区的"十二五"商业规划中，陆家嘴金融贸易区板块是重点之一，"十二五"期间，将推动上海中心、上海船厂地块、世纪大道两侧等10大项目约300万平方米的商务楼宇建设。陆家嘴金融城商圈内的陆家嘴中心区商圈除了正大广场、国金中心等大型商业设施外，原上海船厂项目，即总建筑面积达130万平方米的滨江金融城将规划20万平方米的商业设施。已经开工建设的世纪大道"世纪大都会"项目集商业、文化、娱乐、办公酒店功能于一体，总建筑面积达38万平方米。总建筑面积达30万平方米的浦东金融广场也规划了商业面积12.5万平方米。

　　根据浦东新区的规划，到2020年，浦东开发开放30周年之际，浦东新区将力争生产总值占上海全市的比重从目前的1/4以上提高到1/3以上，并力争实现更高目标。随着陆家嘴金融贸易区经济和人口导入的不断发展，商业设施的相关需求继续增加。

浦东新区"十二五"商业中心空间布局规划（市级商业中心布局结构图）

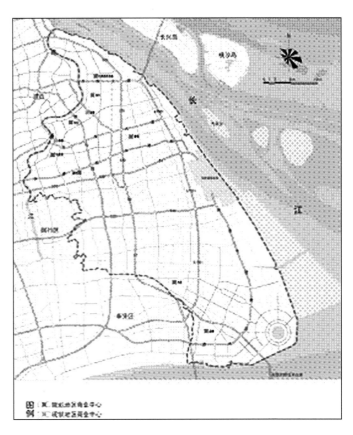

浦东新区"十二五"商业中心空间布局规划

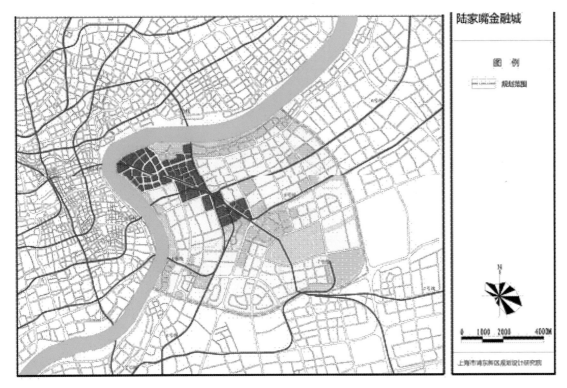

浦东新区十二五商业中心空间布局规划（市级商业中心——陆家嘴金融城）

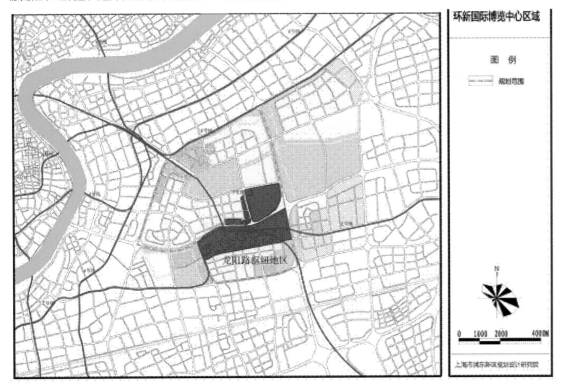

浦东新区十二五商业中心空间布局规划（市级商业副中心——环新国际博览中心区域）

第七章

航运中心

第一节　概述

　　陆家嘴金融贸易区航运发展的历史源远流长。在沿黄浦江段，分布着早期的煤炭、外贸件杂货、铁矿石、粮食等专业码头。

　　随着1990年4月党中央国务院宣布开发开放浦东新区，陆家嘴金融贸易区成为全国唯一以"金融贸易区"命名的国家级开发区。为满足城市发展需要，码头布局以及船舶技术的发展东移，陆家嘴金融贸易区因此由上海港主要港口区域和修造船基地逐步向各类航运要素集聚区、特别是中高端航运服务[1]要素集聚区转型。

　　中高端航运服务业的发展水平在很大程度上代表了国际航运中心的全球竞争力。当前，国际航运服务业总体上正在由劳动密集型的下游产业向知识密集型的高端产业转变，一些世界级大港纷纷转向具有高附加值的中高端航运服务业。因此，发展中高端航运服务业已成为上海建设国际航运中心的重要方向。

　　2009年4月，《国务院关于推进上海加快发展现代服务业和先进制造业建设国际金融中心和国际航运中心的意见》，对上海国际航运中心建设提出了更高的要求和目标：到2020年，上海基本建成航运资源高度集聚，航运服务功能健全，航运市场环境优良，现代物流服务高效，具有全球航运资源配置能力的国际航运中心。

1	2
3	4

1　1993年陆家嘴地区航拍资料——沿江、工厂、码头、仓库等
2　沿江码头
3　上海立新船厂原貌
4　1993年陆家嘴地区航拍资料——沿江全貌

---

❶ 高端航运服务业是指附加值较高的航运衍生服务行业，主要包括航运融资、航运保险等航运金融服务，法律服务、公证服务等航运法律服务，航运经纪、航运咨询和航运信息等航运专业服务以及航运培训、航运文化和航运科研等航运教育与科技服务等；中端服务业包括船舶注册、船舶代理、船舶运营、船舶制造和维修以及船舶配套服务等；低端服务业主要包括传统的运输、仓储、装卸等行业。

2009年5月，上海市出台《贯彻国务院关于推进上海加快发展现代服务业和先进制造业建设国际金融中心和国际航运中心意见的实施意见》，明确提出要优化航运金融服务发展环境，积极发展多种航运融资方式，加快发展航运保险业务，开发航运运价指数衍生品等，陆家嘴金融贸易区被定为全市3个航运服务集聚区之一。同年7月，浦东新区出台《关于印发〈浦东新区推进上海国际航运中心核心功能区建设实施意见〉的通知》，对航运服务业发展规划，相关配套政策，体制机制创新，人才培育等方面都作了具体的说明。

2010年，《浦东新区促进航运发展财政扶持办法》及《集聚航运人才实施办法》颁布，为陆家嘴金融贸易区航运服务业的发展带来新的契机。

6年以来，陆家嘴金融贸易区利用自身在金融产业、专业服务业方面的强大优势以及丰富的航运服务资源优势，在承担着建设金融城重要使命的同时，不断推动着航运服务产业的发展进程，致力于重点发展航运金融、法律、专业服务等中高端航运服务业。

据统计，截至2014年底，落户在陆家嘴金融贸易区的港口运输、航运服务、航运基础产业等各类航运机构共有1071家，其中，航运服务业858家，港口运输业157家，航运基础产业56家。由航运金融服务、航运法律服务、航运专业服务、航运教育与科技、港口经营与管理组成的航运服务产业所占比重最大，占全部航运机构的80.11%，其中，航运专业服务机构为主要支撑，占全部航运机构的73.02%。

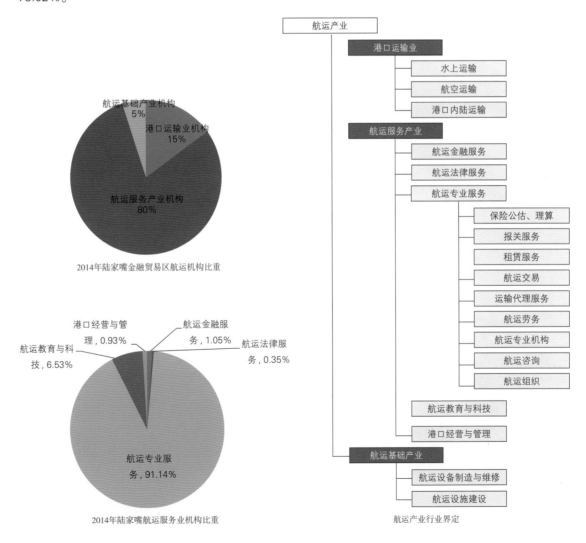

2014年陆家嘴金融贸易区航运机构比重

2014年陆家嘴航运服务业机构比重

航运产业行业界定

第二节　陆家嘴金融贸易区的"航运大道"：浦东大道

　　航运服务业对陆家嘴金融贸易区经济的增量支撑和发展贡献愈发举足轻重，随着航运产业发展及航运机构集聚，浦东大道及周边地区凭借得天独厚的区位优势，日益浓厚的产业氛围以及不断完善的公共服务环境，吸引了各类航运要素集聚于此，初步形成航运产业集群发展。

　　浦东新区"十二五"航运发展规划纲要中明确提出，要打造"以上海浦东国际航运服务中心为标志，以洋泾地区为主要载体，周边区域布局合理的陆家嘴金融贸易区高端航运服务集聚区"，形成聚焦高端航运服务业的"点、线、面"产业布局——即以浦东大道981号的上海浦东国际航运服务中心为"点"，以致力于打造"航运大道"的浦东大道为"线"，以即将启动规划建设的浦东洋泾地区为"面"，逐步建立功能完整、产业配套的高端航运服务业发展体系。

一、"航运大道"的要素集聚

　　随着航运要素在浦东大道的快速集聚，《浦东新区"十二五"航运发展规划纲要》不仅从板块概念出发，对陆家嘴金融贸易区、外高桥、洋山港、浦东机场的定位和发展方向进行了明确，还以浦东大道为"轴"进行了产业规划，在一轴两翼范围内，大力发展航运金融等高端航运服务产业。

　　作为浦东的三大主干道之一，浦东大道沿线及周边的集聚效应在近几年成效显著，成为带动区域产业发展的标志，与航运法律、信息、咨询、经纪、会展、科研、教育培训、协会等海事组织一起，构成浦东航运高端服务产业链，每年都会吸引多个知名航运论坛在此召开。

　　随着上海浦东航运发展促进中心、上海浦东航运行业协会、上海海事局、上海国际航运仲裁院、国际航运物流人才服务中心等多家功能性机构入驻位于浦东大道981号的上海浦东国际航运服务中心，集众多航运要素于一身的"航运大道"正在逐步形成。

上海浦东国际航运服务中心外景

| 1 | 2 | 3 | 4 |

1 航运大厦
2 中国船级社
3 中国海运
4 上海航道局大楼

浦东大道位于陆家嘴金融贸易区中心地带，临近陆家嘴中心区，距离人民广场5km，地理位置突出，多条地铁线路、公交线路由此穿过，民丹线摆渡连接民生路、丹东路渡口，交通便利。

航运业是资金密集型的高风险产业，其发展离不开成熟的金融体系支撑。无论是航运装备产业还是港航建设，都需要商业银行提供包括融资贷款、资金结算等在内的全面金融服务。尤其船舶制造业，受近几年船舶大型化以及原材料价格上涨等因素的影响，船舶造价上涨，除由国家财政补贴后，

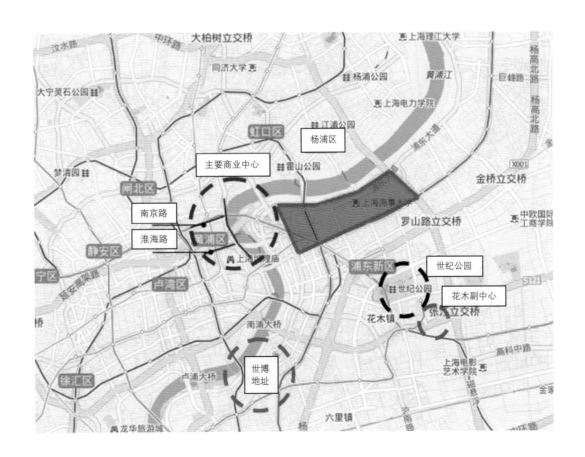

浦东大道所在地理位置

通过船舶运营的运费收益还贷外，更多的还是需要银行、融资租赁企业的介入共同完成。与此同时，航运保险的基础建设与全球港口服务网络覆盖均逐步完善，中国保监会副主席周延礼曾在"陆家嘴论坛"演讲中表示，保监会将大力发展船舶保险，积极发展上海在保险市场开展离岸再保险业务，建立相对集中的交易平台。根据新区统计局数据，截至2014年底，陆家嘴金融贸易区共有金融机构728家，其中银行类机构211家，证券类机构318家，保险类机构199家，是航运要素集聚的天然"良港"。

此外，浦东大道沿线一直是众多航运教育、科研机构的聚集地，上海海事大学、中国船级社、上海船舶运输科学研究所、上海船员培训中心、上海海运学校、上海海事职业技术学院、上海海关教育培训中心等，每年都为航运界输送专业技术人才。

为加快浦东航运产业的发展，实现航运要素，尤其是高端航运要素的集聚，配合上海国际航运中心的建设，浦东新区政府不断加大扶持力度，制定了一系列政策扶持措施。

2010年由浦东新区财政局、航运办共同出台了《浦东新区促进航运发展财政扶持办法》，对重点航运服务企业、高端航运服务企业、航运金融、融资租赁企业及国内外知名功能性航运机构等，根据注册规模及税收情况给予相应的一次性开办费和财政补贴。同时出台的《集聚航运人才实施办法》分别对5类企业和机构（包括重点航运服务业、大型航运先进制造与维修企业、高成长性航运企业、高端航运服务企业和国内外知名功能性航运机构）的人才引进采取补贴、奖励、户籍办理、子女入学、医疗保障、人才公寓等一系列措施，通过对高层次人才的引进，改善目前大部分从业人员从事技术含量较低的传统航运辅助业，而航运金融、保险、法律等领域的复合型人才稀缺的现状。

此外，新区还针对融资租赁企业制定了《关于浦东新区促进融资租赁业发展的财政扶持办法》，根据其形成的新区地方财力、企业融资总额等给予补贴，推动融资租赁支持现代服务业和先进制造业，促进金融、航运两个行业的紧密结合。

针对跨国公司及国内大企业在浦东设立总部的，新区对企业总部设立过程中简化出入境手续，简化就业许可手续，人才引进，提供通关便利及财政支持，子女就学，劳动保障和购房等各方面作了详细规定，全力打造总部效应。

2011年4月，上海浦东国际航运服务中心的正式启用，填补了浦东公共服务的多项空白。上海组合港管委会、上海海事局、上海国际航运仲裁院、上海国际航运物流人才服务中心、上海航运运价交易有限公司等一批机构的入驻及办事窗口的设立，成为浦东综合型、高层次服务平台和窗口的标志；与此同时，上海国际航运中心发展促进会的成立也为引进和培育包括航运融资、航运保险、海事仲裁、航运经纪、船舶管理、会展组织、信息咨询等在内的高端航运服务产业提供了有力的支撑。

浦东大道航运要素集聚建设，要按照上海国际航运中心建设的目标，黄浦江两岸综合开发的要求及陆家嘴金融贸易区航运集聚开发的总体战略部署，坚持"服务、互补、完善"的原则，与周边保税港区、临港新城错位互补、协作融合、共谋发展。

依托陆家嘴金融贸易区航运服务集聚区的区位优势和产业基础，根据浦东新区提出的航运服务业发展布局要求，不仅要以航运服务为龙头，通过资源整合和优化，完善航运服务功能，同时要大力发展高端航运服务业，形成企业成群、产业成链、要素成市的航运集聚功能，打造服务陆家嘴金融贸易区、服务浦东、服务上海的航运服务资源集聚中心，成为上海国际航运中心的核心功能区。

二、"航运大道"空间布局

1. 航运金融区域

以浦东南路、东方路、黄浦江、张杨路为界，着重集聚各类航运金融等高端要素，以推进融资租赁、航运保险、海事法律等新型业务为突破口，配合上海四个中心建设，将该区域发展成为航运金融保险中心和海运衍生产品交易与结算中心。目前这一地区的航运企业占浦东大道沿线及周边区域航运企业总数的41%，航运金融类企业多入驻于此，较大规模的有上海大新华投资管理有限公司、中船财务有限责任公司等。

2. 航运专业服务区域

以东方路至源深路，民生路至罗山路为界，与张杨路、黄浦江之间围成的钳形区域，打造航运专业服务区域。目前这一地区有航运企业200余家，但多为规模较小的专业服务型企业或办事处。通过加大对这一地区的产业集聚引导，在税收政策等方面给予中小企业以适当倾斜，扶持其发展，加大该区域内中等税收企业所占比重，改善要素构成。目前这一区域内较大规模的有上海经贸国际货运实业有限公司、上海铁路装卸服务（集团）有限公司、中海环球空运有限公司等。

3. 海事组织与科教区域

以源深路、民生路、张杨路、黄浦江为界，以上海海事大学、中国船级社上海分社、船舶运输科学研究所所在区域为中心向外辐射打造海事组织与科教区域。依托现有机构的影响力和号召力，打造航运人才高地，同时扩大宣传邀请知名海事组织、协会在此设立分支机构。目前已有上海海洋石油规划设计研究院、中交上海航道勘察设计研究院有限公司、中交水运规划设计院上海分院、上海海事职业技术学院等，已经形成具有一定规模的海事组织与科教区域。

综上所述，从以下方面着手：发展航运服务集聚区，发挥航运金融和航运市场功能，重点集聚船公司地区总部、航运保险机构、船舶融资服务机构、船舶交易和租赁公司、航运组织（世界海事组织、船东协会、各大班轮公会、货代协会等设立分支机构）以及航运法律、信息、咨询、会展、科研、教

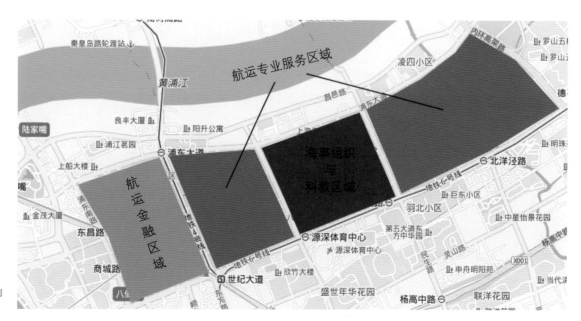

浦东大道沿线及周边空间
布局示意图

育培训等服务机构，发展海事服务总部经济、航运金融保险服务、船舶交易市场、海事组织与会展、海事科研、信息与咨询、航运人才教育培训等航运增值服务业。依托金融机构集聚的优势，支持鼓励金融机构拓展各类与航运相关的金融和保险产品，例如鼓励银行成立船舶融资部，支持相关机构开展船舶融资租赁业务，设立船舶融资保险机构等。引进国际航运保险机构，按照国际物流金融的成熟经验，大力推动物流信贷、信用证、仓单质押、租赁、票据担保、结算融资等业务开展，探索设立专业的"物流银行"，打造物流金融服务体系。

三、"航运大道"的环境支撑

1. 法律环境支撑

根据我国的立法体制，建设国际航运中心涉及的众多事项属于国家事权。例如，发展航运金融服务和多种融资方式，需要国家在金融、税收、保险、航运投融资与担保、港口资产证券化、外汇管理等方面实行立法聚焦与政策倾斜。由此可见，有关推动航运要素集聚的各项原则性规定，需以国家立法的形式对相关政策措施加以固化和细化，着重从以下两点着手：

（1）完善现有航运相关法律体系，指导、规范整个行业的运作，同时整合各航运要素间的关系，推动产业的可持续发展。配备规范的执法机制和强化的执法力度，来完善海事法律制度，提升海事法律人才水平和公正性。

（2）发展专业、权威的法律服务机构。借助上海海事法院、中国海事仲裁委员会上海分会（上海海事仲裁院）、上海国际航运仲裁院及区域内的专业律师事务所等机构，打造适应各类航运纠纷解决的法律服务聚集地。特别是中国海事仲裁委员会上海分会在浦东的落户，充分发挥海事仲裁在行业内的影响力与功能，需在法律环境的完善中进一步提升。

2. 金融环境支撑

金融业是航运机构的有力支撑，与金融紧密相连的要素集聚，是浦东大道沿线及周边打造"航运大道"的品牌优势，只有两方互动发展才能形成集约化规模效应，可以从下面几点着手：

（1）大力发展航运产业融资手段，鼓励符合条件的航运企业进入资本市场融资，使符合银行信贷条件的企业能够及时便捷地获得资金；另外，提倡通过股票上市、企业债券、项目融资、资产重组、股权置换等方式筹措资金。

（2）规范和发展金融保险市场。航运企业的发展离不开金融保险市场提供的合理规避风险的服务。必须形成一个完善的金融保险市场环境，还应发展金融保险咨询与中介服务体系的作用，健全相关制度，发展金融保险代理人公司、经纪人公司和咨询公司。

（3）着眼于提高服务水平，加快保险业的基础建设，鼓励中资保险公司加快整合，鼓励和大型保险公司的合作，逐渐覆盖全球港口服务网络，积极发展上海在保险市场开展离岸再保险业务，提高保险的能力，建立相对集中的交易平台。鼓励货物业保险，发展理赔和责任保险服务，积极发展港口建设的第三者责任保险等。同时大力发挥出口信用保险的作用，充分发挥其促进作用和保障作用。

（4）构建国际金融与航运企业发展相适应的市场体系。要扩大金融期货、商品交易及证券、保险、银行、产权期权、衍生品等各类专业市场的辐射功能，完善航运中介体系，优化市场环境，加强与世界知名航运中心企业机构的合作，不断提升市场的服务功能，使之逐步成为亚太地区重要的航运业务交易、结算中心和航运信息交流、展示中心。

3. 人才环境支撑

从航运要素集聚趋势来看，人才集聚与技术创新等知识型生产要素（如各类学校、研究院、专业化服务中心等）息息相关，成为影响集群发展能级的关键因素。为打造能够源源不断培养并吸引高端航运服务人才的良好环境，构筑上海航运人才环境支撑，可从以下两点着手：

（1）依托浦东大道沿线及周边多家海事高等院校及培训机构，完善航运和海事人才培训制度，加快航运复合型人才的培养，同时开辟国际航运高级人才交流市场。

（2）以陆家嘴金融贸易区人才金港为平台，在原有金融人才的培养基础上增添航运人才，以增强实践能力为宗旨，形成产业集聚带动人才集聚，人才集聚推动产业发展的良性循环。

4. 政策环境支撑

要素集聚所需的软环境，除了在战略高度上加强认识、统筹规划外，还需制定适应区域发展现状及趋势的政策以保持吸引力。现有的产业政策主要从一次性开办费、税收补贴方面着手，但在高端业务开展、试点改革等方面都没有相应的奖励措施，机构积极性没有被很好地调动。要想加快集聚进程，强有力的政策环境支撑必不可少，这就需要在原有基础上，通过对产业政策、人才引进和保障政策、土地开发使用政策、投资政策4个方面的全方位打造，营造激励企业创新的政策环境，形成有代表性、有吸引力的政策环境支撑，推动航运要素集聚。

5. 信息环境支撑

以上海浦东国际航运服务中心的区域专业航运信息平台为依托，整合航运服务公共信息资源，在建设航运物流、港航信息等专业航运信息平台的基础上，为航运服务企业提供各类公共服务，实现资源共享与信息服务增值功能，形成高标准、高效率、统一的信息服务平台。

抓住紧邻陆家嘴中心区的航运金融优势，建立船舶交易平台，实现交易船舶网上挂牌、统计、查询；提供船舶交易结算、船舶买卖、委托招标、船舶评估、船舶融资配套、法律咨询、仲裁、船舶经纪机构和经纪人的资信评估等辅助服务；发布船舶交易价格指数和市场行情等参考信息。

进一步改善和加强浦东大道沿线及周边的信息化建设，不断完善、定期更新现有航运机构数据库，便于各部委及相关航运机构及时、全面了解区域内产业发展动态。

第三节　近年航运业发展

一、发展的规模和速度

陆家嘴金融贸易区的航运业特别是航运服务业迅速发展壮大。在港口运输、航运服务产业和航运基础产业3大行业中，航运服务业始终是陆家嘴金融贸易区航运业中占比最大的行业，而且比重保持在80%左右。

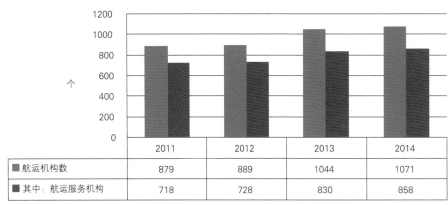

陆家嘴金融贸易区航运服务机构比较

	2011	2012	2013	2014
■ 航运机构数	879	889	1044	1071
■ 其中：航运服务机构	718	728	830	858

2013年，浦东航运服务业实现增加值232.96亿元，是2009年96.68亿元的2.41倍，年均增长率19.23%，是3大行业中增长最快的领域，高于整个航运业增长率5.62个百分点。

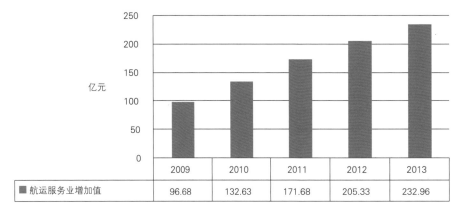

航运服务业增加值

	2009	2010	2011	2012	2013
■ 航运服务业增加值	96.68	132.63	171.68	205.33	232.96

虽然在航运业中，航运服务业企业个数占比高达近80%，但以金融、专业服务、法律服务和教育科技为主的中高端航运服务业的增加值仅占36.19%，航运服务的功能发挥还不够，国际影响力和话语权仍显不足。其中航运金融增加值占比17.62%，航运专业服务增加值占比13.49%，航运教育与科技增加值占比不足5%，航运法律服务增加值占比更少。这与国际航运发达地区相比，仍存在较大差距。

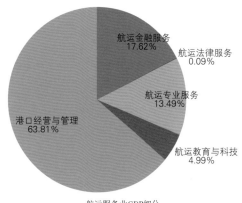

航运服务业GDP细分

二、发展的优势与劣势

浦东新区所处的地理位置非常优越，对外贸易货源广，港口基础设施完善，货物吞吐量和集装箱吞吐量双双排名全球首位。在硬件设施方面，新区遥遥领先于国内各大港口，甚至在全球范围内都是首屈一指。

但是与国外航运业发达地区相比，新区在软件方面还存在较大差距，航运服务功能还有待提升。比如英国伦敦，虽然港口、航运等"硬实力"衰退，集装箱年吞吐量世界排名前100位之外，但其航运服务等"软实力"却能长时间保持，维持了其国际航运中心的地位，伦敦的经验告诉我们，保持航运中心竞争力的关键是提升航运服务功能。与伦敦相类似，鹿特丹、奥斯陆、新加坡等一些世界级港口或航运公司集中的城市，近几年都已开始着力加强航运"软实力"建设，争取在"硬实力"优势衰退前建成航运中心。韩国政府经济协调会就提出釜山港的转型目标是以"全球物流网络策略"取代原来的"东北亚航运枢纽"，中国台湾地区的高雄港也把建设"境外转运中心"的目标修正为"区域物流中心"。

三、发展的举措和成效

自2009年至今，浦东新区紧紧把握"增强全球航运资源配置能力"这一发展脉搏，强化航运功能和航运产业，提升高端航运要素集聚水平，着力推进"五个一"工程，在基础工作、平台建设、战略招商、项目合作、政策创新方面取得了丰硕成果，使浦东航运发展更具活力和吸引力。

1. 开展一系列基础推进工作

（1）建立新区航运管理体系，成立浦东新区航运工作领导小组，形成了以领导小组为核心、航运服务办公室为统筹协调机构、各相关职能部门和重点发展区域共同推进的一体化航运管理体系。

（2）高质量完成"十二五"航运发展规划编制，进一步明确新区航运发展的目标定位、功能布局和发展战略，为浦东航运中心核心功能区建设指明方向。

（3）推出浦东航运产业扶持政策，出台浦东新区促进航运业发展财政扶持办法，加大对航运产业的扶持力度，支持、吸引重点优质航运企业来浦东发展。

2. 建立一个公共服务平台

启动上海浦东国际航运服务中心，这是沪上首家集展览展示、公共服务、行业研究、信息集散和企业办公等功能于一体的综合性服务平台，标志着浦东高端航运服务功能进入载体支撑发展的新阶段。目前，国际海事教师联合会上海中心、上海组合港管委会办公室、上海国际航运中心促进会、浦东海事局、上海国际航运仲裁院、上海国际航运物流人才服务中心、上海国际航运信息中心、海马融资租赁公司、长江时代航运信息公司等机构都已入驻，将以此为地理核心，吸引航运金融、法律仲裁、人才服务等航运核心要素向浦东大道两侧集聚，形成"点、线、面"融合发展的陆家嘴立体航运服务网络。

3. 引进一批重大战略项目

在功能性机构方面，2013年2月份，成功引进世界上最大国际航运组织波罗的海国际航运公会、世界唯一的全球性航运交易所波罗的海交易所、国际保赔保险巨头美国保赔协会、国际海事组织咨询机构之一国际海事教师联合会、中国海事仲裁委员会上海分会等一大批具有国际影响力、知名度的功能性机构，为增强浦东在全球航运舞台上的话语权和影响力奠定了坚实基础。在航运企业方面，成功引进中外运长航、大新华物流、中化国际物流、宝钢航运、神华中海等大型航运集团，马士基航运经纪、平安航运保险中心、上海港航投资有限公司等高端航运服务企业，以及一大批航运、船舶及物流相关服务企业。在战略合作方面，与代表英国海运行业先进发展水平的伦敦海事协会，拥有中国唯一海损理算专业机构的中国国际贸易促进委员会、上海航运交易所等机构签订全面战略合作协议，共同推进浦东航运发展软环境建设。

4. 形成一系列高端航运品牌

加强与国内外航运专业机构的合作交流，成功举办一系列具有国际影响力的航运盛事，2010年起连续四年与伦敦金融城、伦敦海事服务协会共同举办"国际航运战略研讨会"，2010年起连续三年与英国皇家特许船舶经纪人协会合作举办"国际航运人才恳谈会"，2011年起连续两年与中国交通运输协会合作举办"中国国际航运文化节"，以及2011航运中心发展国际会议、全球航运运价交易衍生品中央交易系统启动仪式、2011浦东国际航运中心合作项目签约仪式、长三角系列招商推介会等品牌活动的举办，增进国际航运发展动向了解和参与度，大幅提升浦东航运全球影响力和话语权。

5. 推进一揽子改革创新政策

围绕建设国际航运发展综合试验区，积极推动融资租赁、期货保税交割、国际中转集拼、启运港退税等一系列先行先试政策突破，成为上海国际航运中心建设中航运融合金融创新的丰硕成果和重要亮点。成功推动第三批航运经纪试点拓展至浦东，引进世界最大航运经纪公司之一的马士基航运经纪有限公司，上海市第三批航运经纪人培训活动在浦东顺利开展。以BIMCO为代表的国内首家外资非政府航运组织登记试点在浦东成功开展。积极反映企业诉求，推动洋山港船用保税油功能的拓展，四部委联合认可的船用保税油市场经营管理办法将于近期纳入成品油市场管理办法进行公布。

四、发展的设想和目标

2009年以来，浦东新区在促进航运产业的发展上推出了一系列涉及管理体制、项目引进、环境改善等非常有针对性的改革创举，但仍有一些不足，还需在以下几个方面继续努力：

（1）创新政策攻关需加大力度。航运创新突破大多受限于国家层面，涉及多个职能部门，短时间内难以实现完全突破。如航运融资租赁在海关、外汇和财税等方面需国家层面建立制度化的运作模式，洋山港国际船舶登记制度需要争取国家交通部、财政部等部门的支持，进一步完善船舶登记的配套政策和操作细则。

（2）航运集聚区建设要加快步伐。集聚区的建设是一项长期的、复杂的系统工程，涉及政策突破、规划建设、土地储备、招商引资等方方面面，需要加强与国家、市相关部门的沟通协调、争取支持。在推进洋泾国际航运创新试验区建设的过程中，要尽快建立起浦东新区层面综合协调机制，明确并尽快启动若干项目抓手，以更好地发挥浦东在航运中心建设中的主导力和影响力。

（3）产业配套系统需要强化。浦东新区在航运服务水平、技术能力和人才配套等软环境方面差距还很大。航运税收制度与国际惯例尚有差距，市场发展环境有待完善，航运交易、价格确定、信息发布和法律适用等方面国际影响力和话语权不足。航运人才结构分布不尽合理，高端航运人才严重不足。

第四节　2020年发展目标

2009年4月，国务院下发《关于推进上海加快发展现代服务业和先进制造业建设国际金融中心和国际航运中心的意见》（国发〔2009〕19号），明确了2020年上海建设国际金融中心和国际航运中心的总体目标、主要任务和措施。

一、国际航运中心建设的总体目标

到2020年，基本建成航运资源高度集聚，航运服务功能健全，航运市场环境优良，现代物流服务高效，具有全球航运资源配置能力的国际航运中心；基本形成以上海为中心，以江浙为两翼，以长江流域为腹地，与国内其他港口合理分工、紧密协作的国际航运枢纽港；基本形成规模化、集约化、快捷高效、结构优化的现代化港口集疏运体系，以及国际航空枢纽港，实现多种运输方式一体化发展；基本形成服务优质、功能完备的现代航运服务体系，营造便捷、高效、安全、法治的口岸环境和现代国际航运服务环境，增强国际航运资源整合能力，提高综合竞争力和服务能力。

二、国际航运中心建设的主要任务和措施

（1）优化现代航运集疏运体系。

（2）发展现代航运服务体系。

（3）探索建立国际航运发展综合试验区。

（4）完善现代航运发展配套支持政策。

（5）促进和规范邮轮产业发展。

上海市人民政府贯彻《国务院关于推进上海加快发展现代服务业和先进制造业建设国际金融中心和国际航运中心意见》的实施意见（沪府发〔2009〕25号）明确：加快推进上海国际航运中心建设的具体任务和措施是：全力配合国家有关部门，加快推进国际航运枢纽港、现代航运集疏运体系和现代航运服务体系建设，努力增强国际航运资源整合能力，提高综合竞争力和服务能力。到2020年，基本建成航运资源高度集聚，航运服务功能健全，航运市场环境优良，现代物流服务高效，具有全球航运资源配置能力的国际航运中心。

《浦东新区关于推进上海国际航运中心核心功能区建设实施意见》中的目标是：打造上海国际航运中心核心功能区。"十二五"末，初步形成船公司、航运物流企业、航运服务企业、国际航运中介组织和机构等组成的较为完善的航运产业和服务体系。至2020年，港口吞吐量力争保持全球领先，航运产业成为新区现代服务业发展和经济转型的重要支撑，航运辐射体系基本完善，中转比例明显上升，国际航运重点企业区域总部集聚，船舶融资、交易、保险等高端航运服务市场形成规模，航运资源配置具有全球影响力。在上海推进国际航运中心建设中凸现核心功能，在国家参与全球航运资源配置上发挥重要作用。

《浦东新区促进航运业发展财政扶持办法》明确：新引进或增资达到一定标准的并经认定的重点航运服务企业、高端航运服务企业、国内外知名功能性航运机构、大型航运先进制造与维修企业、人才等给予补贴的激励措施。

第八章

商务服务

第一节　概述

随着世界经济发展的重心逐步从工业型经济转向服务型经济，服务业已成为经济发展的主导和就业的主要来源。现代服务业的发展规模和水平已成为一个国家（地区）经济、社会现代化水平的最重要标志和综合竞争力的集中体现。经济越发达，服务业比例越高。

2009年4月，《国务院关于推进上海加快发展现代服务业和先进制造业建设国际金融中心和国际航运中心的意见》的文件发布后，立即引起上海各级政府的高度重视。根据同年9月上海市政府发布的《2009—2012年上海服务业发展规划》（沪府发〔2009〕50号文），上海要优化服务业布局，培育上海服务业发展载体，围绕"四个中心"发展目标，着力打造战略性、功能性的现代服务业发展载体，逐步形成上海服务业发展重点区域。其中：

一、外滩—陆家嘴金融贸易核心区

依托外滩及陆家嘴地区金融要素市场集聚的优势，结合黄浦江两岸开发和外滩沿线功能调整，进一步完善商业、交通等配套设施，重点发展以中外银行、保险及资产管理等企业为主的金融服务业，强化和提升金融、商务、休闲功能，努力建设成为上海历史风貌和现代文明完美结合、经典的高档商务区，基本建成层面多、功能强、辐射广的上海金融中心的核心功能区。

二、世博—花木国际会展集聚区

以长三角地区场馆面积最大，设备最先进，服务环境良好的上海新国际博览中心为依托，以陆家嘴地区和世博会地区拥有的一大批良好硬件设施为基础，吸引国内外著名的公司入驻浦东。加强国内外文化交流，举办国际国内一流的专业性和综合性大型展览和会议，努力建设成为全国乃至环太平洋地区著名的国际文化交流、商务办公、会展旅游集聚区之一。

| 1 | 2 |
| | 3 |

1 上海外滩
2 外滩和陆家嘴一江之隔
3 由上海国际邮轮码头看陆家嘴

第二节　陆家嘴社会服务业❶经济规模

2009~2014年，陆家嘴金融贸易区紧紧围绕"四个中心"核心功能区建设，大力发展金融服务、航运物流、现代商贸和文化创意、旅游会展、信息服务等重点领域的现代服务业，社会服务业稳定发展态势良好，特点明显。

一、总资产稳定增长

自2009年《国务院关于推进上海加快发展现代服务业和先进制造业建设国际金融中心和国际航运中心的意见》的文件发布后，陆家嘴金融贸易区的服务业企业的总资产稳定增长，从2009年的4237.11亿元增至2014年的6885.43亿元，6年增幅62.5%，年均增长8.43%。其中，商务服务业总资产达到3986.42亿元，占服务业总资产的近六成。

---

❶ 社会服务业指装卸搬运和其他运输服务业，仓储业，信息传输、计算机服务和软件业，典当，其他未列明的金融活动，租赁和商务服务业，科学研究、技术服务和地质勘察业，水利、环境和公共设施管理业，居民服务和其他服务业，教育，卫生、社会保障和社会福利业，文化、体育和娱乐业，公共管理和社会组织等国民经济行业。

此处社会服务业指规模以上社会服务业（年营业收入1000万元及以上或从业人员50人及以上）。

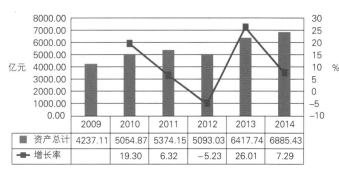

陆家嘴历年服务业资产总计及增长率

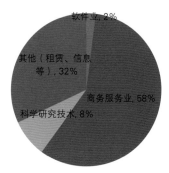

2014年服务业总资产比重

二、营业收入快速增长

2014年，陆家嘴金融贸易区社会服务业增速加快，实现营业收入1377.21亿元，增长33.27%，占新区社会服务业总量的4成以上。其中：商务服务业661.14亿元，增长51.2%。

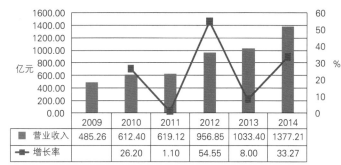

陆家嘴历年服务业营业收入及增长率

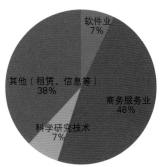

2014年服务业营业收入比重

三、利润总额小幅上扬

受国内经济放缓，商务成本和人力成本上升等因素影响，陆家嘴金融贸易区社会服务业利润总额小幅上扬，全年实现利润总额222.59亿元，仅增长5.03%，其中：商务服务业97.56亿元，下降12.79%。

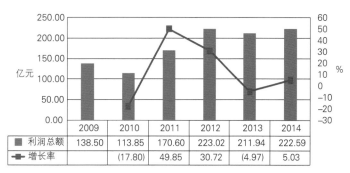

陆家嘴历年服务业利润总额及增长率

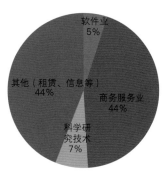

2014年服务业利润总额比重

四、缴纳税收大幅下降

营业税改征增值税的试点自2012年1月起在上海实行，区域内的社会服务业企业纳税结构也发生了变化，2014年共缴纳税收43.76亿元，下降35.06％。

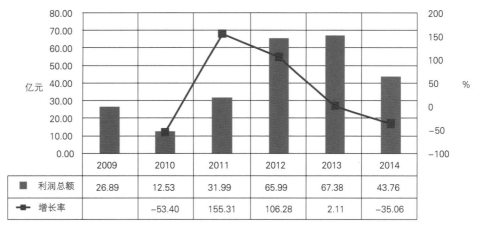

	2009	2010	2011	2012	2013	2014
■ 利润总额	26.89	12.53	31.99	65.99	67.38	43.76
━■━ 增长率		−53.40	155.31	106.28	2.11	−35.06

陆家嘴历年应交税收及增长率

五、人力成本继续上涨

截至2014年年底，陆家嘴金融贸易区规模以上社会服务业共吸纳就业16.53万人，全年支付职工薪酬298.44亿元，增长24.3％。其中：租赁业支付17.15亿元，增长21.3％；软件和信息技术服务业49.11亿元，增长22％；会展业支付1.22亿元，增长23.6％；交通运输邮政仓储业支付17.96亿元，增长24％。

第三节 部分重点服务行业发展情况

一、法律服务业

据第二次经济普查统计，在陆家嘴金融贸易区注册的法律服务业（法人单位）达到121家，从业人数2595名，分别占上海市律师事务所的18.21％，律师总数的23.73％。2014年陆家嘴金融贸易区法律服务业总资产10.14亿元，营业收入18.32亿元，利润总额8.36亿元。

除传统业务领域之外，律师还在企业上市、并购重组、跨国贸易、金融资本、外商投资、海事海商、知识产权等高端业务中发挥了重要作用。同时，受经济发展转型、结构调整影响，政府和企业更加注重经济增长质量，新兴技术领域成为拉动经济增长的重要力量，知识产权成为浦东律师业增长的重要贡献点。

自1992年由留美法学硕士段祺华组建的全国第一家归国留学人员律师事务所在陆家嘴成立后，律师事务所管理模式不断创新。目前，仅有的2家特殊的普通合伙制律师事务所均在陆家嘴。锦天城、协力两所率先探索，改制为特殊的普通合伙制律师事务所。特殊的普通合伙制律师事务所对合伙人人数

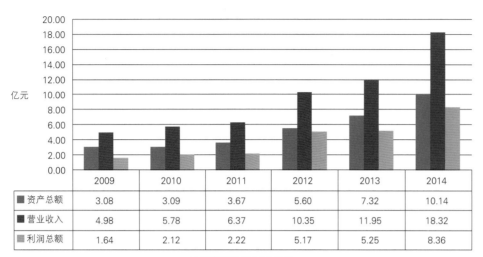

	2009	2010	2011	2012	2013	2014
■ 资产总额	3.08	3.09	3.67	5.60	7.32	10.14
■ 营业收入	4.98	5.78	6.37	10.35	11.95	18.32
■ 利润总额	1.64	2.12	2.22	5.17	5.25	8.36

陆家嘴历年法律服务业数据

和资产规模等均有较高的要求，并对合伙人风险责任范围也作出了明确规定。这对提升律师事务所的规范管理水平和规模化发展都起到积极的促进作用，为业内体制模式创新提供了参考范本。

二、咨询与调查服务业（含会计、审计及税务服务）

据第二次经济普查统计，在陆家嘴金融贸易区注册的咨询与调查服务业（法人单位）达到1217家，从业人数17589名，2014年陆家嘴金融贸易区咨询与调查服务业总资产147.91亿元，营业收入142.26亿元，利润总额17.70亿元。

咨询与调查业的大企业拉动作用明显。其中，会计服务业是咨询与调查服务业的重要组成部分，据不完全统计，在陆家嘴的会计师事务所有42家，约占上海市的13.1%。全球著名会计师事务所安永于2010年8月16日迁入上海浦东新区上海环球金融中心，总面积共约30000平方米，将原先位于上海3个不同地点的2500多名员工集中到了一起，成为首家把地区总部落户在浦东新区的国际会计师事务所。安永亚太远东总部也正式落户在此。

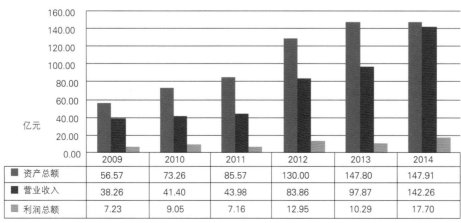

	2009	2010	2011	2012	2013	2014
■ 资产总额	56.57	73.26	85.57	130.00	147.80	147.91
■ 营业收入	38.26	41.40	43.98	83.86	97.87	142.26
■ 利润总额	7.23	9.05	7.16	12.95	10.29	17.70

陆家嘴历年咨询与调查服务业数据

三、企业管理服务业

企业管理服务业收入占陆家嘴金融贸易区社会服务业收入近3成，此行业内聚集了知名品牌投资管理公司，如六洲酒店管理（上海）有限公司，该公司是由最大的国际性酒店管理公司即洲际酒店集团投资1300万美元建立的，主要管理在大中华地区六个品牌的酒店；普洛斯投资管理（中国）有限公司是亚洲最大的工业和物流设施提供商和服务商，在38个市场拥有并管理着数十亿美元的资产，在中国25个主要城市投资、建设并管理着85个物流区。这些投资管理公司都看好投资领域前景。

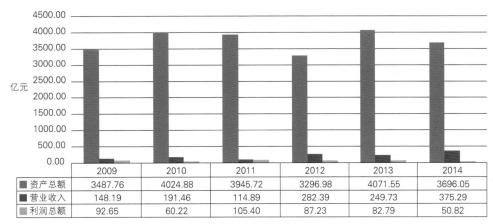

	2009	2010	2011	2012	2013	2014
■ 资产总额	3487.76	4024.88	3945.72	3296.98	4071.55	3696.05
■ 营业收入	148.19	191.46	114.89	282.39	249.73	375.29
■ 利润总额	92.65	60.22	105.40	87.23	82.79	50.82

陆家嘴历年企业管理服务业数据

四、信息传输、计算机服务和软件业

以商务配套齐全为优势的陆家嘴金融贸易区，成为浦东新区信息服务业的两大集聚地之一。2014年，陆家嘴金融贸易区信息传输、计算机服务和软件业总资产计595.14亿元，增长16.3%；全年营业收入359.66亿元，增长6.4%；利润总额64.37亿元，增长5.7%。

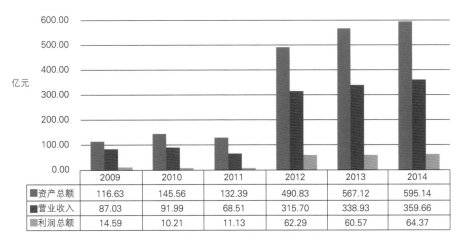

	2009	2010	2011	2012	2013	2014
■ 资产总额	116.63	145.56	132.39	490.83	567.12	595.14
■ 营业收入	87.03	91.99	68.51	315.70	338.93	359.66
■ 利润总额	14.59	10.21	11.13	62.29	60.57	64.37

陆家嘴历年信息传输、计算机服务和软件业数据

五、会展业（详见第九章）

2014年，主要展馆总面积32.57万平方米（含室外10.6万平方米），共举办展览135次，其中国际性展览120次；举办会议2305次，其中跨省市会议188次，国际性会议23次，参与会议人数达到了21.72万人次。

六、旅游业（详见第十章）

旅游业已经成为新区现代服务业中的重要支柱产业之一。据统计，2014年，区内主要景点营业收入达12.29亿元，是2004年的5.67亿元的2.17倍，年均增长7.29%。主要景点接待人次达2046.8万人次，是2004年1278.48万人次的1.6倍，年均增长4.37%。境外游已成为国人旅游大方向。

第四节 服务业吸引投资

陆家嘴金融贸易区的服务业一直是内、外资投资的主要领域。

2014年，陆家嘴金融贸易区合同外资21.1亿美元，按照金额来看，排前三位的行业为金融业34.91%，商贸31.34%，专业服务业27.66%。

2014年，陆家嘴金融贸易区吸引内资金额717.64亿元，从行业看，主要来自于专业服务业54.54%，金融业29.35%。

行业分布总体情况 表8-1

	房地产	专业服务业	金融业	商贸	信息技术	其他	合计
内资注册资本（万元）	192079.7	3914262.94	2105924	614726.6	89160.14	260253.06	7176406.44
占比（%）	2.68	54.54	29.35	8.57	1.24	3.63	
合同外资（万元）	5230.18	58345.52	73643.85	66106.64	5797.99	1825.97	210950.15
占比（%）	2.48	27.66	34.91	31.34	2.75	0.87	

一、合同外资

金额排前三位的行业依次为：金融业34.91%，商贸31.34%，专业服务业27.66%。

金融业、商贸、专业服务业是合同外资项目的主要来源。排前三位项目总金额约占所有行业合同外资总金额的94%。从业态分布来看，区内的外资招商完全符合浦东新区战略招商的政策导向、功能定位。

从年度变化来看，排前三位的行业依然是专业服务业、金融业和商贸。与2013年相比，排位未发生变化，金融业仍居第一位，但占比从48%下降到35%，专业服务业占比则从16%上涨到28%。

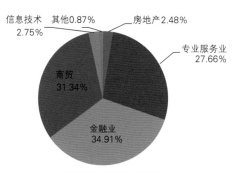

陆家嘴金融贸易区合同外资

二、内资注册资本

根据金额排前三位的行业依次为：专业服务业54.54%，金融业29.35%，商贸8.57%。

与外资相比，内资以专业服务业占主导，专业服务业占比约是外资的2倍，但金融业占比比外资金融业占比低5.6个百分点。

与2013年相比，专业服务业仍占第一位，但占比略有下降。金融业仍居第二位，占比与去年基本一致，资金逐步由专业服务业向金融业转移。

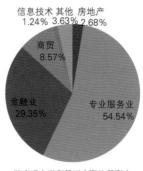

信息技术 其他 房地产
1.24% 3.63% 2.68%
商贸 8.57%
金融业 29.35%
专业服务业 54.54%

陆家嘴金融贸易区内资注册资本

补充资料

陆家嘴软件园

上海陆家嘴软件园由上海陆家嘴金融贸易区开发股份有限公司投资开发，委托上海浦东陆家嘴软件产业发展有限公司（以下称"LSPC"）经营和管理。园区位于浦东新区的中心位置，紧邻世纪大道、浦东新区行政文化中心和竹园商贸区。规划占地面积43万平方米，规划建筑面积约55万平方米。

陆家嘴软件园区成立于2001年9月29日，原为上海浦东软件园的分园之一，于2007年5月升级为"上海市软件产业基地"。截至2014年底，已建成并投入使用的研发办公楼建筑面积达28万平方米，园区内已引进了金融信息服务、软件技术研发、外包、网络游戏等类型企业128家（不含配套企业26家），如：亿贝技术（上海）、大智慧、恒生电子、混沌投资、文思海辉、彭博财经、平安支付、德比软件、银联电子支付、新致软件、民生银行信用卡中心、微汇、上海金银猫金融服务有限公司、赢时胜、贝迪投资管理、欧特克（中国）、华讯网络、富士施乐中国软件研发中心、企安达、现代商友、菱威深信息技术、完美时空、起凡数字、游奇网络、神往等等。园区内从业人数超过30000人。

《浦东新区推进软件和信息服务业高新技术产业化行动方案（2010—1012）》明确："以陆家嘴软件园和上海市金融信息服务产业基地为核心，发展金融信息服务。"由此园区发展定位为金融信息服务产业基地。

1 | 2
1 陆家嘴软件园全景
2 陆家嘴软件园

自2007年市经信委、发改委颁发"上海市软件产业基地"，升级为上海市级产业园区"陆家嘴软件园"后，园区进入了快速发展轨道。

2008年，上海信息化委颁发"软件企业"牌。

2009年，市商务委颁发"上海市软件出口（创新）园区"牌。

2009年，市商务委颁发"上海市陆家嘴信息技术服务外包专业园区"牌。

2010年，上海市开发区协会、上海市商标协会、上海品牌推选工作办公室颁发"上海市品牌园区"牌。

2011年，市经信委颁发"上海市信息服务产业基地"牌。

2011年，获得先进职工之家、工人先锋号等称号。

2012年，复评"上海市品牌园区"。

2013年，获"上海市创意产业园区"称号。

2014年，市经信委专项"陆家嘴软件园产业信息智能化展示、云计算服务示范推广平台"牌。

2014年，园区企业销售收入达398.3亿元，比上年增加40亿元，增长幅度为12.58%；上缴税收86.6亿元，比上年增加6.7亿元，增长幅度达8.3%。软件出口额稳定增长，达到2.3亿元。

2009~2014年6年间，园区企业销售收入增长5.19倍，年均增长31.56%；上缴税收增长28.03倍，年均增长74.28%。

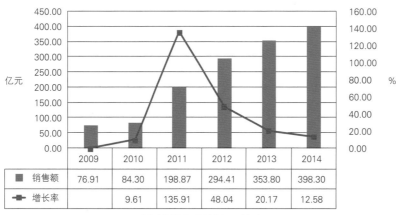

	2009	2010	2011	2012	2013	2014
■ 销售额	76.91	84.30	198.87	294.41	353.80	398.30
◆ 增长率		9.61	135.91	48.04	20.17	12.58

陆家嘴软件园历年销售额及增长率

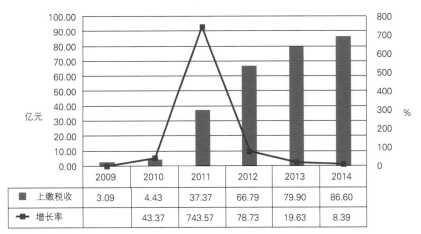

	2009	2010	2011	2012	2013	2014
■ 上缴税收	3.09	4.43	37.37	66.79	79.90	86.60
—■— 增长率		43.37	743.57	78.73	19.63	8.39

陆家嘴软件园历年上缴税收及增长率

2012年园区申报的"陆家嘴软件园产业信息智能化展示、云计算服务示范推广平台", 2013年初步完成了项目实施和试运行, 2014年5月份完成了项目验收。目前由此信息化系统完成的各楼宇电子屏系统, 在园区公共信息的发布, 园区企业和配套服务单位的信息发布上, 发挥着越来越大的作用。

2013年下半年, 园区成功入围"上海市创意产业园区", 并通过了上海市商务委"上海市软件出口(创新)园区"的复评工作, 为陆家嘴软件园的发展打下了良好的基础。

充分发挥培训中心的作用, 为园区企业提供会议和培训场所, 解决了企业人员培训和大型会议的困难。2014年为园区企业提供各种培训160场次, 培训人员2000人次。

休闲中心为园区企业提供良好健康的体育活动场所, 2014年羽毛球馆新增了射箭、桌球、瑜伽等新的经营内容, 并对羽毛球馆进行重新装修涂刷, 大大提升了人气和吸引力。中厅部分继续作为乒乓球场地向园区企业员工开放, 中厅收入的80%来自企业为员工预定场次, 体现了企业对员工的关心和关怀, 通过这个平台, 创造了员工之间沟通和交流机会, 提升了园区的凝聚力, 受到大家的好评。该场所还曾多次开展大型园区公共服务活动, 充分发挥了园区的社会效益。

近几年来随着陆家嘴软件园规模扩大, 园区内配套企业的增多, 园区内的商业配套设施也得到了极大的丰富和提升, 园区消费卡的规模也越来越大, 致使原有的消费卡管理模式不能再满足客户的需要, 同时使公司的管理风险增大。在此情况下, 2013年下半年引进了索迪斯卡, 目前2个系统的交接已基本完成, 各商户平稳过渡。现索迪斯卡签约客户稳步上升, 使用顺利。

积极发挥社区联动, 积极推进与塘桥街道的合作, 开展园区精神文明建设。组织园区志愿者服务队伍, 开展各项学雷锋, 做好事活动; 利用园区资源成立了3个俱乐部(羽毛球、乒乓球、瑜伽), 每个俱乐部每周开展2~3次活动, 参加人员100多人; 利用联合工会的平台, 多渠道拓宽园区企业的沟通平台, 极大地拓宽了园区活动的范围和规模, 吸引了越来越多的园区年轻人积极参与; 推进陆家嘴软件园卫生院的工作, 建立员工健康管理档案, 解决看病难问题。

第九章

会议展览

第一节 陆家嘴会展业发展综述

会展业是陆家嘴金融贸易区经济发展的重要增长点，会展业的发展与城市经济，特别是第三产业的发展存在显著的高依存度和关联倍增效应，并能有效带动城市对周边地区的辐射和影响力。上海加快"四个中心"建设，突出服务经济、现代服务业发展的产业结构调整的新形式，同时，国际金融、国际贸易、现代物流、高科技以及旅游业与会展业之间形成的产业链关系。

自2001年开始，陆家嘴金融贸易区经历了浦东会展业迅速发展带来的辉煌，已成为上海国际国内商务活动最为频繁的区域之一，很多上海乃至国家级重大活动在这里举办，诸如财富500强会议、APEC会议、上海合作组织峰会、世博会开幕活动等等，已经初步形成了陆家嘴国际会议中心会议增长极与新国际博览中心展览增长极，成为上海会展业发展的核心功能区。目前陆家嘴已成为上海会展产业发展的领先区域，展览总面积不仅占浦东新区的八成左右，展览的市场占有率，近几年一直保持着上海市场60%左右的市场份额。

目前，陆家嘴有2家主要的大型会议场馆：上海国际会议中心和上海科技馆，另外还有34家三星级及以上酒店，都拥有可对外出租的会议厅。

1 ──
2 │ 3

1 上海国际会议中心
2 新国际博览中心
3 上海科技馆

1. 展会数量和展览面积增长迅速，国际性展会占比提高

自有完整的统计数据起，2006年陆家嘴金融贸易区共举办展览90次，其中国际性展览72次，展出总面积为300.77万平方米；到2014年，陆家嘴金融贸易区共举办展览135次，其中国际性展览120次，展出总面积642.09万平方米，展览规模进一步扩大，国际化程度进一步提高，达到90%左右。

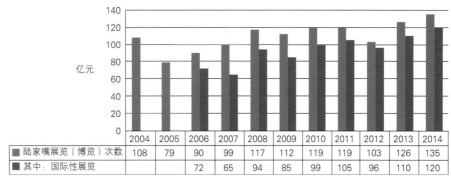

	2004	2005	2006	2007	2008	2009	2010	2011	2012	2013	2014
■ 陆家嘴展览（博览）次数	108	79	90	99	117	112	119	119	103	126	135
■ 其中：国际性展览			72	65	94	85	99	105	96	110	120

陆家嘴历年展览（博览）举办次数

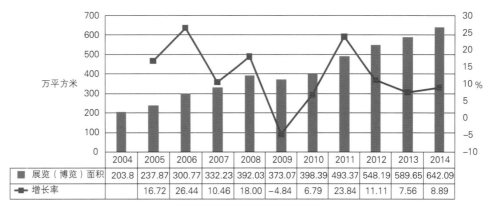

	2004	2005	2006	2007	2008	2009	2010	2011	2012	2013	2014
■ 展览（博览）面积	203.8	237.87	300.77	332.23	392.03	373.07	398.39	493.37	548.19	589.65	642.09
■ 增长率		16.72	26.44	10.46	18.00	−4.84	6.79	23.84	11.11	7.56	8.89

陆家嘴历年展览（博览）面积及增长率

2. 场馆设施完备，面积大幅增加

2012年，上海新国际博览中心全部17个展馆全面建成，为陆家嘴展览业发展提供了完备的现代化先进场馆设施。截至2014年底，陆家嘴可利用的展览场馆面积32.57万平方米，其中室内展馆面积为21.97万平方米，室外展览面积为10.6万平方米（表9-1）。

陆家嘴的会展场馆除了扩展迅速的特点外，每个展馆都有功能性的特点，即不同类型的展会活动可选择与其匹配的场地。上海新国际博览中心承接展览数量最高，使用频率也最高，30万平方米的总展览面积在中国屈指可数。

2014年陆家嘴展览场地一览表   表9-1

场馆名称	发展定位	室内展览面积（平方米）	室外展览面积（平方米）	合计（平方米）
上海新国际博览中心	国际大中规模专业化品牌展	200000	100000	300000
浦东展览馆	小型综合精品展	9000		9000

续表

场馆名称	发展定位	室内展览面积（平方米）	室外展览面积（平方米）	合计（平方米）
上海国际会议中心	小型综合精品展	2726		2726
上海科技馆	科普教育展览	8000	6000	14000
合计		219726	106000	325726

3. 品牌展会提升规模层次

通过加大展会宣传、开展海外招商、提高会展服务质量等方式加大招商力度，一批新的国家级、国际化、品牌化展会纷纷落户，包括中国华东进出口商品交易会、上海国际汽车工业展览会、中国国际太阳能和光伏技术展、亚洲移动通信博览会、中国国际数码互动娱乐展览会、中国国际家具展览会、中国国际工业博览会等。虽然陆家嘴会展数量在全市占比并不高，但国际展占比和展览面积占比都很高，超过了全市的一半。

4. 会议发展相对缓慢

总体来看，陆家嘴金融贸易区会展业存在重展览轻会议的现象，会议发展相对缓慢。在过去的11年中，会议次数从2004年的1184次增加到2014年的2305次，增加94.68%，年均增长6.24%；参会人数从2004年的13.51万人次增加到2014年的21.72万人次，增加60.77%，年均增长4.41%。

相对展览而言，会议设施需求的分散度相对较高，建成的会展中心内会议设施配置相对偏低，会议业务尚没有发挥带动展览或与展览实现有效联动。如目前上海会展业的"龙头老大"——新国际博览中心的非展览业务占展出总面积比例仅为0.3%左右。

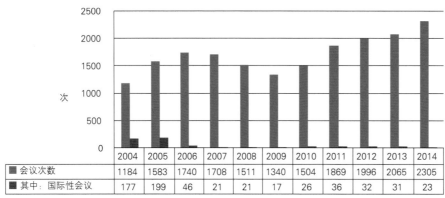

	2004	2005	2006	2007	2008	2009	2010	2011	2012	2013	2014
■ 会议次数	1184	1583	1740	1708	1511	1340	1504	1869	1996	2065	2305
■ 其中：国际性会议	177	199	46	21	21	17	26	36	32	31	23

陆家嘴历年举办会议次数

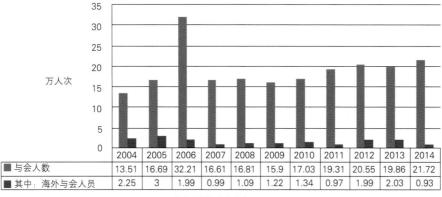

	2004	2005	2006	2007	2008	2009	2010	2011	2012	2013	2014
■ 与会人数	13.51	16.69	32.21	16.61	16.81	15.9	17.03	19.31	20.55	19.86	21.72
■ 其中：海外与会人员	2.25	3	1.99	0.99	1.09	1.22	1.34	0.97	1.99	2.03	0.93

陆家嘴历年与会人次

第二节　2014年会展业发展报告

2014年，陆家嘴金融贸易区会展业在加强协调配套服务上狠下工夫，各项业务加速发展，展览规模和会议次数均再创历史新高。

一、会议

陆家嘴金融贸易区2014年共举办2305次，其中跨省市会议188次，国际性会议❶23次，分别增长11.62%、−19.66%和−25.81%，全年与会人数约21.72万人次，其中海外与会人数0.93万人次，分别增长9.34%和−53.99%。

500人以上较有代表性的会议有：新城控股2014年商业年会、上海市浙江商会第九次会员大会暨2014"全球经济新常态与企业发展之道"高峰论坛、2014克缇（中国）年度表彰大会、第二届东方烧伤与整形美容医学大会、2014东方检验医学学术会议、2014陆家嘴文化氛围营造系列活动、第七届上海市医院管理学术会议、第一财经2014中国最佳商业领袖奖颁奖典礼、中国企业家（上海）高峰论坛等。

二、展览

陆家嘴金融贸易区2014年共举办展览135次，其中国际性展览120次，分别增长7.14%和9.09%，均占浦东新区的60%左右；全年展览（博览）面积642.09万平方米，观众人数约453万人，分别增长8.89%和−1.95%，均占浦东新区的70%左右。

2014年期间举办的重大品牌国际展览有：中国国际橡胶技术展/第八届亚洲艾森轮胎展、第九届上海国际石油石化天然气技术设备展览会、2014上海国际地坪工业展览会、2014上海国际汽车零配件、维修检测诊断设备及服务用品展、中国婚博会、中国国际节能与新能源汽车技术装备展览会、上海国际清洁能源与电力展览会等。

第三节　会展业"十二五"发展目标

一、发展目标

根据2012年3月28日发布的《浦东新区会展产业发展"十二五"规划》，浦东新区会展业的战略目标是：

1. 浦东新区展览产业的战略目标

未来10年浦东新区的展览产业发展的战略目标为：将浦东新区打造成为中国领航、亚太领先、世

---

❶ 国际会议标准：①与会人士至少在4个国家以上；②人数在300人以上；③国外人士占与会人数40%以上；④会期3天以上。以上4个条件均符合才可列入国际会议。

界一流的展览中心城市的核心区域，成为国际展览大区、展览强区。预计到2015年浦东新区年举办展览次数达到220次，展览总面积达到820万平方米，参展商数达到15万个，展览业直接产出为41亿元，带动系数将达到1∶9.3。

近期目标（2~3年）——成为中国展览产业的领航区域。确立国内三大展览中心城市领航的地位，着重办好有国际性影响力的大型展览。

中期目标（3~5年）——成为亚太地区展览产业的领先区域。基本完成具有世界一流水平的展馆设施建设，展馆面积位居亚洲领先地位，拥有一批有国际性影响力的大型品牌展览。

远期目标（5~10年）——世界级展览中心城市核心区域。浦东新区展览业与国际行业巨头普遍建立业务合作关系，形成一批具有全球性影响的知名品牌展览。

2. 浦东新区会议产业的战略目标

未来10年浦东新区会议产业的发展战略目标为：将浦东新区打造成中国一流，亚太领先，世界有影响力的会议中心城市的核心区域。到2015年浦东新区的会议数量（是指参会人数达50人以上的非内部会议或论坛数量）预计达到2万次，与会人数预计达到210万，重点培育3~4个国际知名会议（论坛）。

近期目标（2~3年）——成为中国领先的会议地区。在会议场馆设施、面积、规模上居于中国首列。

中期目标（3~5年）——成为亚太地区领先的会议地区。进一步促使会议产业专业化，加强浦东新区与亚洲会议产业城市之间的联系与合作。

远期目标（5~10年）——跻身国际会议之都前列。成为国际性会议在中国的最主要的举办地，加强与国际会议产业城市的合作。

二、陆家嘴会展业的机遇与挑战

为达到这个目标，存在着机遇与挑战。

1. 机遇

（1）培养了一批具有一定世界知名度的国际展会。2011年的世界商展百强榜单中，中国入围13席，陆家嘴占据7席（全部在新国博举办）。2012年，经国际展览联盟（UFI）认证的品牌展会，中国为64个，上海为22个。

（2）上海"四个中心"和迪斯尼建设的拉动作用。"四个中心"建设，势必加速金融、贸易、航运等机构进一步集聚，经济活动总量也将保持快速稳定上升。上海迪斯尼将于2015年底开园，千万人次水平的客流，旅游、会展的联动效应，将大大刺激会展业的发展，这对于对会展业的拉动效应将十分明显。

（3）总部经济、互联网技术与电子商务为会展业带来新变化。上海总部经济进入"千时代"，跨国公司的会议需求，如研讨会、公司年会、新品发布会、经销商会议等相当可观。互联网技术的发展，成为推动会展业发展的技术手段，帮助企业和参观者实现线上预览和预约登记。以阿里巴巴、慧聪网、环球资源、中国制造网等电子商务巨头均考虑涉足线下展览、买家见面会和认证服务等，反而促进了实体会展业的进一步发展。

2. 挑战

（1）虹桥国家会展项目的竞争影响。虹桥国家会展综合体室内展览面积将达50万平方米，超过现在上海存量45万平方米。2015年建成后，在缓解上海会展场馆压力的同时，也势必会通过转移效应，对陆家嘴形成一定的竞争态势，特别是可能影响到上海新国际博览中心举办国际性大型展览的地位。

（2）缺乏本土世界级展览企业，无法有效参与世界竞争。东浩集团作为上海本土实力最强的展览企业，还未列入亚洲十强，远不能与国际性知名展览公司例如德国汉诺威展览公司、法兰克福展览公司和新加坡励展公司等相比。同时，会展专业人才特别是高端的复合型人才相对匮乏。

（3）参观者和参展商国际化程度不够，世界影响力有限。陆家嘴会展参观者比例构成来看，20%~25%为上海本地参观者，60%~70%为非上海本地观众，境外参观者比例仅5%~10%，参展商构成情况也基本类似。

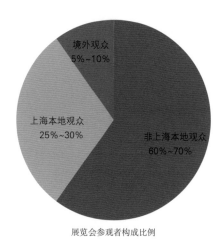

展览会参观者构成比例

第四节　重点介绍：上海新国际博览中心

一、项目背景及发展历史

1. 选址

早在1984年，前上海市市长汪道涵同志曾组织专家对上海举办世博会进行研究和策划，当时专家一致选定浦东花木地区为最佳馆址。1986年，由党中央、国务院批准的《上海市城市总体规划方案》中，对浦东也提出了开发博览会和新市镇的要求。1991年，市规划院制定的《浦东新区总体规划》中，在花木地区贴近内环线处规划了1平方公里的国际博览区。1992年，时任市府秘书长余永梁为解决华交会场地，向黄奇帆［原上海市浦东新区管委会副主任、上海浦东土地发展（控股）公司监事长］同志口头提出在浦东建展馆，随后该项目列入了1993年土控公司的工作计划。同年，根据当时的市长黄菊同志的指示，市计委起草了《关于上海举办1999年世界博览会的设想》，其中有关世博会的选址再一次明确放在浦东花木地区，因此土控公司在浦东建设展馆在8月取得市政府和浦东新区管委会的立项批准。同时为支持在浦东建展馆项目，市政府决定停建虹桥地区的一个10万平方米新展馆，此举对兴建浦东展馆起到决定性作用。

上海新国际博览中心选址东靠罗山路，南临龙阳路，西至芳甸路，北邻花木路，规划总用地面积83.31公顷。根据国际现代会展中心的产业分工和功能布置要求，整个展览中心被规划为一个"城"的概念，集展览馆、会议场所、商务中心、银行、邮电、运输、报关、广告、餐饮等各种服务与辅助设施于一体，其核心区域为展览区，包括17个展馆，3个入口广场和入口大厅以及室外展场，展览面积达

300000平方米（其中室内200000平方米，室外100000平方米）。

2. 筹建

1993年底，浦东土控公司正式启动展馆项目的开发，完成了立项、可行性方案审批、规划许可及征地、动拆迁等前期准备工作，并完成了全部设计和施工图纸。后由于虹桥世贸商城的外商提出投资保护，市领导也曾作出批示意见，为此新区政府要求将展馆的筹建工作暂时停顿下来。

在筹建期间，世界上许多大型展览公司对浦东兴建展馆表示了浓厚的兴趣。国际著名的德国汉诺威博览会股份公司最先与土控公司进行了接触，并于1996年10月访问土控公司时提出愿同其他德国投资者进行合作，共同投资浦东展馆项目的意向。1997年4月，德国总理施罗德邀请浦东新区管委会张耀伦副主任、土控公司总经理陈敏出席汉诺威博览会开幕式，在此期间土控公司与汉诺威国际展览公司签署了合作意向书。在市和新区政府对浦东展馆项目的关心和支持下，除汉诺威公司外，慕尼黑展览有限公司和杜塞尔多夫展览公司两家德国公司表示有意向加入浦东展馆项目的投资，从而形成"二国四方"的合作投资形式。中德双方确定成立中德合资上海新国际博览中心有限公司（"上海新国际博览中心"），合作开发展馆项目。

在上海新国际博览中心项目的前期筹备、谈判及随后的建设中，浦东新区历任领导赵启正、周禹鹏、胡炜、张耀伦等同志都直接关心、指导，并参与了项目的具体谈判。

1998年，原外经贸部批准了《合资合同》以及《批准证书》（文号No.0526432），同年市政府正式批准成立合资公司，1999年中德投资方共同订立合资合同，并于2001年底前正式完成了一期W1-W4馆的建设并投入商业运营。上海新国际博览中心成立之时总投资9900万美元（8.2亿元人民币），注册资本6650万美元（5.5亿元人民币），中德双方出资比例各占50%（2.75亿元人民币），合作期限50年。其中，土控公司对项目一期投入17万平方米土地使用权，以每平方米土地100美元折价入股，合1.41亿元人民币，现金投入1.34亿元人民币；德方以现金投入2.75亿元人民币；注册资金与投资总额的差额通过合资公司向国内外金融市场筹集资金。

根据浦东新区的规划，土控公司与陆家嘴公司分拆，于是土控公司于2005年将其持有的上海新国际博览中心股份转让给了陆家嘴集团。经过十余年的发展，上海新国际博览中心总投资和注册资本随着扩建项目的不断实现已分别达到约40亿元人民币及1.25亿美元，中德双方出资比例仍各为50%，注册资金与投资总额的差额通过国内银团及中方股东提供贷款筹措资金。

对于项目的建设，上海新国际博览中心中德股东根据详尽的可行性研究和市场需求分析作出了分期建设的决定，并分别于2001年完成了一期W1-W4馆的建设，2002年完成二期W5馆的建设，2004年建成三期E1-E2馆，2006年建成四期E3-E4馆，2007年完成五期E5-E6馆的建设，2010年完成六至八期建设（包括E7、N5馆、P1、P2停车库和3号入口厅），并最终于2012年初完成了九至十二期N1-N4馆的建设，至此所有17个展馆和10万平方米室外展场全部建成，并于2012年2月15日举行场馆全面落成典礼。

二、运营模式及经营状况

上海新国际博览中心是中德合资企业，中德双方各占50%股份。中方投资者为上海陆家嘴（集团）有限公司，德方投资者德国展览集团国际有限公司是由德国三大展览巨头——德国汉诺威展览公司、德国杜塞尔多夫展览公司、德国慕尼黑展览有限公司共同出资组成的。合资双方都具有政府投资的背景。

上海新国际博览中心所在地块从当初的一片杂草丛生的荒地建设成如今17个室内展馆、约30万平方米的室内外展览面积，展厅的设计追求简洁、清晰高效，每个展厅均为无柱式，面积约为11.547平方米，并配有完善的电力、通信、给排水、压缩空气、空调、通风、灵活性分隔、办公会议室等各种基础设施。

上海新国际博览中心"边建设、边经营"的运营模式前后历经了12年，此前，股东双方都是将利润所得用于项目的再投资。如今公司已进入稳步经营期，股东双方开始进入利润分配阶段。

上海新国际博览中心的运营摒弃了国内场馆普遍采用的各类服务由场馆自营的模式，展会的搭建、运输、广告等由主办方自主决定管理，场馆的保安保洁、停车场、展览设施施工、设备维修保养等通过市场竞争选择合适承包商外包经营，从而给上下游产业链创造了众多就业岗位和商业机会，此举既符合WTO公平竞争原则，也为上海展览业市场的健康成长贡献了力量。

从正式投入运营到目前，上海新国际博览中心已经承接了800多个展览和会议，展馆使用率、周转率在业内排名全球第一。从规模来说，上海新国际博览中心是亚洲第二大的会展中心（仅次于广州琶洲展馆），但是从经营的角度来说，新国博算是全世界最有成就的会展中心之一。如今，根据行业协会的统计数据，上海新国际博览中心的经济拉动系数约为1∶9.2，即上海新国际博览中心每赚1美元，将拉动周边餐饮、酒店、交通、娱乐、购物等产业赚9.2美元，例如周边嘉里中心酒店和卓美亚喜马拉雅酒店在展会期间一房难求就是个例证。此外，上海新国际博览中心的市场份额占全上海国际展会的市场份额约为60%左右（此类展会为获得政府批文的大型展会，中小型展销会不在统计之列）。此外，例如2014年的展馆使用率和周转率分别达到了62%（按300天计算）和32%，均高于国际行业平均水平（德国约为30%和16%）。

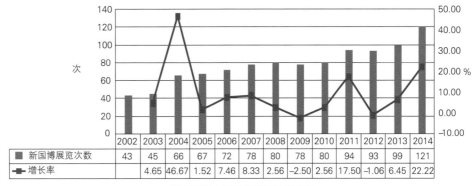

	2002	2003	2004	2005	2006	2007	2008	2009	2010	2011	2012	2013	2014
新国博展览次数	43	45	66	67	72	78	80	78	80	94	93	99	121
增长率		4.65	46.67	1.52	7.46	8.33	2.56	-2.50	2.56	17.50	-1.06	6.45	22.22

新国际博览中心历年展览次数及增长率

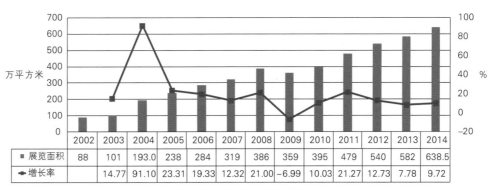

	2002	2003	2004	2005	2006	2007	2008	2009	2010	2011	2012	2013	2014
展览面积	88	101	193.0	238	284	319	386	359	395	479	540	582	638.5
增长率		14.77	91.10	23.31	19.33	12.32	21.00	-6.99	10.03	21.27	12.73	7.78	9.72

新国际博览中心历年展览面积及增长率

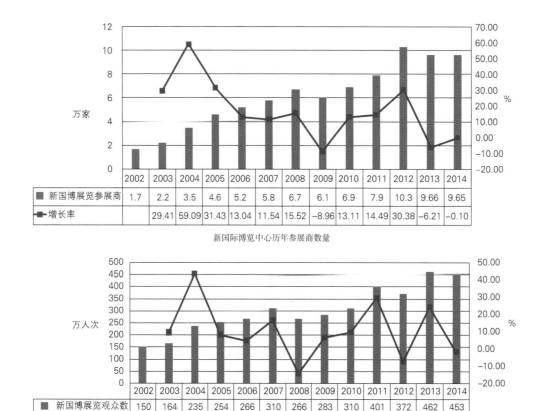

	2002	2003	2004	2005	2006	2007	2008	2009	2010	2011	2012	2013	2014
■ 新国博展览参展商	1.7	2.2	3.5	4.6	5.2	5.8	6.7	6.1	6.9	7.9	10.3	9.66	9.65
—■— 增长率		29.41	59.09	31.43	13.04	11.54	15.52	-8.96	13.11	14.49	30.38	-6.21	-0.10

新国际博览中心历年参展商数量

	2002	2003	2004	2005	2006	2007	2008	2009	2010	2011	2012	2013	2014
■ 新国博展览观众数	150	164	235	254	266	310	266	283	310	401	372	462	453
—■— 增长率		9.33	43.29	8.09	4.72	16.54	-14.19	6.39	9.54	29.35	-7.23	24.19	-1.95

新国际博览中心历年观众人次及增长率

三、对新国博的评价

上海新国际博览中心作为亚洲第二大会展中心，经济效益、社会效益均堪比世界上最好的会展中心。从2002年营业至今的13年里，各项业务指标均呈现出了稳步的增长态势。展馆数量从最初的5个增长到2012年的17个，举办展会的数量最初的年均43场到2014年的121场，展商数量和观众数量分别从最初的年均1.7万人次到最高峰的9.65万人次和150万人次到最高峰的453万人次；展览销售面积从最初的年均88万平方米到638.55万平方米。市场占有率近几年一直保持着上海市场60％左右的市场份额。

展会的行业分布包括电子信息、汽车汽配、机械设备、印刷包装、纺织面料、建材卫浴、食品酒店，以及华交会、工博会、汽车展、德国慕尼黑工程机械展等行业重要的各类展会。由于场馆使用率多年来保持在60％以上，令世界称奇，上海新国际博览中心被业内誉为"全世界最繁忙的展览中心"。

新国博13年运营取得了公认的巨大成就，其成功经验是战略层面和战术层面的精妙组合，战略层面包括市场把握能力与中德合作模式，战术层面包括分期建设、滚动开发和设计合理、运营经济。

成功经验一：市场把握能力。

2002年，新国博正式投入市场运营，恰逢上海会展业实现爆发式增长的一年，此后10年是上海会展业黄金发展期，新国博在10年间一直保持了上海会展业第一展馆的领先地位，展出面积年均增速近20％，与上海会展业实现了共同繁荣。

成功经验二：中德合作模式。

（1）合理的股权关系。3家德方股东股权三分天下，形成稳固的"金三角"德国展览公司与陆家嘴展览公司开创50%：50%合作先例，同时双方分工明确，德方主要负责展会运营，引入国际展会客户资源，中方（陆家嘴公司）主要负责现场服务与管理。

（2）两份重要文件。《中德双方合资经营合同》约定经营期约定为50年，确保双方合作关系稳定，同时共享德国股东方资源，特别是引入国际展会24个，推动了上海会展业规模做大和展会国际化水平提升。《上海市政府对新国博发展的两点承诺》：第一，在满足市场需求的前提下不再新建展馆；第二，对德方展会实行"前三后三"的展题保护，为新国博发展创造了良好的政府管控环境。

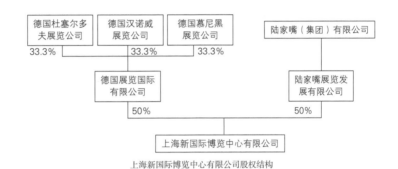

上海新国际博览中心有限公司股权结构

成功经验三：分期建设、滚动开发。

新国博是"一次规划，分期实施"的经典案例。前后历时13年的开发建设，完成全部17个展馆和配套设施建设，充分贯彻"边建设、边培育"的开发理念，合理控制了项目投资风险，财务费用最小化，同时保证展馆利用率，逐步做大市场规模，降低了中德双方磨合风险。

成功经验四：设计合理、运营经济。

德国股东方作为拥有长期展会运营的国际性知名展览公司，熟知展馆设计的各项要求，对新国博设计进行"量身定做"，展馆高度、空间、建筑用材、附属入口厅、卸货区、停车位充分考虑了运营要

全世界最繁忙的展览中心
——上海新国际博览中心

求，体现了"简单、实用、科学、经济"的宗旨，17个展馆围合呈三角形，馆际之间距离最短，室外场地位于场馆之间，室外展馆同样拥有类似"室内展馆"的氛围，主办单位、展商、搭建商、物流企业、政府主管部门与行业协会一致推崇上海新国际博览中心为"国内最好使用的展馆"。

- 总规划用地面积：77.42平方公里；总规划建筑面积：39.81万平方米；
- 总规划停车位：5070小车+150大客车

（注：以上规划指标不含已由KCP开发的A-04地块）

上海新国际博览中心调整规划修订总平面图

上海新国际博览中心组图

第十章

旅游休闲

第一节　陆家嘴金融贸易区旅游发展概述

陆家嘴金融贸易区的旅游发展历史其实就代表了浦东新区旅游发展的简史。

陆家嘴金融贸易区的旅游发展经历了城市建设的伴生发展阶段（20世纪90年代初至2001年左右）、不同产业的融合发展阶段（2001~2010年左右），逐步进入到了转型提升阶段（约始于2010年）。25年的开发建设，陆家嘴金融贸易区已成为上海"四个中心"的核心区，同时也形成了以都市旅游为特色的旅游目的地，成了上海建设世界著名旅游城市的主要承载区域之一。

陆家嘴旅游的发展历史是一部"无心插柳柳成荫"的历史。最初没有规划旅游功能，但伴生出占据上海半壁江山的旅游产品，2016年初又将新增地标"上海中心"项目，届时陆家嘴旅游将更加增添魅力，吸引游客无数。时至今日，陆家嘴旅游已经具有了一定的底气，参照中国香港、新加坡、纽约、伦敦等世界金融中心城市的发展，假以更多用心规划与实践，一定会迎来更加璀璨美好的明天！

1	2	3
4	5	6
7	8	9

1　1998年上海旅游节开幕式　　　4　国际城道汽车赛　　　7　金茂滑翔（二）
2　上海旅游节——千人单骑游浦东　5　走钢丝表演　　　　　8　千人长跑
3　F1摩托艇赛　　　　　　　　　6　金茂滑翔（一）　　　9　东方明珠登高活力跑开场（沈平允　摄）

一、25年的开发开放收获了丰硕的旅游成果

20世纪90年代初，浦东新区陆家嘴地区仅有2家一、二星级标准的宾馆，合计不到200间客房；几乎没有真正意义上供游人参观的景点。但是25年后的今天，陆家嘴地区拥有近200家旅游饭店，其中高星级标准宾馆34家，客房总数约为20000间；拥有了9家旅游景点，其中2家为国家5A级景点，4家为国家4A级景点。2014年，陆家嘴地区景点、宾馆接待的游客人数约2000万人次，约占新区全年接待人数70%比重；陆家嘴地区的宾馆与景点的营业收入超过55亿元，约占新区宾馆、景点营业总收入80%比重。2014年，浦东旅游门票收入12.29亿元，约占整个上海市旅游门票收入的半壁江山。25年的开发开放，让陆家嘴地区收获了丰硕的旅游成果。

1. 集聚国际著名的旅游景点

上海仅有的3家5A级景点均坐落于浦东，其中东方明珠电视塔、上海科技馆都位于陆家嘴地区。金茂大厦88层观光厅、海洋水族馆、世纪公园、环球金融中心观光厅是4A级景点。以上景点使得陆家嘴地

节日烟花

区成为上海高等级旅游景点集聚区，也是上海都市旅游最为标志性的地区。尤其是以东方明珠电视塔、金茂大厦88层观光厅、环球金融中心观光厅为代表的"摩天览胜"陆家嘴旅游景区构成了上海最美的天际线，2009年，被市民、游客投票选为"沪上新八景"之一。无论是内容的观赏性与吸引力，项目的维护水平还是推陈出新的能力，以上景点均处于国际高水准景点之列，因而持续吸引着国内外的游客前来游览。比如东方明珠开业至今共接待了超过570位外国首脑以及6000万人次的游客，上海科技馆是世界上规模最大的综合性科技博物馆之一，海洋水族馆的门票无需打折却一如既往地门庭若市。

　　回想20世纪90年代初期，以上景点大部分尚未问世，而"平地起高楼"的城市建设正如火如荼进行。为了挖掘宣传浦东旅游，曾于1997年精选了103幢楼宇资源作为旅游资源编撰成了《浦东楼宇大观》。以当时的眼光看，这些楼宇无论从设计美学、外观造型、建造理念都蕴含着特殊意义，甚至连投资者本身都很有故事，因此均是可供鉴赏的旅游资源。此后又开发出了楼宇扑克牌、明信片等系列旅游宣传品。

1	2	3
4	5	6
7	8	9

1 东方明珠电视塔观光廊（一）　　4 环球金融中心观光廊　　7 世纪公园（二）
2 东方明珠电视塔观光廊（二）　　5 从金茂大厦向外眺望　　8 上海科技馆（一）
3 海洋水族馆　　6 世纪公园（一）　　9 上海科技馆（二）

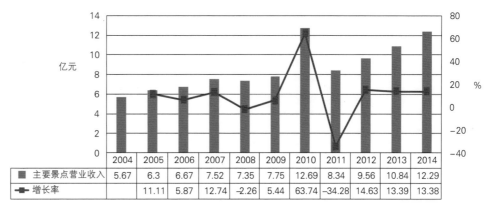

	2004	2005	2006	2007	2008	2009	2010	2011	2012	2013	2014
■ 主要景点营业收入	5.67	6.3	6.67	7.52	7.35	7.75	12.69	8.34	9.56	10.84	12.29
◆ 增长率		11.11	5.87	12.74	-2.26	5.44	63.74	-34.28	14.63	13.39	13.38

陆家嘴历年主要景点营业收入及增长率

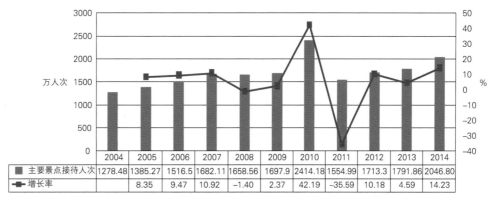

	2004	2005	2006	2007	2008	2009	2010	2011	2012	2013	2014
■ 主要景点接待人次	1278.48	1385.27	1516.5	1682.11	1658.56	1697.9	2414.18	1554.99	1713.3	1791.86	2046.80
◆ 增长率		8.35	9.47	10.92	-1.40	2.37	42.19	-35.59	10.18	4.59	14.23

陆家嘴历年主要景点接待人次及增长率

2. 云集国际著名的品牌酒店

如今的陆家嘴地区是上海市三大酒店集聚区之一。1997年，第一家五星级标准的新亚汤臣大酒店（现为锦江洲际大酒店）在张杨路777号开业，成为当时浦东之一大盛事，极其风光，从此开启了浦东高星级酒店雨后春笋般发展的新篇章。当时一系列重要的接待活动、国际会议都在新亚汤臣大酒店举行。随后，浦东假日酒店、紫金山大酒店、金茂凯悦大酒店（现升级为金茂君悦大酒店）、东方滨江大酒店（国际会议中心）等一大批高星级标准酒店在陆家嘴地区先后开业，直至今日，陆家嘴地区几乎云集了国际上最知名的酒店品牌。

其实，早期建设的很多酒店最初的设计用途是办公，由各省、中央部委响应中央"开发浦东"的号召投资建设，后来投资者根据市场预测部分变更设计，增加了酒店功能。而近年新诞生的丽兹卡尔顿大酒店、四季酒店、文华东方大酒店等则从一开始就按照各自品牌特色进行设计建造。伴随着浦东的高速发展与迅猛崛起，浦东陆家嘴地区成为上海国际国内商务活动最为频繁的区域之一，同时很多上海乃至国家级重大活动也在浦东举办，诸如财富500强会议、APEC会议、上海合作组织峰会、世博会开幕活动等等，浦东的酒店作为接待场所，光荣地参与了许多重大事件与活动的举办，见证了浦东跨越式的发展；同步，浦东的酒店业逐步茁壮成长、成熟，2001年开始又经历了浦东会展业迅速发展带来的辉煌，今后则更将续写浦东旅游不败的传奇！

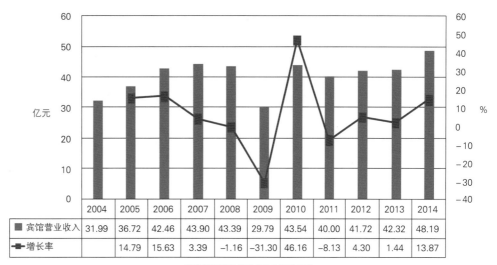

	2004	2005	2006	2007	2008	2009	2010	2011	2012	2013	2014
■ 宾馆营业收入	31.99	36.72	42.46	43.90	43.39	29.79	43.54	40.00	41.72	42.32	48.19
■ 增长率		14.79	15.63	3.39	−1.16	−31.30	46.16	−8.13	4.30	1.44	13.87

陆家嘴历年宾馆营业收入及增长率

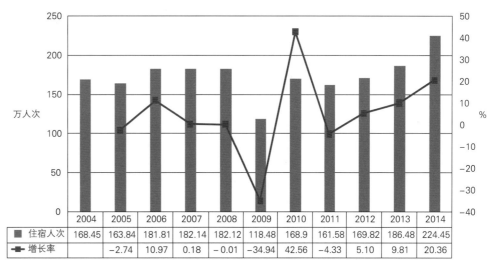

	2004	2005	2006	2007	2008	2009	2010	2011	2012	2013	2014
■ 住宿人次	168.45	163.84	181.81	182.14	182.12	118.48	168.9	161.58	169.82	186.48	224.45
■ 增长率		−2.74	10.97	0.18	−0.01	−34.94	42.56	−4.33	5.10	9.81	20.36

陆家嘴历年宾馆实际住宿人次及增长率

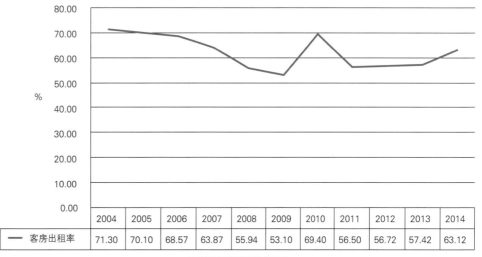

	2004	2005	2006	2007	2008	2009	2010	2011	2012	2013	2014
── 客房出租率	71.30	70.10	68.57	63.87	55.94	53.10	69.40	56.50	56.72	57.42	63.12

陆家嘴历年宾馆客房出租率

左页：

1				
2	3	4	5	6

1 东方滨江大酒店
2 环球金融中心酒店
3 新亚汤臣大酒店
4 香格里拉大酒店
5 紫金山大酒店
6 红塔大酒店

3. 培育出一批具有影响力的品牌节庆

旅游城市一定不能缺的是旅游节庆活动。经过旅游管理部门以及社会各界人士的努力，陆家嘴地区已经形成了一批业内知名的节庆品牌，比如每年举办的有上海国际音乐烟花节、浦东假日酒店慕尼黑啤酒节、上海市民东方明珠元旦登高迎新比赛活动，分别已经成功举办了14届、15届、19届；此外，在陆家嘴地区成功举办过具有较大影响力甚至轰动效应的旅游节庆活动有：千人单骑游浦东、世纪公园风筝节、世纪环球嘉年华、金茂跳伞活动、欧美风情缤纷秀、小丑节、中国国际房车街道赛、滨江大道啤酒节、世纪公园梅花展、滨江大道跨年迎新倒计时活动等。也曾于1997年9月27日在中心绿地举行世界旅游日纪念活动，世界旅游组织秘书长弗朗西斯先生亲临现场，当晚的中心绿地美轮美奂，有小提琴手在水边表演，草坪上燃放起低空烟花，把整个陆家嘴地区辉映得灿烂无比！

在众多节庆活动中，1996上海旅游节与上海国际音乐烟花节对于陆家嘴地区旅游的推动作用尤其意义非凡。

1996上海旅游节的主举办地就是如今的九六广场，九六广场得名源于在此成功举办了1996年的上海旅游节。当时则是一片空地，周围环绕大批在建楼宇，就在这样不可思议的场景下，在尚未建成的高高的楼宇间，架起了钢丝，一个名为科克伦的外国人惊心动魄地完成了高空走钢丝，使节目之夜的浦东"九六广场"成为上亿人瞩目的焦点；开幕式上来自美国的"火箭人"喷出火焰，飞向夜空，给人以无尽的遐想；多姿多彩的激光表演，腾空闪耀的节日礼花，令沉浸在节日之夜的人们心花怒放，

东方明珠新年登高活力跑
活动（沈平允 摄）

这些节目都有在当时令人叹为观止的观赏性。同时，1996上海旅游节还组织了37场次具有较高艺术品位的演出，展示出都市文化的内涵和旅游节浓郁的文化氛围。从9月19日到29日，推出的节目中有8场"音乐晚餐"，国内艺术团体演出的有5场，参加演出的有殷承宗、顾淳等；来自国外的3场音乐会，有澳大利亚阿德莱德交响乐团、法国室内交响乐团和新加坡青年钢琴家林晶演出的节目；戏剧、话剧等节目共5场，有上海的大型历史话剧《商鞅》，有来自北京话剧舞台精品的《冰糖葫芦》。大气、新奇、特别，1996上海旅游节就这样深深地印在上海人脑海中，也打响了浦东旅游的名声，从此再没有一个区敢于接棒举办上海旅游节，也因此浦东新区管委会于1997年正式把浦东新区经贸局的"发展产业处"从此更名为"旅游产业管理处"，还专门设立了旅游产业发展专项资金。1996上海旅游节的LOGO也从那时起作为新区政府的标志延续使用至今。

这次旅游节的举办，对上海及浦东新区具有重要意义，远远超出旅游节本身。它是集中展示一个城市风貌的窗口，旅游节使上海浦东走向世界。浦东是我国改革开放的热土，国内外关注的焦点，当年上海市委、市政府决定把1996上海旅游节的主要场地设在浦东新区，也是意在集中展示浦东开发开放6年的丰硕成果，以进一步让世界了解浦东，让浦东走向世界。浦东新区抓住这次盛会，精心组织探索，尤其在赋予旅游节更多展示浦东开发特色、风采等方面，以深刻的内涵、时代的背景，充分宣传浦东开发带来的每一个变化和成果。如此次旅游节开幕式主会场的选定就匠心独具。建筑是城市发展的音符，陆家嘴地区是上海CBD区的重要组成部分，为了反映浦东开发日新月异的建筑风貌，开幕式选在张杨路东方路这些楼宇中，以这些已经建成或正在建设的楼宇为背景，本身就展示着上海及浦东建设的兴旺发展。当夜幕降临，开幕式主会场华灯齐上，周围8幢风姿典雅的大楼显得晶莹亮丽，高楼顶部射下的光束照亮了1996广场前的舞台，建筑与开幕式舞台组成的现代城市景观，本身就是浦东开发的一个缩影，一首颂歌。

1996上海旅游节的成功举办让浦东旅游声名鹊起，此后，"如何让浦东的旅游更加有声有色？"成为浦东旅游部门一直思考的问题。很显然，举办大型活动是最快捷的路径！渐渐思路聚焦到了燃放烟花：最大原因是烟花的观赏性强，易于激发观众的欢乐情绪；有在中心绿地、东方明珠（庆祝中国香港回归）成功燃放过烟花的经验；机缘巧合又有来自北京的烟花专家赵怡带来"音乐烟花"的全新概念。于是，第一届上海国际音乐烟花节于2000年国庆之际在世纪公园应运而生：璀璨的烟花随着音乐节奏在世纪公园的镜天湖上空绽放、曼妙起舞，新颖、奇妙、梦幻，完全不同于以往的烟花表演，人们的欢呼声一浪高过一浪，显然一炮打响。从此定于每年9月30日、10月3日、10月6日晚上在世纪公园举行上海国际音乐烟花节，每年都邀请不同国家的烟火专业表演队伍参赛，而评委则有著名画家陈逸飞（已故）、著名指挥家曹鹏先生等国内外相关专业的知名人士参与。每场都有近3万观众在公园内观看，还吸引无数观众在公园附近观看。每年音乐烟花节的最后一场也是上海旅游节的闭幕式。这些年每年得到冠名赞助，成为我国少数真正靠市场化运作的节庆活动之一。经过15年的培育，上海国际音乐烟花节已经成为（上海）浦东旅游的一张靓丽的名片。

其实，从20世纪90年代初期开始，陆家嘴就在尝试各种各样的旅游节庆活动。在浦东还是一片大工地时，浦东便参照国际上旅游发达城市的做法，在当时四周包围着建设工地的"陆家嘴美食城"举行露天广场演出，演员是临时从浦东假日酒店借来的驻唱墨西哥乐队，演员们穿着墨西哥民族服装，拨弄着吉他等乐器，载歌载舞，再配以一些外国烧烤，俨然是一道小风景线。在当时简陋的条件下，这也算是陆家嘴旅游"国际化"形象打造的起步吧。

也就在那个尘土飞扬的大工地附近，曾经短暂地出现过一个室内夜间表演项目，名为"鱼美人"，曾经吸引了很多人去观看，也引起过争议，仅存在过一年左右时间。一群妙龄少女身着薄纱彩色紧身衣，扮成美人鱼的模样，在舞台中央的水池中曼妙游弋，而最惊艳的是压轴的"贵妃出浴"表演：一名容貌、身材出众的少女身披华服，被众星捧月般地护送至"浴池"中，优雅地舞动着做出"沐浴"的动作，画面充满了美感而无任何挑逗之嫌。其实这是一场"秀"，在当时缺乏夜生活的上海浦东可想而知是开了行业之先河的，因此当时一经推出几乎场场爆满，但是表演也引来传统人士的批判，认为演员穿着过于暴露，表演过于开放。这场浦东最早的"秀"就这样仅存在于看过的人们记忆中了。

2003年6月底登陆东方明珠北侧临江空地的环球嘉年华活动是一场真正轰动全城的嘉年华：39种大型游乐机器和57种游戏项目，彻底地考验了上海人的感官体验承受能力，疯狂、刺激又充满欢乐！短时期内共接待游客211万人次，主办方收入高达2.4亿元。这次活动让人惊奇又惊喜于上海人温婉性格中豪放的另一面：上海人对于新事物的接受力是特别强的。

1 | 2

1 浦东嘉年华
2 陆家嘴中心区旅游观光车

第二节 旅游让陆家嘴地区变得更为国际化，更有活力

1. 旅游提高了陆家嘴地区的国际化程度

在陆家嘴中心区，随处可见四季、丽兹卡尔顿等国际知名酒店品牌，品牌既是品质的体现，又让国际游客感到亲切，而APEC会议、金砖会议、国际大会及会议协会（ICCA）全球年会、亚信会等一系列重量级的国际会议、活动的成功举办进一步提升了陆家嘴的国际知名度；同时，东方明珠、科技馆、海洋水族馆等景点的品质、运营维护状况可以媲美国际著名景点，并且不断地推陈出新吸引游客：如东方明珠在259m高空推出全透明室外观光廊，科技馆每年更新展览展示内容；海洋水族馆也频频推出科普活动吸引游客。似乎是国际惯例，凡是世界经济金融大都市，往往也是令人向往的热门旅游城市，比如纽约、伦敦或巴黎。显然，持续高涨的旅游人气推动着陆家嘴越来越具有国际金融贸易城的范儿了。

2. 旅游增添了陆家嘴的活力与魅力

从最初开始，陆家嘴打造的核心功能是金融贸易，但是伴生出来的旅游功能消融了城市钢筋水泥的生硬感，使得城市变得柔软又生动，除了适合工作之外还可让人驻足休闲，欣赏东方明珠塔、金茂观光厅等城市地标，陶醉在获评沪上最值得体验的六大"心醉夜色"景区之一的滨江大道（该项评定活动经过公众投票、媒体投票、业内投票，最终由专家评定，并经沪、苏、浙、皖旅游局官方认可），流连于"高大上"的国金购物中心以及活色生香的种种活动。可以看到，城市宣传片往往都是以旅游地标建筑作为切入点开始介绍推介城市，而上海的城市宣传片更少不了的是东方明珠为代表的陆家嘴天际线镜头。的确，难以想象，没有这些高星级的宾馆、景点、商业、文化娱乐设施，会是怎样枯燥的金融贸易城啊！

3. 旅游提升了陆家嘴的城区竞争力

如果说金融贸易是硬实力，那么旅游为陆家嘴地区增添的便是城市发展的软实力，同时又积极促进着硬实力的发展。目前，陆家嘴地区是整个上海星级宾馆与景点设施最为密集、接待游客数最多，旅游收入最高的旅游景区，毋庸置疑，也是上海建设世界著名旅游城市的主要承载地之一。一旦建成，必将增强城市软实力，提升城市竞争力。

4. 陆家嘴旅游在转型中不断提升

经过25年的发展，陆家嘴的旅游已经形成鲜明的都市旅游特色，并且在国际国内均享有较高知名度。面对互联网信息化时代以及新生代游客更加升级的旅游需求，陆家嘴的旅游必须与时俱进，适时转型，不断深化内涵，迎合游客不断变化的需求，才能立于不败之地。展望未来，陆家嘴旅游应该关注并重视以下发展趋势：

（1）迎合旅游从传统观光转向体验式度假休闲的发展趋势，增强互动性、体验性，体现时尚性，发扬"都市旅游"特色，继续引领上海旅游发展。

（2）不断求新求变保持可持续发展。游客的需求永远是随着时代、科技的进步而不断变化，尤其陆家嘴地区主要是都市景观、非自然风景，因此更要不断地推陈出新，对游客保持新鲜度与吸引力。

（3）商旅文等多产业的融合发展符合都市旅游发展特点与趋势，也符合游客需求。充分发挥陆家嘴地区商业设施发达、文化活动众多的优势，与旅游产业互为促进，融合发展。

（4）通过创建5A级开放式都市旅游景区的方式实现陆家嘴旅游转型升级。正因陆家嘴地区的旅游发展属于"无心插柳"，故而按照高标准的旅游专业要求，整个区域还有进一步提升的空间：比如需要增设与集聚的旅游景点群规模相匹配的公共游客服务中心，需要优化设计游客参观动线，需要强化旅游引导公共标识以及免费无线网络的覆盖；需要设置部分大巴停车场地及公共厕所，需要增设让游客驻足休息的柔性空间区域等。如果能实现以上这些提升改变，一定会提升陆家嘴旅游的便捷度、舒适度以及美誉度，而游客留在本地的消费一定也会随着整体环境的优化而提高。

第三节 重要旅游景点介绍

一、金茂大厦

金茂大厦位于延安东路隧道浦东出入口处不远，毗邻上海地标性建筑物东方明珠、上海环球金融中心和上海中心大厦，与外滩隔岸相对，是陆家嘴金融贸易区的最佳地段之一。金茂大厦88层观光厅被评为4A级旅游景点，"浦东新区十佳旅游景点"，入选"沪上新八景"。还举办过金茂跳伞活动。

金茂大厦于1994年5月10日开工，1997年8月28日结构封顶，1999年3月18日开张营业。楼高

金茂大厦

420.5米，地上88层，地下3层，总建筑面积28万平方米，当时为中国第一，世界第三，是上海最著名的景点以及地标之一。

金茂大厦外立面以同色金属幕墙，玻璃幕墙花岗石铺面，反映时代气息，四周是绿化，赋予全基地及广场以季节色彩时序上的变化，裙房上设游泳池，更为鸟瞰添色，使其充满活力与生机，同时在一定程度上改善城市气候环境，不但能消除眩光和燥热，并能有效地柔化各类都市噪声。

金茂大厦是集现代化办公楼、五星级酒店、会展中心、娱乐、商场等设施于一体，融汇中国塔形风格与西方建筑技术的多功能摩天大楼，由著名的美国芝加哥SOM设计事务所设计。主要要为国内外经贸界人士提供办公、洽谈、会议、食宿、进出口商品展览，经济贸易信息咨询以及健身、娱乐、购物并开设银行、信托投资公司等金融机构。

二、东方明珠广播电视塔

东方明珠广播电视塔位于上海浦东陆家嘴黄浦江弯道处，是城市景观的交汇点和高潮区。设计者独具匠心地创造了一种完全区别于当时国内外各种电视塔的全新的造型，即采用由三根9米直径的钢筋混凝土直筒体和三根7米直径与地面60度斜交的斜筒体共同构成塔身，并与位于塔上不同部位的11个大小不等的圆球体有机组合获得了鲜明的特色，新颖独特的造型和新技术、新材料的应用，使"东方明珠"成为建筑和结构，艺术和技术完美结合的产物，即充满时代气息也有丰富的东方文化内涵，构成了充满"大珠小珠落玉盘"诗情画意的壮美景观。

东方明珠广播电视塔于1991年7月兴建，1995年5月投入使用，其独特的造型和功能成为上海的地标和标志性文化景观之一，塔高约468米，位居亚洲第一、世界第三，和左右两侧的南浦大桥、杨浦大桥一起，形成双龙戏珠之势。

东方明珠广播电视塔是国家首批AAAAA级旅游景区，1995年被列入上海十大新景观之一。塔内除广播电视发射外还集旅游、观光、娱乐、购物、餐饮、会所、展览等多种功能于一体，成为大型公共性的综合建筑。其中直径50米的下球，中心标高93米，共4层，是知识性、趣味性和娱乐性极浓的科技游乐天地；直径45米的上球，中心标高272.5米，共9层，内有观光层、旋转茶室、娱乐设施、广播电视发射机和避难层等内容；太空舱球体直径16米，中心标高342米，设观光层和太空会所，是游人可以所达的最高处；再往上是118米的钢桅杆天线段；塔座由直径60米，高二层的进出塔大厅及展览，停车库、各类功能性房间组成；塔基部分设计成半地下室，大片的斜坡绿化绵延至黄浦江边，通透的塔身与大面积的绿化自然结合使高大的电视塔变的通灵轻巧，与周围环境和谐地融合为一体。

入夜后，遥望东方明珠塔，则是华灯齐放、色彩缤纷；而在塔上俯瞰都市夜景，更是一派流光溢彩、灯火辉煌。

东方明珠

三、世纪公园和世纪大道

世纪公园地处浦东新区行政文化中心，新区政府、上海科技城、市民中心、期货交易大厦、电信大楼等现代建筑相拥周围，地铁2号线穿公园地下而过，临公园设有南北二站，数十条公交线到达，交通极为便利。

由英国LUC公司设计，占地140.3公顷，总投资10亿人民币的世纪公园宛如一颗绿色的巨大翡翠，镶嵌在起于东方明珠电视塔的世纪大道的终点，是上海内环线中心区域内最大且富有自然特征的生态型城市公园。

公园以宽阔的草坪，绵绵的森林，浩渺的湖泊为主体，体现了东西方园林艺术和人与自然的融合，具有浓郁的现代气息和海派风格。园内设置了湖滨区、观景区、乡土田园区、鸟类保护区、疏林草坪区、国际花园区和小型高尔夫球场区，以及露天音乐广场、儿童乐园、垂钓等活动场所；建有世纪花钟、高柱喷泉、四季园、卵石沙滩、林间溪流、缘池、银杏大道、音乐旱喷泉、大型浮雕等园林景观，错落有致地散布园内，构成一幅幅瑰图美景。

作为世纪公园标志性景点，它拥有圆形的花坛直径达12米，误差仅0.03秒的世纪花钟；面积12.5公顷，最深处达5米，目前上海地区面积最大的人工湖泊——镜天湖；设计理念采用了几何图形排列，20米×20米正方形旱喷泉分割成4米×4米的单元格的音乐喷泉；采用悬索结构形式，跨度达43米的云帆桥等。公园内乔灌相拥、四季花开，丘陵起伏、阡陌纵横，湖水清澈、小溪蜿蜒、竹影斑摇、大树参天。游人慢步其中，心情愉悦宁静，是休闲度假的绝佳去处。

自2000年起的国庆黄金周期间，美丽的音乐烟花总是在浦东世纪公园的上空跳起"焰之芭蕾"。上海国际音乐烟花节始创于2000年，开创了亚洲举办国际音乐烟花节之先河。各国著名烟花公司精彩演绎，带来一个又一个异国风情，精妙绝伦的音乐烟花精品。目前，一年一届的上海国际音乐烟花节成为我国和亚洲地区具有非常影响力的国际性音乐烟花盛会，已成为上海一项重要的节庆活动和文化旅游活动。

连接世纪公园的世纪大道全长约5公里，宽100米，法国夏氏－德方斯提供的方案设计，将世纪大

道中心线向南偏移10米，成为世界上独一无二的不对称道路，气势宏大，具有强烈的园林景观效果。

同时，世纪大道也是第一条绿化和人行道比车行道宽的城市景观大道。在设计上较好地解决了人、交通、建筑三位一体的综合关系。为凸现园林景观效果，绿化景观人行道占69米，北侧44.5米宽的人行道布置了4排行道树，常绿的香樟在外侧，沿街的内侧则是冬季落叶乔木银杏，起到了夏遮冬透的树种效果。南侧24.5米宽，布置了2排行道树。同时北侧人行道还建有8个180米长、20米宽的"植物园"，分别取名为柳园、水杉园、樱桃园、紫薇园、玉兰园、茶花园、紫荆园和栾树园，主题突出、各具特色。

根据世纪大道的命名特点，世纪大道上的城市系列环境小品规律性地体现了其整体性和现代高技术的风格。以时间为主题的雕塑，使整个世纪大道成为世界上唯一以时间为主题的城市雕塑展示街。目前已建有东方之光、世纪辰光、五行等雕塑。同时简洁的造型配以精致的金属张拉结构小品，无论是立柱、还是长椅、护栏、灯杆及遮蔽棚都采用了统一的色调，成为标志性、特征性的色彩。

世纪大道的建筑雕塑主要有："世纪辰光"，位于世纪大道与崂山西路的交会处。以中国古计时器"沙漏"为原形，9根高低不一的不锈钢镶玻璃立柱"沙漏"，呈抛物线分布，构成行星轨迹。每隔2~5天，电泵就会把漏掉的沙再打上去。这座世界罕见的古代科技与浦东的现代建筑相得益彰，别具情趣。"五行"，其创意源自中国古代相生相克的哲学思想，以金、木、水、火、土5个甲骨文字造型为基本设计元素，5部分雕塑形象各异，"金"取三角形，呈塔形立于中央，"木"由立方体作大胆切割而成，"火"取火苗形，以上三者皆以铸铜为材。"水"用不锈钢做出流畅的象形文字水形曲线，"土"则取材于自然山石切凿而成。东方之光，位于世纪大道杨高路交会处开阔的环岛上，背靠大型广场的世纪公园，以原始日晷为原形，采用不锈钢管网架结构，令人联想到遥远的历史。"日晷"上小下大，椭圆的晷盘象征地球，晷针穿过的中点代表中国。据天文学家测定，晷针指向正北方，具有计时功能。

1 | 2 | 3

1 世纪公园景观
2 世纪大道景观
3 世纪大道沿线景观

四、上海科技馆

上海科技馆（Shanghai Science and Technology Museum）位于浦东新区花木行政文化中心区的世纪大道2000号，占地面积6.8万平方米，总建筑面积9.8平方米，由美国RTKL国际有限公司及上海建筑设计研究院合作设计，总投资17.55亿元人民币，2001年12月18日正式对外开放。

上海科技馆是全国首家通过ISO 9000/1400国际质量/环境标准认证的科技馆，国家5A级旅游景点，深受广大青少年和市民欢迎。上海科技馆以"自然·人·科技"为主题，是上海重要的科普教育和休闲旅游基地。展示内容由天地馆、生命馆、智慧馆、创造馆、未来馆等五个主要展馆和临展馆组成，设有地壳探秘、生物万象、智慧之光、视听乐园、设计师摇篮、彩虹乐园、自然博物馆等七个展区和巨幕影院、球幕影院、四维影院、太空影院及会馆、旅游纪念品商场、临展馆、多功能厅、银行等配套设施。

（1）生物万象区

生物多样性主要包括三个层次：基因多样性、物种多样性和生态多样性。展区分为两大部分：热带雨林区和石林区，展示面积三千平方米。雨林区里分层生长的热带雨林植物展示了物种的多样性，石林区的蝙蝠洞、两栖爬行角、微观世界、昆虫园、鸟类王国等体现了生态的多样性，"林间考察站"里揭示了基因的多样性，反映基因技术的前沿成就。

（2）地壳探秘

展区主要介绍了地球在宇宙中的位置和运动状态，地球的物质组成，地球的构造形式，地球的表面形态特征以及上海自然地理。展示面积共有2200平方米，分为三个部分，即"磁悬浮地球厅"、"地壳探秘之旅"和"上海自然地理"。以"从太空看地球→深入地球探秘→返回地表看地球上的一颗明珠——上海"为主线，阐述了"认识我们人类赖以生存的星球——地球"的展示主题。

（3）视听乐园

通过机器人技术、虚拟仿真技术、影视制作技术等参与性展项，向大家介绍了当今音频、视频技术的发展，以及这些技术给予我们工作和生活休闲方式带来的改变。人类正是在不断发展的技术中提高工作效率，改善生活品质，实现美好的梦想。本展区展示面积约1100平方米，共有八个体验型的大型展项。

（4）设计师摇篮

在这里，参观者亲自动手参与一些简单的设计和制造活动，体验现代设计和先进制造的一些基本技术，包括CAD/CAM、激光刻录技术、快速成型技术等。设计师摇篮展区就是要让参观者通过自己亲自参与的方式，体验到生活中处处有设计，人人都可以成为设计师。展区设置有设计制造区、游客设计区、设计杰作区，主要有礼品雕刻站、三维头像扫描与制作、柔性装配线、名片贺卡制作站、MTV制作站、CAD教室、设计长廊等展项。

2011年10月21日，亚太经济合作组织第九次领导人非正式会议在上海科技馆举行，20多个国家和地区的领导人身着唐装，亲自感受了改革开放为上海浦东带来的巨大变化。时任中国国家主席江泽民与美国总统布什、俄罗斯总统普京等10多位领导人在这里举行了双边会见，领导人之间也进行多场晤谈。

浦东陆家嘴地区旅游发展大事记 表10-1

序号	时间	事件
1	1993年7月1日	国家旅游局局长刘毅亲临上海浦东为东上海旅游发展总公司揭牌并题词
2	1995年10月	东上海国际旅行社经国家旅游局正式批准为中国一类旅行社，成为浦东新区创办的第一家一类社
3	1996年	东方明珠塔被列入上海十大新景观之一
4	1996年9月21日	上海市市长徐匡迪在浦东新区九六广场宣布"96上海旅游节正式开幕"
5	1997年	东方明珠塔获得全国"共青团号"、上海市旅游行业文明窗口
6	1997年6月28日	新亚汤臣大酒店正式对外营业
7	1997年9月27日	1997年9月27日世界旅游日"上海市都市旅游主题报告会"在中心绿地召开，参加会议的有来自新加坡、泰国、中国香港、澳门以及华东地区的旅游部门和旅游企业负责人近300人，世界旅游组织秘书长佛朗西斯也出席会议并致词
8	1997年12月5日	上海海洋水族馆开工建设
9	1998年	98上海旅游节期间，新区旅委、上海东方明珠电视塔有限公司和《华东旅游报浦东旅游》专版编辑部联合举办的"东方明珠杯"浦东十大景观评选活动，评选活动经过广大读者评选和有关专家意见，东方明珠电视塔列浦东十大景观之首
10	1998年11月18日	"奥利安娜"号邮轮落户浦东
11	1998年	新亚汤臣大酒店成为浦东首家五星级酒店
12	1999年10月16日	99上海旅游节重要活动"万人单骑游上海"开始，该活动被'99上海旅游节组委会评为上海市优秀旅游产品
13	1999年12月25日	浦东新区旅游咨询服务中心揭牌成立
14	1999年	浦东香格里拉大酒店被评为五星级酒店
15	2000年4月	经贸局和旅游业协会组织"真情回眸——十周年浦东游"促销活动
16	2000年10月	外滩观光隧道对外营运
17	2001年1月27日至2月24日	世纪公园举办"首届艺术盆桩梅花展"，参展盆梅1000余盆，其中千年古梅几十盆，集中徽派、江浙派、岭南派、海派等流派的大型盆桩梅花，形成各展所长的风格
18	2001年8月	金茂大厦88层观光厅被评为4A级旅游景点
19	2001年	浦东12家酒店进入2000年申城百强酒店的行列
20	2001年3月	上海科技馆一号工程落成
21	2001年5月12日	位于东方明珠电视塔内的上海城市历史发展陈列馆开馆

续表

序号	时间	事件
22	2002年2月	上海海洋水族馆开放
23	2002年4月	世纪公园被评为4A级旅游景点
24	2002年9月19日	上海紫金山大酒店举行"五星"揭牌仪式
25	2003年	世纪公园被授予市文明单位荣誉称号
26	2003年	浦东香格里拉被评为上海最佳酒店并获五星钻石奖
27	2003年	东上海国际旅行社有限公司入围全国国际旅行社100强
28	2004年	东方明珠、金茂大厦、海洋水族馆、滨江大道、磁悬浮列车、世纪公园、外滩观光隧道、上海科技馆、浦东国际机场、陆家嘴中心绿地获"浦东新区十佳旅游景点"
29	2004年	以新区经贸局商旅处与旅游协会牵头，创建并推出新区旅游会展网（http://www.mice.pudong.gov.cn）
30	2004年	浦东香格里拉又被2004年CondéNast旅行者杂志读者评选为"亚洲顶级10家酒店"之一，成为中国地区唯一获此殊荣的酒店
31	2004年8月	上海瑞吉红塔大酒店还被《旅游和休闲》杂志评选为全球最好的100家酒店之一
32	2004年6月11日	上海海洋水族馆经2年试营业，正式举行揭牌仪式
33	2005年1月1日	《迎世博全民健身，庆复旦百年华诞——2005步步高全国新年登高健身活动·上海市民东方明珠元旦迎新登高比赛·暨复旦大学百年校庆庆典年揭幕》活动在东方明珠广场举行
34	2005年4月23日	作为"法国文化年在中国"活动之一，吕博内《绚丽多彩的艾菲尔铁塔》摄影展在东方明珠塔广场举行
35	2005年4月30日	以"团结、友谊、交融、发展"为主题的第48届世界乒乓球锦标赛开幕式在东方明珠广场隆重举行
36	2005年	在2005年上海旅游节——上海十大休闲街评选活动中，滨江大道以第三名的票数入选上海"十大休闲街"
37	2005年7月	经国家邮政总局批准，新区旅游事业管理委员会办公室和新区旅游业协会联合推出的《浦东新区"十佳"旅游景点》明信片面世
38	2006年5月	东方明珠广播电视塔被全国旅游景区质量等级评定委员会批准为国家5A级旅游景区
39	2007年4月27日	东方明珠广播电视塔有限公司被授予"全国旅游系统先进集体"称号
40	2008年8月30日	位于陆家嘴金融贸易区的上海环球金融观光厅对外开放
41	2008年10月19~24日	第七届国际水族馆大会在上海国际会议中心举办
42	2008年11月20~23日	2008年中国国际旅游交易会在上海新国际博览中心举办

续表

序号	时间	事件
43	2009年10月	以东方明珠电视塔、金茂大厦88层观光厅、环球金融中心观光厅为代表的"摩天览胜"陆家嘴景区入选"沪上新八景"之一
44	2009年10月	上海海洋水族馆被评为4A级旅游景点
45	2010年3月	上海科技馆被评为5A级旅游景点
46	2012年2月	上海环球金融中心观光厅被评为4A级旅游景点
47	2014年5月	经过公众投票、媒体投票、业内投票，最终由专家评定，并经沪、苏、浙、皖旅游局官方认可，两岸奇美"水晶街"（浦东滨江大道）获评沪上最值得体验的六大"心醉夜色"景区之一

第十一章

社会文化

第一节 文化发展

一、陆家嘴城市规划和建设的变迁对文化功能的影响

城市规划中，东方明珠—世纪大道—东方艺术中心—上海科技馆—世纪广场一线是文化主轴线，成为浦东城市文化功能的主要承载区；以源深体育场为核心构筑大型综合性的融健身与娱乐为一体的体育公园；在世纪大道及两侧兴建以文化艺术休闲娱乐为特色的文化休憩产业中心；建设和完善以现代艺术、科普、展览为特色的花木行政文化区；以东方艺术中心及周边的配套设施建设，形成以东方艺术中心为核心的高雅文化聚集区，在张家浜南侧杨高路—锦绣路段建设以休闲时尚、文化艺术和商业零售为主题的文化休闲街。从规划层面，对城市文化资源进行战略性和整体性的计划和安排，实现城市文化的物质形态和观念形态的统一协调，实现城市文化对城市竞争力的提升以及对城市经济发展的促进作用，同时实现城市文化对居民生活质量的提升以及对社会凝聚力的形成作用。一个具有清晰的文化规划的城市，是能够体现文化价值的城市，同时，这个城市的经济和社会发展也充满活力，在城市的发展中进行文化传承与文化再造。

除夕之夜的陆家嘴金融贸易区

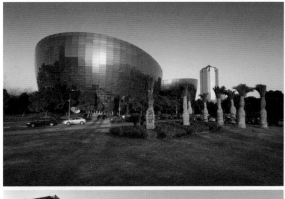

1	2
3	4

1 上海东方艺术中心
2 夏季音乐节
3 千人长跑活动
4 浦东展览馆

二、文化设施的发展

经过25年的文化发展历程，陆家嘴金融贸易区内基层文化设施基本实现全覆盖，公共文化服务体系发展逐步趋于均衡，文化影响力逐步扩大，大型文化创意产业项目陆续开工，文化创意产业继续快速发展（表11–1、表11–2）。

主要年份各街镇公共文化设施数　　　　　　　　　　　　　　　表11–1

街镇		2000	2005	2006	2008	2009	2010	2011
陆家嘴金融贸易区	潍坊新村街道	4	4	3	3	3	3	3
	陆家嘴街道	6	7	8	6	6	6	6
	塘桥街道	5	5	5	4	4	4	4
	洋泾街道	4	5	5	4	4	4	4
	花木街道	5	4	4	3	3	3	3
	小计	24	25	25	20	20	20	20
浦东区（38个街镇）总计		107	92	94	79	161	161	161

2011年各街镇公共文化设施数　　　　　　　　　　　　　　　表11–2

街镇		图书馆	广播电视站	群艺馆、文化馆	文化站	公园
陆家嘴金融贸易区	潍坊新村街道	1	1	1	1	1
	陆家嘴街道	1	1	1	1	1
	塘桥街道	1	1		1	1

续表

街镇		图书馆	广播电视站	群艺馆、文化馆	文化站	公园
陆家嘴金融贸易区	洋泾街道	1	1		1	1
	花木街道	1	1		1	1
	小计	5	5	2	5	5
浦东区（38个街镇）总计		38	39	4	38	38

1. 公共文化设施网络加快建设

截至2011年，陆家嘴金融贸易区内的各个街镇的公共文化设施占据了整个浦东区的14.01%，其中群艺馆、文化馆更占到了整个浦东区的50%。浦东图书馆开馆一周年服务读者263万人次；上海科技馆、海洋水族馆、东方艺术中心等标志性文化设施也相继建成，并投入使用；还有与现代时尚相映衬的吴昌硕纪念馆、证大艺术馆、浦东文化艺术指导中心为市民的文化生活提供场所，其中浦东文化艺术中心荣获文化部"国家一级文化馆"称号。

2. 基层文化设施也初步实现全覆盖

各个街镇的社区文化中心基本上达到市颁标准的要求，50%以上的居委文化活动室达到100平方米以上，基本实现居民步行15分钟可抵达文化场所。每个街道社区均配置了图书馆、文化中心及社区公园，基本上能满足社区居民出门步行均能到达的各个场所，为百姓的文化生活提供了必要的物质条件。

3. 公共文化服务设施免费服务力度加大

根据《浦东新区关于落实公共文化服务设施免费开放工作的实施方案》，区级文化行政部门归口管理的公共图书馆、文化馆及各街镇社区文化活动中心加大免费开放力度，区级公共图书馆、文化馆及街镇社区文化活动中心已全面实现无障碍、零门槛进入，公共文化设施场地全部免费开放，所提供的基本服务项目全部免费。

每个街道社区根据自身的特色，基层文化设施为百姓的文化生活带来了很多帮助：如塘桥社区文化中心设置了社区学校，利用本社区内教育、文化、科研、体育等资源，联合社会各种办学力量创办面向社区全体公民的非营利性社区文化教育机构；如洋泾社区文化中心设立了洋泾社区图书馆，面积有500平方米，设有报刊、图书阅览室、少儿阅览室、社区信息苑、低幼早教班、党建书屋和阳关书吧，配置了完备的现代化设施和信息技术手段，同时还定期开设各类活动及讲座，成为社区内一道亮丽的文化风景线；如陆家嘴社区文化中心根据陆家嘴社区独特的地理环境，学校增设了金融知识课，组织编写了《百姓金融理财百问百答》一书，发放到每个居民家庭。

三、举办品牌文化活动扩大影响力，加强文化资源配送丰富居民生活

1. 拓展大型文化活动品牌效应

上海陆家嘴金融文化节举办至今已有7届了，随着文化节知名度的提高，每年参与企业、群众人数越来越多，活动的精彩程度也一届胜过一届。就拿2013年举办的主题为"精彩陆家嘴，圆梦金融城"的文化节，建设银行、商飞公司、宝钢集团、交通银行等近20家金融城企事业单位的青年员工自创、自编、自演了一场优秀的文艺节目，展示了金融青年的风采，秀出了金融青年的梦想。演出现场，京歌串烧《浦东是我家》、光影秀《我的中国梦》、合唱《翱翔蓝天》等节目，把一种积极向上、奋发有

为的正能量传递给了广大市民，成为又一张全方位展示金融城文化魅力的时尚名片。白领们纷纷表示，在为陆家嘴金融城奉献青春、智慧和汗水的过程中，能以主人翁的姿态享受到文化成果，真是意外之喜，更是无形鼓励。这场精彩的金融城梦想秀演出节目，在历时2个月的海选时间中，总共有来自21家单位的28个节目团体积极参与，最后有18家单位18个节目入选演出。同时还举办"上海一圈"滨江音乐秀、金融城体育秀、金融城文化秀、未来金融家参访金融城、金融青年辩论赛、相约陆家嘴——金融单身青年联谊派对活动、音乐剧《摩登米莉》等各具特色的文化活动。

从2011年以"脉动江东"为主题的第一届浦东文化艺术节，2200多支文化团队推出了17份重点活动项目，近百场群众性文化活动，参与实名群众100万余人次，艺术节活动获第十三届中国上海国际艺术节最佳组织奖2个，最佳活动奖1个，最佳项目奖6个，特色项目奖4个，自2011年至今每年举办一次，第四届浦东文化艺术节也在紧锣密鼓地筹备中。东方市民音乐会"高雅艺术走近百姓运行模式"被评为文化部首批公共文化服务体系建设示范项目。

2. 提升公共文化服务资源配送质量

完成基本文化资源服务实事项目，为农民工子弟小学配送图书音像资料，开展文化讲坛及专题讲座，放映公益电影，开展公益性艺术培训，开展市民周末文化广场舞会等活动，丰富了居民的文化生活。

1　节日烟花
2　东方艺术中心音乐会
3　金融文化节活动
4　夏季音乐节

　　各个社区文化中心定期放映公益电影，同时放映信息在网站、文化中心告示栏等提前告知，既方便了社区居民的观赏，又丰富了文化生活。其中2014年2月份，在塘桥社区蓝村路的文化中心播放的公益电影有《赤焰战场2》、《特殊身份》《铁血娇娃》；潍坊竹园文化休闲中心放映的公益电影有《百星酒店》、《太极侠》等。这些公益电影的放映，丰富了居民的文化生活，其内容题材反映了一定的社会现象，取材于老百姓日常生活中的酸甜苦辣和喜怒哀乐，能引起公众的共鸣，通过鲜明的立场及健康的方法来正确引导公众的积极向上的价值观及人生观。

　　3. 依法开展文化行政执法，有序进行文化遗产保护

　　（1）提升文化行政执法水平，促进文化场所的健康有序发展。

　　在各街道建立文化市场管理工作领导小组，文化经营场所统一张贴《未成年人不得入内》警示牌和《网吧上网实名登记》台卡。取得互联网接入商的技术支持，多方开张联合执法，加强与志愿者协作，通过社会监督推进行业自律，多渠道加强网吧等文化活动经营场所管理。

　　（2）加大保护传承力度做好文化遗产保护工作。

　　按照"保护为主，抢救第一，合理利用，传承发展"的方针，做好陆家嘴地区的"非遗"保护。其中陆家嘴地区的文物保护单位9家，占浦东新区总137家的6.57%，非物质文化遗产5项，占浦东新区37项中的13.5%（表11–3，表11–4）。

1	2
3	4

1 浦东开发陈列馆开馆
2 其昌栈花园住宅
3 陈桂春老宅
4 钦赐仰殿

"上下百年间"：透过陆家嘴百年"陈桂春"老宅天井看陆家嘴变迁

陆家嘴金融贸易区主要文物保护单位   表11-3

序号	文物单位名称	文物所在地	文物建筑建造年代	保护级别
1	严桥遗址	杨高南路、峨山路口	唐、宋	区级
2	钦赐仰殿大殿	源深路476号	1770年	区级
3	李白等十二烈士纪念地	世纪大道、浦电路口	1949年	区级
4	陈桂春住宅	陆家嘴东路15号	1917年	区级
5	浦东开发办公室	浦东大道141号	1970年	登记不可移动文物
6	原马勒船厂办公楼、别墅	浦东大道2581号	1938年	登记不可移动文物

续表

序号	文物单位名称	文物所在地	文物建筑建造年代	保护级别
7	（由隆）游龙花园住宅	浦江东岸（陆家嘴香格里拉西南侧）	1902~1920年	登记不可移动文物
8	江海北关浦东办公楼	东方路11号	民国	登记不可移动文物
9	中美火油公司东沟油库办公楼	浦东大道3211号	民国	登记不可移动文物

陆家嘴金融贸易区非物质文化遗产　　　　　　表11-4

序号	项目级别	项目名称	类别	项目保护单位	传承人
1	国家级	上海港码头号子	传统音乐	塘桥街道	程年宛、韩纬国
2	国家级	上海绒绣	传统美术	洋泾黎晖工艺品公司	金雯、包炎晖、范碧云
3	市级	江南丝竹	传统音乐	洋泾街道	沈惠君
4	区级	打莲花	民间舞蹈	花木街道	叶忠明
5	区级	浦东灯谜	民间文艺	浦东文化馆、花木街道	桑永榜、朱映德、胡安义

补充资料

"上海港码头号子"首次走出国门赴德国表演❶

　　码头林立的黄浦江畔，曾经传唱响亮的码头号子，再过几天，这些劳动者之歌将第一次代表上海民间艺术走出国门。东方网记者近日获悉，浦东新区塘桥街道24位退休老人组成的民间艺术团，将代表"中国上海国际艺术节中心"，7月5日起赴德国参加第九届路沙提亚国际民间艺术节、2011德国谢瑟尔贝克国际艺术节。这也是上海首次由一个街道承担组团、演员全部为社区居民的国际艺术节参访团队。德国路沙提亚国际民间艺术节和2011德国谢瑟尔贝克国际艺术节每两年举办一次，来自世界各地的民间艺术家将展示各地的民俗风情，交流民间民俗文化。

　　记者了解到，这次赴德参加演出的塘桥街道民间艺术团有24名演员，都是"60、70老头老太"，其中年龄最大的73岁，他们退休后爱好声乐、器乐、舞蹈、戏曲，自编自导自演的"上海港码头号子"、音舞快板、扯铃、旗袍服饰具有浓郁的民族特色，彰显了海派文化魅力。作为这次赴德交流的重头戏之一，"上海港码头号子"已入选国家非物质文化遗产名录。艺术团成员、70岁的陈渝生说，码头号子承载了劳动者顽强的生命力，也见证了上海港码头的历史变迁。但是，随着机械化作业程度提高，港口劳动者的歌声开始沉寂，"我们重拾的不仅仅是码头号子声，更是顽强不息、拼搏向上的码头精神。"陈渝生介绍说，艺术团研究之前的录音资料、采访老码头工人，从宁波号子、苏北号子、上海号子中采撷不同流派的代表调子，配上粗犷、律动的舞台动作，原汁原味展现上海码头文化的风貌。"把海派文化带出国门，我们感到很自豪。"

　　第一次坐飞机，第一次出国，第一次代表社区参与国际文化交流，62岁的团员王志强整整排练了2个月，

❶ 来源：东方网http://www.eastday.com.

还在团里"兼项"表演手杖操、二胡演奏等节目。赴德交流期间，民间艺术团还将带去扯铃表演"彩龙飞舞"、皮影表演"俏夕阳"、手杖操"我健身我快乐"、舞蹈"茉莉花"、"家乡美"、旗袍服饰展示、二胡演奏等富有中华民族味的节目。"民间艺术体现普通民众的精神风貌，正成为国际文化交流的趋向之一。"中国上海国际艺术节中心宣传公关部主任俞百鸣说，文化是第二外交，在对外传播海派文化、展示真实百姓生活上，民间艺术形式有很强的感染力和说服力。

四、文化发展的政策扶持

传承陆家嘴地区的文脉，发展地区文化，不能没有政府的关心支持，尤其在环境营造、政策制定、资金支持、人才引进等方面政府坚持不懈地加大力度，出台了很多文化发展的相关政策及实施意见，为文化建设提供了政策保障。

（一）《浦东新区扶持文化发展的意见》

2004年，浦东新区根据中央和地方有关规定，结合实际情况研究制定了《浦东新区扶持文化发展的意见》，在规划土地、人才引进、财政支持等方面实行"政策聚焦"，为大家多唱戏、唱好戏搭建文化大舞台❶。

1. 保证文化项目用地

对列入浦东新区文化设施发展规划的文化项目，规划土地部门在土地规划上予以保证，在土地出让方面给予优惠；对经营性项目逐步推行国有土地使用权有偿使用，土地出让金视具体项目内容确定。新建或改扩建居住区，严禁侵占公共文化设施。在动拆迁过程中，文化设施必须拆建同时进行，拆一还一，重新建设的公共文化设施不能小于原有规模。

2. 引进更多文化人才

浦东新区宣传文化发展基金对影视、娱乐、出版、演艺、会展等各个文化领域中作出贡献的人才实施奖励。对在文化领域中取得突出成绩的文化人才，由浦东新区重点推荐申报"国家有突出贡献的中青年专家"称号和"政府特殊津贴"。对浦东新区文化建设和发展作出重大贡献的文化人才，列入"浦东新区开发建设杰出人才"评选范围。鼓励文化名人个人创办文化企业，注册在文化科技创意产业基地的企业，文化人才的技术（技能）、管理、开发成果的作价比例可突破现有限制，可允许占有企业资产的40%。

3. 加大财政扶持力度

各级政府根据分级管理的原则支持文化发展，财政对公益性文化事业的投入随着财政收入的增长而增加。对注册地、经营地在浦东，且由新区税务局征管的国家级、地区级文化交易市场，经新区文化部门认定后，给予一定的财政补贴。加大对大型文化娱乐、演出等新区重大文化产业项目的扶持力度，对投资商按项目实现的营业收入、利润总额形成的新区地方财力部分的一定比例予以财政补贴。对引进新区重大文化产业项目的新区文化中介企业和文化经纪人按其为该项目提供服务实现的营业收入、利润总额形成的新区地方财力部分给予40%～50%的财政补贴。对经新区文化部门认定的文化中介企业，可享受社会中介服务企业的扶持政策等。

---

❶ 鲁雁南《好大一个文化舞台——浦东新区扶持文化发展政策解读》，《新民晚报》2013-12-19.

（二）《关于加快浦东新区文化产业发展的若干意见》

2009年，为了贯彻落实党的十七大提出的"大力发展文化产业，实施重大文化产业项目带动战略，加快文化产业基地和区域性特色文化产业群建设"的战略部署，以及市第九次党代会提出的要建设文化大都市，促使"文化要素集聚，文化事业繁荣，文化产业发达，文化创新活跃"的要求，根据市委、市政府下发的《关于加快本市文化产业发展的若干意见》（沪委发〔2009〕12号）文件精神，发布了《关于加快浦东新区文化产业发展的若干意见》，明确了浦东文化产业发展的目标和任务，全力推进浦东文化产业的发展重点，完善文化产业发展的政策体系，建立健全推进协同机制。

（三）《浦东新区文化事业发展"十二五"规划》

为全面贯彻落实党的十七大提出的"推动社会主义文化大发展大繁荣"战略部署，构建并完善与浦东战略地位和市民日益增大的文化需求相适应的公共文化服务体系，加快提升文化的竞争力和影响力，全面实现"人文浦东、文化兴区"的发展战略，努力做到"让公共文化遍及大街小巷，让公共文化滋养每个市民，让公共文化丰富城市韵味，让公共文化和谐整个社会"，编制了《浦东新区文化事业发展"十二五"规划》。

本规划提出了浦东新区的文化事业发展原则：①坚持发展文化软实力与发展经济、政治、社会硬实力相同步；②坚持发展现代文化、吸收外来优秀文化与保护历史传统文化、培育本土特色文化相统一；③坚持文化发展与国际金融中心、国际航运中心建设相协调；④坚持政府主导、引导与社会共同参与相结合。

在"十二五"以至2020年远景目标期间，遵循上海市文化设施发展总体布局，与浦东新区空间结构相协调，充分利用城市的自然景观资源、历史文化资源以及地域本土文化特色，加快"十个文化片区"建设，凸显不同的文化功能和特色，规划建设一批大、中型公共文化设施。加快构建覆盖全区、惠及城乡的基础型公共文化设施。根据社区公共文化网络均衡化原则，按照服务人口和服务半径配置街镇社区文化活动中心，村居综合文化活动室的覆盖率达到100%；以满足群众日常文化生活需要为出发点，实现在"城市化地区居民步行10分钟，郊区村民步行15分钟到达公共文化活动场所"的公共文化服务体系的设施建设目标，形成特色鲜明、功能突出，聚集发展、均衡分布的公共文化网络（表11-5）。

陆家嘴金融贸易区"十二五"期间文化事业发展重点建设内容：　　　　　　　表11-5

名称	覆盖区域	重点建设内容
陆家嘴中央商务区及花木城市副中心	陆家嘴金融贸易区 陆家嘴街道 潍坊街道 花木街道 塘桥街道 洋泾街道	围绕上海国际金融中心核心功能定位，按照区域的文化需求，契合区域内人群特色，打造具有金融特色的文化核心品牌，持续举办好陆家嘴金融文化节；加快文化公园建设，充分发挥东方艺术中心、世纪公园、喜马拉雅艺术中心、浦东图书馆的功能作用；开放拓展滨江沿岸及商务楼宇文化项目建设

五、文化发展的成果介绍

文明在传播刚开始的时候，有模仿，有复制，或在传播过程中和所在地方原有的文化相遇，形成文化的交流和融合。在改革开放进程中，浦东经历了"政治浦东"到"经济浦东"的转变，而在转变经济发展方式的新形势下，浦东正进入从"经济浦东"向"文化浦东"的新转变，陆家嘴地区无疑就是这种新转变的一个缩影。文化既是社会发展的思想保证和精神动力，又是经济建设的产业门类和物质财富。文化最能引起人们的共鸣，因为它关系到我们的精神生活，同样，文化最需要人们的支持，因为精神家园需要大家的细致呵护。陆家嘴在其文化发展的道路上，硕果累累：不论从场馆建设还是从重要文化活动的举办，不论从文物保护的力度还是从非物质文化的传承，不论从基层社区文化的开展还是文化产业的推动，陆家嘴金融贸易区正以其"文化磁场"的巨大引力，推动着该地区浓郁的文化气息。

（一）重要文化设施建设

文化设施：陆家嘴金融贸易区有众多优秀的文化场所，不仅有充满现代感的东方艺术中心，上海科技馆、正大喜马拉雅中心、上海翡翠画廊，有作为上海近百年发展史的史志性博物馆——上海城市发展陈列馆，还有历道证券博物馆、震旦博物馆和期货博物馆等各具金融特色的博物馆。

1. 东方艺术中心

上海东方艺术中心坐落世纪大道的端头，是上海的标志性文化设施之一，法国著名建筑师保罗·安德鲁设计，总建筑面积近40000平方米。从高处俯瞰，东方艺术中心5个半球体依次为：正厅入口、演奏厅、音乐厅、展览厅、歌剧厅，外形宛若一朵美丽的"蝴蝶兰"。

法国建筑设计师保罗·安德鲁设计的东方艺术中心醒目而充满现代感。这幢占地2.3万平方米蝴蝶兰"花瓣"由3个球体的截断部分组成，半径长短错落，在蓝天白云的映衬下勾勒出数十条回旋流动的轮廓线。建筑外表采用玻璃幕墙，在白天和夜晚都将显得玲珑剔透；这座建筑的特别之处，还在于它将被近万平方米的园林密密围绕。人们置身其中将看不到周围建筑，而徜徉于绿树蓝天之间。建筑顶部安装了融入高科技的880多盏嵌入式顶灯，当美妙的旋律在音乐厅奏响时，灯光会随旋律起伏变幻，将夜色中的东方艺术中心变得璀璨奇异、充满动感。

东方艺术中心外观

法国著名建筑师保罗·安德鲁不同凡响的设计理念充分体现在建筑内部。进入上海东方艺术中心，仿佛置身于郁郁苍苍的森林之中：黑色仿花岗石的地面，如同林中大地；一级级的台阶，如同上山之路；层叠错落的陶瓷挂片幕墙，以丰富变幻的色泽，寓意着森林中斑驳的树表；而高高低低地悬挂在空中的透明圆灯，似乎是清晨的林间，从湖面升起的气泡，从树梢落下的露珠……在宽敞的回廊里，伸向空中的钢架结构，象征着林中万木的树杈在刚劲地舒展，阳光透过特殊制作的玻璃幕墙照射进来，被过滤成一缕缕光束，轻柔地洒在"林间"。设计师的高明还在于，所有这一切都不是对自然景观的简单描摹，而是通过高度的艺术抽象，展示出森林里清新自由、生机盎然的超凡意蕴，让都市里的人们与大自然产生心灵的融合。

东方艺术中心由1953座的东方音乐厅，1020座的东方歌剧院和333座的东方演奏厅组成，拥有当今世界一流的舞台声光设备，采用国内剧场最先进的数字调音台和红外线遥感常规灯调光台等一系列高科技技术，丰富的舞台功能可以满足交响乐、芭蕾、音乐剧、歌剧、戏剧等各种演出的需要，将成为中外艺术家施展才华的圣殿、艺术爱好者流连忘返的家园。

当初建造东方艺术中心时，有很多质疑："上海有历时77年的音乐厅，有海内外知名的大剧院，浦东还需要一个艺术中心吗？它能成为又一个高雅艺术聚集之地？"

开业之初的柏林爱乐乐团的演出非常成功，那一晚"蝴蝶兰"璀璨无比，整个上海，乃至南京、杭州的乐迷1000多人走进了这个音乐殿堂。柏林爱乐乐团在东方艺术中心演出成功的消息在业界快速传开，引发了更多世界乐团的认可，国际上很多响当当的演出团体也都主动向东艺伸出了橄榄枝：法国国宝级音乐剧《小王子》曾在此"游历、歌唱"；加拿大国宝太阳马戏蓝黄城堡在此安营扎寨。

"东艺虽然是个企业，但不能忘记艺术的梦想和社会责任。"这是东艺经营座右铭。2006年7月，低票价、普及型的东方市民音乐会诞生，至今已进入第八个年头，30元、50元、80元的票价仍然保持。剧院设置的每月一次免费开放日里，市民不仅可参观硬件，还能免费参加普及，与名家见面。低价优质的艺术服务，让高学历人群和年轻人不断走进东艺，徐汇区和杨浦区市民也隔江而来，成为东艺的主力消费群体。在东艺的艺术殿堂里，不光有阳春白雪，亦有下里巴人，满足了不同消费层次的需求。

2. 浦东图书馆

浦东图书馆位于上海市浦东新区前程路88号，新馆建筑由株式会社日本设计进行方案设计，新馆工程于2007年9月开工建设，2010年投入使用。新馆用地面积约3公顷，总投资8.5亿元，总建筑面积60885平方米，藏书容量约200万册，阅览座位约3000个，预计日接待读者6000人次。新馆建筑造型为纯净、简约、大气的六面体形，分为地下2层和地上6层，建筑总高36米。

新馆地上6层，由下至上每两层形成一个功能区，共3段，每段约10米高。一层和二层以公共服务与学术交流空间为主，设有公共服务大厅，展览厅，大型演讲厅，中型和小型学术报告厅以及不同规格的读者活动（会议）室、培训教室，还有相对独立的少儿图书馆。

三层和四层以普通文献借阅区为主，以大台阶、坡道、书架壁组成跨越三、四层的独特的"书山"空间。五层和六层为专题阅览部以及办公空间，五层设有金融、航运、政策法规（内设公报开放点）、城市治理、教育信息服务、生活·时尚、艺术、浦东文献、国际博览、参考文献等专题阅览部，六层整体悬吊犹如"浮云"，安排了音像阅览部和数字化阅览部，以及内部办公区域。

新馆将实施全方位的开放性服务，人性化服务，注重技术先进性，文献管理和服务系统采用先进的无线射频识别（RFID）技术，为每一册图书安装智能芯片，实现图书的精准定位。新馆将着力体现大型城市图书馆的服务能级，成为新区公共图书馆服务网络的枢纽，面向社会的文化教育中心，新区文献收藏中心，服务于浦东地区的公共网络信息导航中心，新区文献信息加工、生产、增值中心，情报信息开发与服务中心，以及浦东新区对外文化交流的重要窗口。

如今，到浦东图书馆的一楼排队领票听讲座，已成为不少读者假日里的休闲习惯。文化学者余秋雨畅谈《读书和人生》，作家赵丽宏分享《关于阅读的回忆和思考》，知名主持人今波做"文化中国"系列讲座……这些名家云集的精彩讲座，都是免费的。换季了，保健知识系列讲座闪亮登场；浦东开发开放纪念日，浦东文史系列讲座让更多市民了解浦东的人文和历史。

在"新浪微博""新浪读书"和《出版人》杂志共同主办的2011中国书业年度颁奖礼上，浦东图书馆喜获"年度图书馆的"荣誉。组委会给出了这样的评价："它不仅仅满足了读者阅读的需要，更构建了一个文化大平台，在社会上发挥了独特的文化引领作用。"

1 | 2
  | 3

1 浦东图书馆
2 浦东图书馆阅览室
3 浦东图书馆室内景观

3. 上海科技馆

上海科技馆位于世纪大道2000号，主馆占地面积6.8万多平方米，建筑面积9.8万平方米，分为11个风格各异的主题展区，4个高科技特种影院，3个古今中外科学家及其足迹的艺术长廊，2个主题特展和若干个临时展厅，它们共同为四方游客生动地演绎着"自然、人、科技"的永恒话题。上海科技馆主馆于2001年12月18日正式对外开放，是中国首家通过ISO 9000/14000国际质量/环境标准认证的科技馆，已经成为国家AAAAA级科普旅游景点。

上海科技馆建筑由地下1层，地面4层，附带一个办公群楼组成。整个建筑显螺旋形上升形态，表现了科学技术的不断进步。建筑的中间是一个具有标志性的巨大玻璃球体，镶嵌在一潭清水之间，它寓意着生命的诞生。

十多年来，上海科技馆一方面瞄准社会科普热点与前沿科技——从首个临展"科学与健康同行——SARS的启示"主题展开始，共举办各类科普临展60多个，观众约900万人次。另一方面上海科技馆近年来也大胆探索自主知识产权的科普文化之路，自2009年起策划拍摄"中国珍稀物种"系列科普纪录片，目前已完成《中国大鲵》《扬子鳄》，频频获奖；目前由该馆自主创作的首部4D特效科普电影《回到二叠纪》已拍摄完成。同时，正在建设中的上海自然博物馆新馆也为上海科技馆的未来发展带来了新的历史机遇，开辟了更为广阔的天空。

从上海科技馆正式开放的那一刻起，科技馆志愿者服务总队同时成立。如今，这里平均每天都有近百名志愿者身穿银灰色马甲忙碌的身影。

（二）重要文化活动

1. 元旦登高迎新年活动

连续举行16年的上海市民东方明珠塔登高迎新年活动，已经成为上海每年元旦传统的全民健身活动，是点燃激情的希望之旅。活动以"新年步步高、节节向上攀"的美好寓意成为上海每年元旦传统的全民健身运动项目，传承了积极向上、勇于攀登、不断进取、跨越未来的时代精神，秀出了上海人民热爱生活、热爱健身的阳光面貌。每年参加这项活动的人数逐年上升，有在沪打拼的新上海人，有来自各大院校的学生，有退休工人，有身残志坚的残障人士。活动期间还穿插群众健身展示等文艺表演，为迎新活动增添了节日的喜庆气氛，展现了上海市民积极向上的精神风貌。

2. 国际音乐烟花节

上海国际音乐烟花节始创于2000年，至今已经举办了14届了，开创了亚洲举办国际音乐烟花节之先河。每年举办地点设在世纪公园，每年邀请各个不同国家的烟花大师进行同台表演，不仅是我国和亚洲地区国际性音乐烟花盛会，更已成为上海一项重要的节庆活动和文化旅游活动。

"上海国际音乐烟花节"可谓家喻户晓，每年的举办主题不同，呈现给观众的也是不一样的视觉盛宴，精彩纷呈，如梦如幻。专业性与娱乐性、知识性与趣味性、艺术性与观赏性交融，使得广大市民

节日烟花组图

和游客始终对上海国际音乐烟花节保持着高度的关注和热情的期待，感受"烟花艺术"，体验"烟花文化"，享受"烟花之美"已成为国庆假期生活的保留节目。近几年来，通过不断改革与创新，上海国际音乐烟花节的国际化程度和社会影响力迅速提升，并从2011年起，实行"音乐烟花表演赛"和"烟花产品锦标赛"双品牌运作，逐步发展成为中外烟花行业切磋技艺、展示形象、产品推广、交流信息、互惠合作、传播烟花文化的国际化专业平台。

3. 陆家嘴金融文化节

陆家嘴金融文化节是由浦东新区人民政府主办，陆家嘴金融贸易区管委会和浦东新区金融服务局联合陆家嘴金融城共同举办。截至2013年，已经举办了7届了，通过这个平台向社会展示了陆家嘴金融城的文化品牌，更展示了金融文化的多元性和包容力。陆家嘴金融文化节采取政府倡导、企业主办的模式，进一步发挥区域内企业的积极性，将陆家嘴金融文化节真正变成企业和从业人员的一场文化盛宴。

值得一提的是作为往届文化节"名校直通车"活动的回访后续，2013年第七届文化节邀请了全国高校的金融经济专业优秀的学生代表访问陆家嘴金融城，让未来的金融家一睹金融城的风采；金融机构和来自复旦、纽约大学等高校的辩论队将结合国内外最新的经济社会形势和金融动态，展开精彩舌战；金融单身青年联谊活动将为浦东金融业青年提供更多社交、联谊的机会，给予金融青年更多展示自己的舞台。

金融文化节的各项活动越来越贴近近白领生活，更关注白领直接参与性，更加体验金融城的文化魅力与人文关怀。

4. 浦东文化艺术节

"脉动江东"2011年第一届浦东文化艺术节开幕式在浦东图书馆举行，在为期一个月的活动中，17个重点项目、特色板块和百场演出将在浦东密集展开，350多支群文团队将走上舞台展现风采，百万浦东市民将充分展示他们的艺术才华，尽情投入到"我参与、我幸福、我展示、我自豪"的盛大艺术狂欢中来。一个多月的艺术狂欢，让浦东百姓投入到艺术的怀抱，触摸到了浦东的文脉，了解了浦东大地昨天的故事和传奇，还有这片热土的沧桑巨变，更关注浦东文化的"今生"和"未来"，搭建各方参与浦东文化健身的新平台，为浦东文化的明天出谋划策；普通人成为舞台的主角，外来务工者、白领人群、中老年本地居民……根据不同的人群的"口味"，分别举办参与性很强的各类比赛；培育浦东文化品牌，从开幕式上的浦东本地原创歌曲、原创故事和原创舞蹈和原创表演等多项文化创意作品为主打，到浦东历史文化主题展的人气日益高涨，再到独具特色的广场舞大赛，都依靠着本土的力量，展现了原创的风格，正是因为浦东味道浓郁，才引来广大观众的参与度和关注力，并进而提升知名度。

"十二五"期间，文化艺术节作为浦东"二次腾飞"的一个闪亮品牌，连年举办。

2012年举办了第二届浦东文化艺术节，时间跨度为9月1日至11月15日，第二届浦东文化艺术节依据"引领性与大众性兼具、专业性与草根性相融，国际时尚文化与本土民俗元素共生"的指导思想，以"艺术的盛典，大众的节日"为宗旨，共有150多场活动（41个重点项目，32个特色活动项目，80场基层群众性文化活动），活动项目内容健康向上，取向正确，形式多样，创意时尚，观赏性高，参与性强。

第三届浦东文化艺术节的举办，使该艺术节具备了一定的品牌效应，如今第四届正在紧锣密鼓地筹备中，让我们拭目以待。

浦东文化艺术节是《浦东新区"十二五"文化事业发展规划》中明确的重点打造的品牌活动项目。开发开放20余年的浦东，在经济飞速发展的同时人们难免会有"浦东有没有文化"的疑惑，而通过去年举办了首届文化艺术节，浦东第一次完整呈现了文化建设的累累硕果，充分显示出新区不断提升的文化自觉和自信；第一次全面整合了新区内外的优质文化资源，推动了"人文浦东"的建设。文化原创和服务群众是公共文化服务体系的重要内容。浦东通过举办文化艺术节，让高雅艺术和群文活动同台亮相，相互交流，可以不断赋予传统文化资源以新的时代内涵，全面提升新区文化原创的水平，从而持续用新的文化产品和项目满足浦东市民不断增长的精神文化需求。

第二节　教育发展

一、教育事业的发展背景介绍

浦东新区现有基础教育阶段学校623所，其中浦东中学154所，小学167所，幼儿园278所，特殊教育学校3所，工读学校1所，中等职业学校7所，国际学校13所。现有基础教育阶段学生46.52万人，另有外籍学生1.3万人，现有教职工3.69万人，其中专任教师3.1万人。新区基础教育阶段学校数、学生数、教职工数均占全市的1/5强。

浦东教育事业发展全面贯彻落实国家和上海市教育"十二五"规划精神，坚持"开放、多样、优质"的发展方针，着眼于每一个学生的终身发展，把"改革提速、发展提质，精神提振"贯穿于教育事业的各个方向，为新区群众提供满意的教育服务，推动新区向教育强区迈进。

1. 坚持以人为本，促进教育事业均衡发展

（1）加强投入健身增加资源总量。

（2）强化安全工作，营造和谐稳定环境。

2. 推动改革创新，增强教育发展的生机活力

（1）深化合作办学，拓展优质资源。

（2）拓宽育人途径，优化学生成长环境。

（3）创新晚上机制，促进职业教育健康发展。

（4）拓展工作载体，构建学习型社会。

3. 加强师资管理，全面建设高素质教师队伍

（1）组织开展新一轮校（园）长聘任工作，深化校（园）长负责制改革。

（2）深化教育体育系统人事制度改革。

（3）加强教师招录培训，推进人才队伍建设。

4. 加强开放合作，提升教育国际化水平

（1）上海纽约大学顺利开学。2014年，上海纽约大学完成第一届招生（共有来自40个国家和地区的300名新生），标志着浦东新区推进教育国际化取得了里程碑意义的成果。

（2）开展高中国际课程试点，职业教育国际化工作。目前全区共有8所高中开设国际高中课程（其中公办3所，民办5所）。现有6所中职学校的6个专业通过市教委审核，获得开发国际化专业教学标准的资格。

（3）推进教师海外培训。在海外教育发达地区建立校长教师培训基地，培养一批既有国际视野又

适应教育国际化需要的师资队伍。2013年，共派遣23名校长和教师赴境外培训。

二、陆家嘴城市规划和建设的变迁对教育功能的影响

陆家嘴金融贸易区经过20多年的城市建设，在经济高速发展的同时，积极发展教育事业。

以优化资源配置，提高教育水平和增强特色为核心，广泛吸纳民间资源，引进著名教育机构，包括学前机构、小学及初中阶段教育机构、高中阶段教育机构、高等教育机构、职业教育机构及专业技能培训，继续教育机构、特殊教育机构，精心打造具有开放、多样、优质特征的品牌学校。构建区域性终身教育体系，使教育体系现代化、教育平台国际化、教育服务多元化、各阶段教育优质化、成人教育终身化、教育投入效益化。到2010年，教育水平初步接近发达国家水平。

适应国际化社区发展的需要，整合各类教育资源，不断优化学校教育结构和学校布局结构，支持民间资本、国外资本投资教育，逐步形成多元办学格局。推进全国社区教育实验区建设，完善九年义务制教育、终身教育、特色教育（多语种学校），打造品牌。继续支持建平中学、进才中学等名牌、特色学校的快速发展，进一步提高民族教育的质量。引进国内外知名高等院校研究院和专业职业培训教育机构。引进2~3所多语种的基本教育一贯制学校。建设2~3所国际学校。每千人拥有学校面积达到1000平方米以上，使双语（多语种）学校的每千人拥有学校面积达到400平方米。

加快发展培训产业。要通过大力引进国外知名的教育机构，开展如金融理财师（CFP）、注册金融分析师（CPA）的专业认证培训，对通晓国际金融、法律、电子商务以及WTO规则的复合型人才培训等。要大力培训和引进各种非营利性专业研究机构，创造教育培训产业发展的良好环境和氛围，并争取引进若干国内外知名品牌专业院校开设分校，整合专业人才的教育和培训资源，成为上海现代服务业高级专业人才培训基地。

三、教育事业发展的挑战与机遇

陆家嘴金融贸易区的教育事业经过25年的发展，取得了长足的进步。但是目前教育面临着从外延式发展转向内涵式发展的重要阶段，依然面临着不少问题和困难：

（1）优质教育资源供给的能力与居民对于优质、均衡教育的需求之间存在着落差。

（2）教育服务于经济发展的能力与本区域经济快速发展的需求之间存在着落差。

（3）教育的多元供给能力与多层次人才对本区基础教育的选择性需求之间存在着落差。

（4）教育体制创新的能力与本区域教育改革深化的需求之间存在着落差。

（5）对本区域内常住人口的增长对于现有教育规模和容量提出了挑战。

（6）本区域内高端金融人才的职业培训及国际化交流的需求与现有的规模存在差距。

同时，现在又是教育适应社会需求变化，获得全面发展的重要战略机遇期，也是从教育发展中获得新的发展动力，提升城市综合竞争力与基本实现现代化的调整期：

（1）社会转型提供了教育创新的土壤。

（2）新的战略定位提供了教育发展的空间。

（3）现代化、国际化城市发展趋势提出了教育多元化的需求。

四、对教育功能的政策扶持

1.《浦东新区教育国际化工程三年行动计划（2012—2015）》

适应"创新浦东、和谐浦东、国际化浦东"建设需要，根据《上海市教育国际化工程"十二五"行动计划》，为推进新区教育国际化进程，优化配置有效资源和关键要素，加快推进浦东教育"均衡化、规范化、优质化、国际化"发展，实现培养出更多适应浦东社会经济未来发展需要的具有国际竞争力的高素质人才的目标，特制定本行动计划。

"十一五"期间，浦东教育国际化进程明显加快，境外学生数量不断扩大。截至2012年10月，浦东新区共有境外学生14000余人，占全市的1/3强。有外籍人员子女学校（补习中心）12所，涉及美国、英国、日本、德国、法国等，就读学生9660人，是境外学生在浦东就读的主要载体。而陆家嘴金融贸易区又是浦东境外学生就读的重要载体。目前全浦东有直接境外招收外籍学生资格学校17所，就读境外学生2782人。

三年行动计划的主要措施：

（1）积极推进中外合作办学，不断提升国际教育服务能力。

（2）多渠道开发国际化课程资源，积极推进中外学校课程合作。

（3）坚持本土培养与海外引进相结合，建设稳定而专业的教育国际化干部教师队伍。

（4）加强教育对外交流，促进中外合作与互惠。

（5）加强基础建设，构建有力的教育国际化支持系统。

对于以上的一些措施，从机制、政策、经费三方面给以保障，确保三年行动计划的圆满完成。

2.《浦东新区学前教育三年行动计划》

用3年时间（2006~2008学年），基本完成新区学前教育设点布局调整，全面改善各类幼儿园办学条件，合理配置保教人员，整体提升保教质量，基本满足群众对学前教育多样化、高质量的需求，努力培养幼儿具有健康活泼、好奇探索、文明乐群、勇敢自信、有初步责任感等基本素质。

（1）本区98%以上有户籍或《上海市居住证》的适龄儿童能够接受学前三年教育，98%自出生到3岁适龄儿童及其家长或看护人员普遍接受每年4次有质量的科学育儿指导。

（2）加强园舍建设力度，合理设点布局，满足适龄儿童就近入园需求。

（3）幼儿园规模应从幼儿身心发展和学前教育规律出发，严格控制在15个班级以内。幼儿园每班人数控制在国家规定标准以内（小班25人，中班30人，大班35人）。

（4）幼儿园保教人员全部持证上岗。90%以上专任教师达到大专及以上学历，其中30%达到本科及以上学历。

（5）基本形成开放、多样、优质的学前教育服务网络。完善0~3岁婴幼儿教育指导服务体系，合理设点布局，使居民能就近接受早教指导。基本实现全区学前教育水平普遍提高，优质资源继续拓展，家长满意、社会信誉良好的学前教育新局面。

（6）民办学前教育健康、可持续发展。

3.《浦东新区青少年心理健康教育三年行动计划（2011—2013年）》

为明确浦东新区青少年心理健康教育工作的目标与任务，有效促进青少年身心健康与和谐发展，特制定本计划。采取新的思路与方式，以解决学生心理发展困惑为导向，统筹资源、形成合力，开创齐抓共管、协力推进心理健康教育的工作新局面，加强以人为本、专业化的学生成长支持体系建设，促进学生的健康成长。

完善区、署、校三位一体的心理健康教育服务网络，提高心理健康教育的普及率和覆盖面；优化心理健康教育专业队伍资源配置，建设一支专兼结合的胜任新时期学校心理健康教育工作的队伍；加强心理健康教育课程建设，提高心理健康教育课的专业性和有效性；丰富各类心理健康教育活动，培育青少年的自我调适能力和健康行为方式；加强青少年心理危机干预，构建三级危机干预体系；强化心理健康教育科研工作，研究心理健康教育的持续发展。

围绕浦东新区青少年心理健康教育的目标，浦东新区将重点推进六大项目。

（1）区、署、校三位一体心理健康教育服务网络建设项目。

（2）学校心理健康教育工作队伍建设项目。

（3）心理健康教育课程建设项目。

（4）学校心理健康教育特色活动项目。

（5）学校心理危机干预体系建设项目。

（6）心理健康教育科研建设项目。

五、教育功能的成果介绍

1. 纽约大学

2012年10月15日，第一所中美合作举办的国际化大学——上海纽约大学在上海陆家嘴揭牌成立。上海纽约大学由纽约大学和华东师范大学联合创办，是纽约大学全球系统中最新的门户校园。同时它也是第一所获得中国教育部批准筹建的，具有独立法人资格的中美合作大学。

上海纽约大学是一所提供四年制文理科通识教育的综合性研究型大学。它从2013年开始招生，为积极进取的学生提供一个无与伦比的教育机会。同时，上海纽约大学还将与纽约大学阿布扎比校园、纽约校园共同组成纽约大学全球系统中的3个具有学位授予权的门户校园。上海纽约大学的学生将有机会与来自中国和世界各地的知名教授和优秀学生共同学习。

在师资构成上，上海纽约大学全球招聘的专任教师将达40％，与纽约大学和华东师范大学联合聘用的教师占40％，来自国内外其他一流大学和研究机构的兼职教师和客座教授占20％。此外，上海纽约大学还将以两所母体大学为依托，在神经科学、应用数学、社会工作、计算化学等若干领域成立联

1 | 2

1 上海纽约大学
2 纽约大学室内景观

合研究中心，吸引更多高水平人才加盟，为上海纽约大学提供师资和科研支撑。

2013年8月12日上午9时50分，上海纽约大学的295名新生排队走进了华东师范大学的思群堂，新生们陆续进入会场，在礼堂后排区域已经坐了近一个小时的家长和坐在前排的学校领导、老师全体起立鼓掌，迎接这所中美合作办学的国际化大学的第一届学生。和只用了不到一刻钟致辞的俞立中相比，曾任密歇根大学法学院院长、康奈尔大学第11任校长的美方校长杰弗里·雷蒙则用了近半个小时致辞，其核心内容就是这些来自五湖四海的学生将在上海纽约大学接受什么样的教育。

补充资料

上海纽约大学：师生在文化融合与冲突中共同成长[1]

开办一年多的上海纽约大学，从诞生之初就吸引了众多的目光。校园开放日成为全新的招生方式，小班化教学使学生和教授更好互动，每周一半左右课时是讨论课，培养学生的批判思维和独立思考能力，全球三个校园和数十个教学中心供学生海外交流……众多的标签自从它诞生之初如影随形。

但，上海纽约大学究竟给学生带来了什么？给上海的高等教育带来了什么？学校凭什么吸引到海外名校的教授来任职？记者走进上海纽约大学，亲身体验新学校。

上海纽约大学，这所诞生之初就被认为体现中西方教育融合特色的学校，这学期终于有了自己的校园——地处热闹的陆家嘴地区，进进出出的老师和学生络绎不绝。虽然在很多人看来，没有一个看上去正式的校园是学校的一个不足之处，但在上海纽约大学的师生眼中，整个陆家嘴，整个浦东，乃至整个上海都是他们的校园。这感觉真的好特别！

站在上海纽约大学二楼的咖啡厅，落地窗外就是热闹的世纪大道，建筑旁边就是林立的各类金融机构。而四楼通宵开放的图书馆，即便到了凌晨1点多也常常坐满了学生。

要说上海纽约大学是一个中西方文化融合和冲突的试验场，绝对不是夸大其词。"我们的学生在课堂上体验着文化的冲撞。讲台上的老师——不论什么国籍，也都有如此感受。所有老师提出的问题，得到的答案不仅有中国式、美国式，还有巴基斯坦式、阿塞拜疆式、意大利式、以色列式……"上海纽约大学教务长、著名历史学家衞周安教授告诉文汇报记者："即便是我自己，在担任上纽大教务长以后，也在逐渐适应在中国办学的经历和节奏，甚至必须适应我和我的中国同事在解决问题时不同的想法。"

所有的人文课程，都有一门聚焦中国

上海纽约大学学生的第一、二年，是学习通识教育核心课程。通识教育核心课程包括五个部分：社会和文化基础、数学、科学、写作、语言。尤其重要的是，在通识教育必修课中，社会基础课程和文化基础课程都安排了两个学期的全球视野课程和一学期的聚焦中国的课程。

仅以上海纽约大学的社会科学基础课程为例，这由历史、政治和思想史三大类课程组成。这三门课程中每一门都由两部分组成，一部分是以全球视野来讲授这门课程，还有一部分就是聚焦中国。文化基础课程中则两门是聚焦世界文学、艺术、戏剧、诗歌，另有一门是聚焦中国艺术。这些都是核心课程的第一部分。

---

[1] 来源：《文汇报》2014年10月31日。

在这所学校，所有的管理层都有学术背景，而且他们都必须给学生上课。衢周安自己教中国的历史和社会，美方校长雷蒙教全球视野下的社会，工程和计算机科学学部主任Keith Ross教计算机科学概论，商学部副主任陈宇新教市场概论，文理学部主任David Fitch教进化论……

"这让我们可以和学生有密切的联系，我们都认为这是很重要的一点。我们的目标是一名教授可以对应9到10名学生。而我们都能够给学生上课，那种感觉真的很棒！"衢周安告诉记者。按照规划，上海纽约大学最终将有2000名在校学生，230名教职，现在已有125名教职，包括一些联席教授、访问教授等。但学校现在才只有600名在校生，加上来交流的其他纽约大学校区的学生，也只有不过750名。

通识教育核心课程的第二部分，是关于语言和写作方面的要求。非中国学生必须通过考试，证明自己有用中文沟通的能力。而中国学生则必须证明自己是有足够的英语水平。但是中外学生都必须学习英语写作。

"在上海纽约大学校方看来，通识教育的核心内容之一，不仅是要培养学生的批判性思维和独立思考的能力，还有就是要有出色的写作和沟通能力。这也是学生在未来生活或者工作中不可或缺的能力"，上海纽约大学中方校长俞立中教授在接受记者采访时称。

老师和学生在文化冲突和交融中共同成长

教授《中东社会的政治与经济》和《国际关系导论》两门核心课程的助教Andrew在不久前一次考试时，就被学生们震住了，当考试前她一跑进教室就发现，教室的黑板上一边用中文写了大大的"和平"两个字，另一边写了大大的"PEACE"。中国学生穿得很时髦的衣服，外国学生穿的却是中国传统的旗袍。Andrew当时就有一种震惊的感觉，因为考的《国际关系导论》，在考前的一周上的讨论课就是六方会谈对国际关系的影响。

"在讨论课上，中国学生、美国学生关注的问题本来差距就很大，而巴基斯坦的学生更不一样，他们更关注核不扩散条约的执行情况。但是，学生们也有共同关心的，那就是国际和平是不是能够被很好保护。在这样多元的环境下，学生的民族责任感和年轻人的那种担当更容易被激发出来。"美国土生土长的Andrew说："过去我考虑问题从来都是美国视角，但是在这里的课堂上，我看到了别的国家的年轻人是如何思考的，这对我来说，冲击也很大。"

虽然到处有不同的文化交融和冲突，但却也有不同文化的共通之处。"你很难想到，去年第一学期时，学生们谈论最多的话题，是他们在共同居住中出现的问题。"衢周安告诉记者。

在上海纽约大学，每个中国学生都必须和其他国籍的学生住，所有国家的学生都必须混住在一起。在这样的环境下，彼此互相理解，习惯和不同文化背景的人共同学习、生活、共事，甚至互相适应彼此的睡眠习惯，都成为很重要的一个问题。而在校方看来，学生们在这样的相处中所学到的和他们在教室里所学到的同样多。这些都是上海纽约大学教育的核心因素。

在这里，学生更需要学会的是思考。在上海纽约大学，老师们最常做的一件事，就是根据他们阅读的东西提问。这是为了让他们在阅读的时候更多一些批判性的思维，而不是仅仅让自己的眼光划过那些文字。

相关链接　教务长衢周安眼中的上海纽约大学

上海纽约大学有13个专业，学生可以选1到2个专业方向。但这对于学生来说也只是开始。

我们为学生安排聚焦中国的课程，是因为我们认为，在中国的校园里，就应该关注中国。以我教授的中国历史为例，我非常希望我的学生尤其是中国学生对中国古代和近代历史有更多的了解。对于中国学生来说，这有助于他们思考未来，而对外国学生来说，了解中国历史有助于他们理解中国文化，并且以中国的视角来思考问题。

这也是为什么，对中国在国际社会中所扮演的重要角色的强调，会贯穿整个核心课程体系。

我常常对学生说，历史是一种很好的训练，这不仅仅教会你如何研究，还会让你思考你的研究意味着什么。

对于我来说，了解我们在做事情时必须遵循哪些规则还不是那么容易，我不认为这是文化冲突。虽然我研究中国历史，但是我仍然认为，中国人和外国人有完全不同的解决问题的方式。中国人往往会说，好吧，我知道了，我会去解决的。我会说，怎么解决呢？让我们找到解决的办法吧。我和我的中国合作伙伴有完全不同的解决问题的方式，因此我们的团队一直在互相适应。我必须一直提醒自己的是，要建好上海纽约大学，需要时间。建好一所学校就像养育一个孩子，这个生长之中的孩子还面临着很多问题，需要找到好的解决之道。

当然不仅我们需要创造性地解决问题，我们也正在努力培养学生创造性地解决问题的能力。

在上海纽约大学教学，包括担任管理工作，对我来说，是一件非常有趣的事。因为上海纽约大学的半中半美，我需要考虑很多我们从来没有考虑过的问题，比如我们面对的是不同背景的学生和家长，他们会怎么想，他们有什么需要。

技术的发展，使我们很难预测世界会怎么变化，这对教育者来说也是一个挑战，但我们解决问题的方法总是越来越多。培养学生对观点多样性和思想交流的尊重，培养学生的全球意识——这正是我们中国和美国大学合作的重要的动力。我有一个非常乐观的目标——希望通过上海纽约大学的教育，让年轻人变成21世纪全球性的领袖。

2. 上海市进才中学

上海市进才中学创办于1996年，是首批上海市实验性示范性高中。2006年2月被国际文凭组织（International Baccalaureate，IB）授权为会员校（IB World Schools）。学校坐落于浦东陆家嘴金融贸易区，设有本部及国际部，总占地面积近200亩，建筑古朴典雅，校园环境优美。

以培养国家和民族的优秀人才为使命，以提高学生综合素质为宗旨，寄宿制生活培养学生集体意识、关爱精神和自主能力，为学生长远发展打下坚实的基础。学校注重德育建设，已初步构建具有进才特色的德育课程体系，组织学生先后赴大别山学农、下社区挂职锻炼、开展校内值日周、走进人大等丰富多彩的社会实践活动。开设心理课程，开展心理辅导，促进学生身心健康发展。学校国际教育交流广泛，与国外十余所友好学校定期互访，培养具有"公民意识、领导才能、国际视野、创新精神"的谦谦君子、大家闺秀。

"让学生在思考和实践中创造发展"是进才中学教学的基本原则。近年来，学校提出"聚焦学生发展，整合三维目标，实施有效教学"，课堂教学呈现扎实、互动、活跃的可喜局面。学校依托学生科学院、学生人文学院和学生艺体学院开展研究性学习和社团活动。英法、英德双外语教学在同类学校中居领先地位。AFS国际文化交流已持续10年，向美国、德国、意大利、挪威、瑞士等十多个国家选派

1 | 2

1 进才中学校门景观
2 进才中学校园景色

AFS交流学生50余名，连续六年成功举办中英学生夏令营。目前，已与美国、法国、英国、德国、日本、韩国、新加坡等国多所学校间建立友好联系，进行校际之间的师生互派与交流活动，派遣留学生和接纳留学生已成为学校常规活动。

学校在"让学生在思考、实践和创造活动中成长发展"思想指导下形成了"以扩大选择、学生自主设计为特点的课程体系"。注重对学生思维品质、创新与实践能力的培养，鼓励学生个性发展。学生可在入校时选择考入法语班，德语班和TI班，并且有天文、机器人等优秀社团可参加。

补充资料

进才中学：科艺融合，学生爱上数理化[①]

物理课上，老师不再强调枯燥的质量、体积和浮力等概念，取而代之的是用不同长度的玻璃毛片制作一架钢琴。物理实验也不再对着各种仪器重复测量，而是一边弹琴一边探索音阶与波长之间的关系。这样的物理课不再是中学生眼中的"魔鬼学科"，而成学生的最爱。在进才中学，用数理化等学科与艺术融合的教学，成为学校的办学特色。

与上海大多数区县生源减少的情况不同，近几年浦东新区每年有十几万人口导入。进才中学生源的数量不减反增。生源没压力，但浦东新区的中学却遇到了新问题，家长和社会希望学校培养的学生素质全面。而高校选拔人才时也更在乎学生的创造思维和创新能力。"高中单纯追求升学率和考试分数这条路根本走不通了。"进才中学校长王从连说，"课程改革不得不进行了。"

交叉设置各学科课程内容

"艺术属于古老的世界，科学属于现代的世界。"英国作家本杰明·迪斯雷利的名言也许预示着，未来社会，需要科技与艺术融合的人才。所谓科艺融合，更多地体现在课程内容的交叉设置上。

进才中学的物理实验走廊，陈列着75个大型物理实验仪器设备，成为学校一道独特的风景。学生被要求在高一阶段掌握全部的实验理论和技巧，实验走廊经常挤满了前来动手实验的学生。这些实验颇有"内涵"，研发处负责人蒋金珍介绍，例如一位物理教师曾经自己动手制作了一架玻璃琴，玻璃是毛边的，架子也是粗糙白木的，但丝毫不影响学生的演奏效果和喜爱程度。

为什么普通的玻璃片可以发出如此美妙的音乐？2013届学生彭宁川揭秘说，玻璃琴中玻璃片由长到短排列，击打出的乐声音节恰好由低到高，从而得知声音音调的高低与玻璃片长短相关。此外，根据玻璃片宽度不同等规律，学生们还找到打击发声频率的规律。"在实验课上我们一起演奏、研究玻璃片的发声规律，这样的上课方式彻底颠覆了我们过去对物理课的印象。"彭宁川说。

同样，在建筑营造创新实验室课程上，美术教师张玉林常常挑战学生创造力和动手能力，课堂内容则早已跨越了美术学科，向工程力学、几何学等领域延伸，比如"用最少的材料，制作最小自重、最大承重的桥梁模型"。令张玉林兴奋的是，学生们几乎从未让他失望。

接到挑战的学生们一头扎进了实验室，从网站上查阅关于拱桥的相关资料，分析"拱形桥模型"的受力

[①] 来源：《文汇报》。

特点，还亲自到苏州河沿线观察各种类型桥梁结构，最终确定以外白渡桥为参照原型。用棒冰棍替代外白渡桥的钢梁，用白胶替代桥上的铆钉，高二学生龚玄杰等7人合作，历时一个月，制作成长82cm、高22cm的桥梁模型。

2012年底，加拿大蒙特利尔市ETS大学主办的pontpop桥梁模型比赛中，龚玄杰等制作的"拱形桥模型"以1.082kg净重承受320kg质量的重压，取得了中国参赛组队中最优秀的成绩。像这样有趣的课程，已经逐渐进入进才中学的各类课堂。

优秀跨界师资人才难寻

在科学和艺术融合理念的推进上，王从连坦言："目前我们只做到了交叉，真正的学科融合仍在探索，最大的壁垒在于缺少跨学科的优秀师资力量。"

拥有不同学科素养、较高师德规范和人格魅力，对教师提出了非常高的要求，而符合要求的教师实在太难得。在长期的应试教育下，学生受到了影响，而教师也同样受到了影响。"说实话，学生就是在应试的环境中一路上了高中、大学，他们已经适应了现有的教育体系，而且他们的分科也早早完成，现在我们一下子要求新进的老师要有融合艺术和科学的能力，这确实很难。"这是不少中学校长们的感触。而同样的问题也出现在进才中学。"能够跨学科的老师实在太少了，还需要相对比较长的培养时间。"王从连说，这样的老师要引进也并不容易。

"我曾在北京四中考察时遇见过一位物理学科背景出身的计算机学科教师，他从小还学了音乐，给学生们讲了一次音乐鉴赏课程，给我留下了非常深刻的印象。我有意引进他，可惜他不愿离开北京。"在高质量跨学科师资培养和引进上，王从连显得有些无奈。

引进人才没有很好的解决办法，王从连将重点转移到培养学校的青年教师上。例如去年学校物理实验室引进了3D打印机，王从连就鼓励学校从事劳技、计算机、美术、物理等多种学科的青年教师一同学习，"希望在不久的将来，我们有更多的老师能够实现科学和艺术的融合教育，这样在学生培养上也能够实现良性循环。"

3. 上海市建平中学

建平中学是首批上海市实验性示范性高中，学校创建于1944年，1978年被命名为上海市重点中学。学校位于浦东杨浦大桥西侧，交通便利，校园环境优雅，景色宜人。学校占地面积39191平方米、建筑面积21100平方米、绿化面积11800平方米。

建平中学校园富有审美性与教育性，格局合理，现代化教学设备齐全。全校实现办公网络智能化；两幢主教学大楼的每间教室都安装空调、闭路电视、多媒体教学设备，底楼大厅设置有格调高雅的开放式钢琴演奏台；学校现有6间学生计算机教室，拥有TI室、DIS实验、激光等17个现代化全新实验室；电台、陶吧、绘画、音乐、形体、汽车模拟驾驶、天象馆等各种专用教室满足学生特长发展需要；室内体育馆及室外塑胶跑道运动场、足球场、塑胶篮球运动场等体育健身设施完备。学校图书馆藏书量达到10万册，教师资料室藏书1万册，订阅的报刊达到200多种。图书馆管理全部实现网络化并实行学生自主管理全天开放。学校拥有1000张床位的学生宿舍或学生公寓，舒适高雅，全部安装空调、电话，物业公司全天24小时管理服务。两层楼的学生食堂，可同时容纳1200人用餐。

建平中学以其先进的教育思想、科学的教育模式、卓越的教育成绩，享誉海内外。建平中学已被教育部确定为德育大纲的试点实验学校。"合格加特长"、"规范加选择"的建平教育模式令世人瞩目。接近100％的学生考上本科院校，超过90％的学生被一本大学录取，拔尖人才大批涌现，建平中学在国

建平中学

际、国内（区级以上）各类比赛中获奖已达6000人次。近年来，建平中学结合国内外社会经济发展的现实背景和未来趋势，适时转变教育理念，不断加快教育教学改革步伐，通过实行分层次、学分制教学管理制度，建立与经济发展适应的人才培养模式。学校拥有一批在全国、全市有影响的、先进水平的学科，拥有一支学术造诣较深、经验丰富的教师队伍，特级教师6人，高级教师50多人。以教育产业化、规模化的大手笔创建建平教育集团，已先后创办了上海国际职业培训中心、建平西校、上海平和双语学校、浦发中学、建平网校、建平实验学校和建平世纪中学。

建平中学与大学建立合作发展的共同体，与上海其他24所重点高中一起组成了和国家"211"重点大学——上海大学的自主招生选拔联盟，实现高中教育和大学教育的衔接，为培养高素质、复合型、创新型学生提供了途径。

建平中学发展总体目标是："崇尚一流、保证优良、追求卓越"，为本地区的基础教育提供一个可资借鉴的高效能教育模式。学校要建成思想先进，队伍精干，管理高效，课程结构完善，教学过程优化，具有自主发展功能，培养高素质多规格人才，在国内国际有较高声誉的全国素质教育实验性、示范性高级中学。

补充资料

建平中学：用"根与芽"的力量改变世界[1]

一株芽、一棵树，是否渺小？它们又能够做什么？建平中学"根与芽"社团的同学们，正在用自己的一份份"绵薄"之力，通过募集资金栽种树苗、义卖回收废纸包装再利用、宣传垃圾分类等手段，试图提高人们的环保意识，他们的力量似乎也像嫩芽、细枝一样看似渺小，但他们却深信能用"根"与"芽"的力量，聚沙成塔，慢慢地改变世界。

"根与芽"公益组织"牵手"建平中学

记者采访了"根与芽"社首任社长楼新元，回忆起建平中学"根与芽"社团从无到有，从最初的"芽"到现在在校内外的影响力都初具规模，他至今仍历历在目。

"当时社会上颇有影响力的环保公益组织'根与芽'找到建平中学，希望能在建平中学开设'根与芽'的分社，宣传'根与芽'所独有的环保理念。"楼新元告诉记者，社团成立之初可谓是"困难重重"，"刚开始由于同学们对新成立的建平'根与芽'社不是很了解，社员一度只有10余名"。在楼新元记忆中有一次活动的策划布置，加上自己只有3名社员参加现场活动布置，幸亏有其他社团同学的帮助。"其实当时我看到的并不是社团人数少，而是觉得社员们那么坚持，十分感动，我一定要把建平'根与芽'社经营好。"

楼新元说，在度过最初的一段"艰难岁月"后，在前期的宣传和准备下，从"3·12植树节签名"活动开始，"根与芽"社就逐渐开始在校内崭露头角。"主要还是'根与芽'的环保理念被同学们所认同。"楼新元透露，在社团逐渐"站稳脚跟"后，社团在组建上也日趋成熟。楼新元告诉记者，"根与芽"社目前有负责实践活动的活动部、负责前期宣传的宣传部和志愿者部3个部门，"在巅峰的时候注册社员一度达到过近百人。但我还是觉得，人数再多也不能完全代表社团的影响力，若社团的理念能够被广泛认同，那才是达到了一定的社会影响力"。

百万植树计划募捐活动

印度加尔各答农业大学达斯教授曾对一棵树的身价专门作出估算：一棵树防止水土流失及增加土壤肥力，所产生的价值为68750美元。"我们捐出的40棵树相当于275万美元的价值。当然树的价值远远不能用金钱衡量。"

建平中学现任社长唐艺向记者介绍："根与芽"社有不少自己的"老牌"活动，"百万植树计划募捐活动"就是其中之一。"百万植树计划，这是我社于国庆通宵'imart'上展开的卖树募捐活动。"唐艺告诉记者，由于通宵，活动展开时已是凌晨，即便如此，在社员的努力下，那次活动共募集了1000元人民币，并全数捐给"植树计划"。

"当我们在上海'根与芽'网站发布的植树信息显示'建平中学"根与芽"小组已于4月赴内蒙古植树4784棵'时，心里还是有些激动的，我们虽然没有能够去实地栽树，但是我们的这份爱心，得到了具体的体现。"唐艺如是说。

去年11月3日，"根与芽"社6名社员参加了"根与芽"年会，其中重头戏是听全球"根与芽"创始人、诺贝尔和平奖得主——珍妮·古道尔博士以"希望的力量"为主题的演讲。唐艺告诉记者，可能大众对于这

---

[1] 来源：上海教育新闻网，2013年6月28日。

个名字比较陌生，而她在动物学界和环保界可是一个响当当的人物。"英国动物学家珍妮·古道尔，在世界上拥有极高的声誉，她二十多岁的时候就来到了非洲的原始森林，为了观察黑猩猩，她度过了38年的野外生活，之后她又奔走于世界各地，呼吁人们保护野生动物，保护地球的环境。她最有名的照片莫过于那张'隔空'和黑猩猩'亲吻'了。"唐艺说，当时不仅能够听到博士的演讲，还能够见到本人，并且有机会和她合影，自己也觉得受益匪浅。"珍妮·古道尔博士的演讲旨在呼吁青少年相信梦想的力量，也要相信每一位环保工作者信念的力量。博士问好时使用的猿类语言让每个人都感受到了大自然的魅力，也在一定程度上唤起了我们每个人心中保护自然的信念与希望。"

用废弃利乐包装"换"环保笔记本

冰红茶、酸奶等是春夏比较受青睐的饮料和饮品，多采用利乐包装。而"根与芽"社则看中了这一个个小小的利乐包装，开展了"利乐包装回收活动"。

唐艺告诉记者，"利乐包装回收活动"是本学期的主要活动项目。前任社长楼新元一直鼓励我，并告诉我去年在建社首年，他们在不到一个月的时间就向全校师生收集了1.1吨废纸，最终这些废纸被回收再利用后，成功地加工成环保笔记本1700多本，返还给了同学，得到了全校同学的一片赞美之声。唐艺说，有了楼新元的鼓励，加上去年社团就有如此优异的表现，大家对在一个月内回收2000个利乐包装的目标充满信心。"社员们轮流在食堂教室等各处收集同学喝完的冰红茶盒，甚至老师们也给予了积极响应。"最终，在全校同学和老师的协助下，"根与芽"社在一个月内成功回收2300个利乐包装，并将在6月初由利乐工厂回收再加工成新的环保纸制品，并返还给活动参与者。

谈及自己参与"利乐包装回收活动"，"根与芽"社社员杨启云告诉记者，自己原本以为回收只是用塑料袋把大家的废弃利乐包装收集起来就可以了，没有想到的是，回收只是前期的初步工作。"回收以后，我们还必须把每一个利乐包装给彻底清洗干净。"

杨启云告诉记者，自己平时在家里都不太洗碗，却在社团活动中洗了无数的包装盒。"起初觉得洗起来比较费劲，而且许多包装盒上不乏油腻和污渍，觉得又脏又累。然而当我看到别的女生也没有说什么，男同学更是干得不亦乐乎的时候，自己的心态也就端正了很多，坚持完成了任务。"

"当每个班级的学生们收到用利乐包装回收再加工成的笔记本时，同学们先是显得十分好奇，有不少同学还一直舍不得用这些本子写字。"唐艺透露，在经历了"好奇"的阶段后，开始有许多学生思考一个问题，就是平时可能喝完就扔的利乐包装，其实也能有"华丽"转身的机会。"看来以后扔垃圾的时候也要多想一想，是不是回收后还能发挥更大的作用，否则就太可惜了。"唐艺告诉记者，这是当时一位同学说的。"我觉得能够听到同学这样赞同的声音，比我们再多回收1000个包装盒都有意义。"

期待能够做更多更好

环保事业不是"运动式"和"口号式"的活动，而是一种长期的习惯和生活方式。唐艺告诉记者，这一点是她在成为社长前所没有感悟到的。"比如很多同学会在主题活动结束后还来询问，还有没有地方再回收这些包装盒，或者哪里可以再去申领笔记本等。"唐艺坦言，面对同学的这些疑问，目前"根与芽"社还显得有些尴尬："不过我们也在着力改善，尽量使得活动常态化，并不仅限于某一周、某一个月。"她表示，社团正在积极规划不同种类、不同形式的活动，不仅仅限于上海"根与芽"组织的一个高中分社。而是要做出建平中学自己的特色来。"我们也将尝试和进才中学、华师大二附中、上外附中、控江中学等同样拥有'根与芽'社团的学校进行合作，互通有无，互相学习。"

比如我们有"market二手书市场"，这是我们自己的一个特色活动。国外校园二手书市场已经非常发达，而对比下，主体理念在中国不断被提出却未被好好落实。"面对出国留学需要的高价专业书，面对那些长年堆积在家的小说书，二手书市场可以让书本流通，让同学既节约开支也达到环保的目的。"唐艺说，在社员们"跑班"大力宣传后，"market 二手书市场"活动场面十分热闹，许多学长拿出的旧小说书，在很短的时间内就被学弟学妹们"秒杀"一空。"根与芽"社副社长许玲告诉记者，"根与芽"社除了着眼于校内学生，还开展了一系列校外的主题活动。"比如我们会去对口的洋泾小学，对小学生们进行环境保护方面知识的宣传；我们还进行了校内外垃圾分类主题宣传以及参加有机农场活动等，在这些活动中，由于是走出校门，接触社会，这也让许多社员能够感受到大众对于环保理念所持的不同态度"。

许玲表示，在进行了诸多活动后，她对"根与芽"社有了更高的目标："我们要让尽可能多的人有保护环境的欲望；因为面对灾害频发、空气污浊、雾霾沉沉的环境，我们心中有对未来的美好蓝图，就要去保护这个赖以生存的家园。"

在采访结束的时候，唐艺还特意告诉记者，自己对珍妮·古道尔博士的一段话一直印象颇深，也是被自己奉为社团管理理念的"处世金箴"。这段话的大意是：我今天的根在大地下舒展、蔓延，无所不在，根就是坚实的基础；芽看上去弱不禁风，然而为了得到阳光，他们能钻出坚硬的砖墙。如果我们这个星球面临的各种问题像一堵堵坚硬的城墙，那么成年人就是坚实的"根"，年轻人就是充满生命力的"芽"，"根"与"芽"携起手来就能够冲破墙的阻碍，改变世界。这段话应该道出了社长唐艺、道出了建平中学"根与芽"社社员们和每一位在环保事业中身先士卒的人们的心声。

4. 上海福山外国语小学

上海福山外国语小学始创于1987年，坐落在浦东陆家嘴金融贸易区的福山路，在多年的办学过程中，结合迅猛发展的教育形势，结合教育改革的思潮，结合学校实际情况，学校逐渐形成了自己的办学理念：创造优质的教育环境，让每一个孩子受到适切的教育，得到和谐的发展。

上海福山外国语小学

福山外国语小学的学生除了校区范围内的，还因学校的成功教育吸引了来自本市18个区县、全国包括台湾、香港在内的20多个省市、全球7个国家和地区的学生。福山人以其崇高的教育理念和先进的办学思想和独到的教学策略赢得了社会的赞誉和认同。2013年4月还举办了福山好声音，开发福娃们的音乐潜能，真正做到德智体美劳全面发展。

2014年3月，福山外国语小学国际理解教育科研项目荣获2014上海市教学成果评选一等奖，在此基础上，作为上海基础教育优秀科研项目参加国家级教学成果奖的评选。国家级教学成果评比活动是我国教育领域的"诺贝尔奖"，往年仅限于高等教育，基础教育成果评比还是第一次。浦东新区福山外国语小学《从这里走向世界——小学国际理解教育的"福山梦"》荣获国家级教学成果评比一等奖。这是该校老师历时12年共同努力的结果，也是贯彻该校"为学生提供更适切的教育"办学理念的标志性成就。

第三节 医疗卫生发展

一、卫生事业的发展概述

浦东是卫生事业发展新区，也是上海社会和经济协调发展的一个组成部分，建设有浦东特色的卫生事业，90年代，浦东新区的GDP年增长超过20%，各级政府在卫生事业方面投入12.78亿元新建和扩建了一批大型医疗机构，医疗保健体系初具规模。1998年，浦东新区人均GDP达到4.5万元，超过5000美元，部分居民的医疗和保健需求开始向高层次转移，在保证全体市民基本医疗保健服务需求的基础上大力开拓非医疗服务项目，特别是面向浦东外资企业的外籍员工和中、高收入人群的医疗保健服务，全方位满足医疗需求。[1]但是随着我国医疗卫生体制改革的深入，区域医疗事业的发展还面临着诸多的挑战：

（1）卫生事业的发展滞后于区域社会经济的发展。

（2）卫生体制和运行体制的改革难以一蹴而就。

（3）卫生资源的相对匮乏与高端医疗资源不足同时存在。

（4）构建和谐医患关系的任务仍然存在。

（5）公共卫生服务面临多重挑战。

（6）医疗卫生服务存在城乡"二元"结构，医疗保障水平在人群"二元"待遇。

二、陆家嘴城市规划和建设的变迁对卫生事业发展的影响

陆家嘴金融贸易区的规划和建设，吸引了很多全世界、全国的各类高端的金融人才，但是缺乏足够的专门为外籍人士服务的医疗配套服务设施。高端的医疗服务人才和医疗服务设施仍缺乏，无法满足外籍人士、境外人士医疗服务的需求。今后，各级政府还需增加对卫生的投入，合理配置卫生资源，

---

❶ 戴明德《21世纪浦东卫生发展策略》。

并积极引入社会资本发展高端医疗服务，使该地区医疗卫生机构的设置、床位与人员的配置满足卫生服务的需要和需求。

据2010年的统计数据显示，浦东新区内60岁以上的老人8.8万人，老年人口占总数的19.18%，已经进入老年化社会，现有养老机构7所，571个床位，收养老人483名。所以人口老龄化问题值得政府有关部门关注，同时也需要社会多方的支持。医疗卫生体制改革是一个世界性难题，关乎千家万户的幸福，是重大的民生问题，是经济社会全局系统改革的重要组成部分，全社会都高度关注。陆家嘴金融贸易区的卫生医疗发展水平处于浦东新区的发展前列，该区域内共有医院12所，其中综合医院5所，专科医院2所，社区卫生服务中心5所，以及社区医疗服务点19个，初步建立了以公立医疗、民办非营利性医院及社区卫生服务中心为框架的基本医疗健康服务网络。

陆家嘴金融贸易区以提高服务水平为重点，进一步优化布局，整合资源，完善医疗服务体系，健全疾病预防体系和卫生应急指挥系统，引进多元化的医疗投资机制。经过20多年的医疗事业的建设，实现了以下的目标：

（1）引进国际医院，重点建设具有国际标准的高水平的综合医院和专科医院，为国内外人士提供多元化医疗服务。特别重视为外国人服务的医疗卫生设施建设和其他特需服务的发展。

（2）整合各级各类医疗资源，建立布局合理、功能完善、服务到位、标准化的公共卫生和社区卫生服务网络。广泛建立健全社区卫生服务点，推进家庭病床建设，满足不同层次居民的需求。

（3）每千人拥有医院面积达280平方米以上，外籍人士专用医院每千人达200平方米。

三、政府对卫生事业发展的政策

1.《浦东新区科教兴医三年行动计划》

浦东新区经过前两轮的科教兴医3年行动计划（2007~2012）的实施，提升了区域内医疗卫生人员的整体研究能力和展业素质，基本形成了一支在上海市卫生系统领域中具有较强活动力和一定影响力的卫生专业队伍，在新的起点上谋划和实现新一轮科教兴医的发展蓝图，进一步提升区域内医疗卫生服务能力，促进卫生事业健康、持续、协调发展，2013年6月，又制定了第三轮3年行动计划，总体目标是建设一批特色优势显著，具有国内先进、领先水平的重点学科、专科和全科团队；培养一批具有国际眼光的一流医学人才队伍，研究一批具有科技创新的卫生科技项目；产生一批具有自主知识产权，有重大影响和突破的学术成果，搭建一批有科技服务能力的技术平台，充分发挥卫生科技与教育在卫生事业发展中的支撑和引领作用，为深化医改，提高人民群众健康水平提供人才和科技的保障。其主要任务包含以下几点：

（1）重点学科群、重点学科、重点专科、重点全科团队的建设。

（2）领先人才、学科带头人、优秀青年医学人才和优秀社区适宜人才的培养。

（3）卫生科技项目的开展。

（4）医学知识产权管理的建立和健全。

（5）卫生专业能力培训基地建设与继续医学教育培训。

（6）鼓励在职学历教育，提升学历水平。

（7）搭建国际医学交流平台，拓展海外培训项目。

2. 组织开展高龄老人医疗护理保障计划试点

浦东新区作为本市3个试点区之一，选取潍坊、塘桥街道参加试点。新区和两个试点街道分别成立了"高龄老人医疗护理计划"试点领导小组和工作小组，制定具体实施方案和试点工作流程。社区卫生服务中心利用现有的家庭医生作为评估员，参加市人力资源和社会保障局组织的专业培训，完成护理站的筹建工作。截至2013年底，两个街道共受理申请人数77人，已评估人数64人，评估后可享受高龄老人医疗护理服务的人数37人，已提供服务人数18人。提出复合评估申请5人，经解释工作后撤销申请3人，2人已完成复合评估。

四、医疗卫生功能的成果介绍

（一）公立医疗

1. 上海交通大学医学院附属仁济医院

仁济医院是上海开设最早的一家西医医院，它是1844年初开埠后不久，由一个名叫威廉·洛克哈脱的传教士兼医师受英国基督教伦敦教会的派遣来沪在大东门外开设的，原名中国医院，后迁到小南门外一幢老式住宅。1845年月医院在教会支持下，向上海外侨募得2800多银两，在山东路麦家圈建成一所新医院，于1846年7月移至新址，命名为山东路医院，亦称仁济医馆。1999年10月，仁济东院在陆家嘴金融贸易区建成投入使用，摆脱了长期困扰医院发展的地域限制，医院占地面积由原来的14亩扩大为145亩。床位数由原来的800张增加到1300张。东部进入三期建设快速发展时期：2007

仁济医院

年底干部保健综合楼实现结构封顶。建筑面积5.85万平方米的门急诊医技楼经上海市发改委正式批准立项。

今天，有150多年历史的仁济医院仍充满勃勃生机，为21世纪我国医学事业发展作出积极的贡献。2012年，医院总收入27.30亿元，比上年增长12.27％，全年门急诊315万人次，出院7.67万人次，手术5.33万例。

2001年，医院在全市三级综合性医院中率先推行并通过ISO 9001质量管理认证体系，并每年通过质量认证。

2. 上海交通大学医学院附属上海儿童医学中心

上海交通大学医学院附属上海儿童医学中心位于陆家嘴金融贸易区东方路，北园路口，是由上海市政府与世界健康基金会（ProjectHope）合作共建的一所集医、教、研于一体的三级甲等儿童专科医院。1998年6月1日医院正式开张，前国家主席江泽民为医院题写院名，美国前总统夫人希拉里·克林顿为医院开张剪彩，2011年美国新任驻华大使骆家辉先生到访医院，称上海儿童医学中心为"中美医学成功合作典范"。医院占地面积100亩，总建筑面积约8.4万平方米，规模床位1000张，实际开放床位604张，重症监护床位数配置占总数的1/5。目前，年门急诊总量约140万人次，出院病人约2.2万人次，手术病人约1.3万人次，门急诊日间手术0.7万人次。2010年，儿童医学中心成为国内首家通过JCI国际医院认证的儿童专科医院。2012年，医院获得国家药物临床试验机构资格认定证书，共8个专业获得药物临床试验专业资格。医院先后与30余个国家和地区的医疗机构，包括与23个世界最具影响力的儿童医院建立了友好合作关系。此外，医院秉着"培训—培训者"的理念，连续10年开展"西部及东北地区儿科医护人员培训项目"，免费为西部及东北部边远地区18个省53个城市培养了273名儿科人才。

上海儿童医学中心

补充材料

附属上海儿童医学中心再次成功分离大面积胸腹相连连体婴儿[1]

2014年7月16日下午2时，上海交通大学医学院附属上海儿童医学中心宣布，经过约4小时的分离手术，胸腹连体女婴成功实现手术。从此，姐妹俩将拥有各自的精彩人生。自2004年至今，上海儿童医学中心10年中已累计实施4例连体婴儿分离手术，分离手术成功率达100%。

该对连体女婴于6月19日来到上海儿童医学中心。经多学科团队会诊检查显示，连体女婴从胸骨下段至脐部胸腹相连，拥有各自独立的心脏，但其下部心包紧贴，下胸部软组织少许相连。姐妹俩腹腔相通，肝脏局部整合，两侧肝脏有血管相通，但腹部循环系统、消化系统、脾脏、双肾均各自独立。然而，姐妹俩都存在脊柱侧弯畸形，且左右肾均旋转不良。通过CT三维重建计算出姐妹俩胸腹缺损面积为147.74平方厘米（17.8cm×8.3cm）；相整合的肝脏横断面的最大前后径近9cm，周径达39cm。

面对这个高难度手术，儿童医学中心启动了由多个临床专科组成的医疗专家组，以儿外科为主，联手国内小儿先心病诊治最大规模的心胸外科，以及儿骨科、麻醉科、影像诊断科和重症医学科等多个临床专科组成的医疗团队在术前进行了多次会诊，根据姐妹俩连体的情况对多套手术方案进行讨论，并从中选择了最佳方案，同时也对术中可能出现的问题制定应对预案。分离手术定于7月16日，这也是医护人员为孩子们精心挑选的好日子，希望孩子们手术成功，今后的人生之路能六六大顺。

7月16日上午8时，连体女婴由医护人员护送着送往手术室。此刻，麻醉科已经准备就绪。麻醉科安排了两组人员分别对孩子们进行麻醉，麻醉科主任张马忠表示，"在我们眼中连体儿既是两个人又是一个人。麻醉过程中既要考虑到孩子们会相互影响的因素，又要根据各自的体征情况进行个性化的麻醉实施和维持。9时30分，连体儿成功实施麻醉。"10时，分离手术正式开始。

首先出场的是儿外科医疗组。由陈其民主任、徐敏主任、褚珺主任、严志龙主任组成的精英团队首先为连体儿进行分离手术，包括胸腔分离、心包分离、腹腔分离和最关键的肝脏分离。据悉，作为国家临床重点专科的儿中心儿外科在各类儿科疾病均颇有建树，专家团队都身怀绝技：陈其民教授是国内知名的小儿外科专家，擅长小儿外科各类疑难杂症的手术治疗。至今，他已经主持并参与了9例连体儿分离手术，分离成功率为100%。徐敏对儿童实体肿瘤的外科治疗领域颇有建树，与肿瘤内科、病理科、放射科共同首创了国内肿瘤协作治疗模式，大大提高了肿瘤患儿的生存率。褚珺是儿科整形修复领域的专家，对巨大创面的整形修复有丰富经验。严志龙在国内较早实施儿外微创技术，其单孔腹腔镜技术为许多患儿带去福音。

10时18分，陈其民划下了第一刀，从腹腔分离开始。10时40分，开始实施肝脏分离。运用超声吸引刀分离肝细胞，运用能量平台电凝血管胆管，然后给予切断。11时45分，肝脏分离成功。同时另一组外科医生准备上台。11时58分，胸外科刘锦纷教授上台主持实施胸骨分离，并对粘连的心包进行分离。12时05分，连体儿分身成功。12时10分，姐妹俩被分别安置在两张手术室台上，外科医生分为两组继续进行胸腹修复手术。为了姐妹俩术后的外观能够最大程度接近正常儿童，减少疤痕，首次使用独创特殊的倒Y形切口。

又经过约1小时的手术，姐妹俩的胸腔和腹腔修腹成功。下午1时53分，分离手术宣布顺利结束。孩子们通过专用通道被送往重症监护室进行监护。

---

[1] 来源：上海交通大学

　　重症监护室主任徐卓明表示，连体儿的术后监护第一夜尤为重要。刚刚经历分离手术的姐妹俩极有可能出现巨大创伤引起的循环功能不稳定，以及脓毒症引起的感染性休克。因此，术后一周是危险期。另一方面，监护室还为孩子们作了特别的设计。徐卓明表示，根据我国以往的接诊经验和国外文献报道，连体婴习惯了面对面体位，对望能让他们互相感到有寄托，携手渡过术后的一个个难关。因此，重症监护室为这对姐妹准备了特殊的重症病房，以及根据他们的体位"私人定制"的托具，以保证两个孩子在分离后依然可以保证"凝望对方"的姿势，从对方那里获得支持和鼓励。

　　儿中心院长江忠仪表示，连体儿分离手术是医院多学科通力协作，整体体现医疗实力的典型病例。手术成功离不开儿外科、胸外科、影像诊断科、麻醉科、骨科、监护、护理的共同努力。姐妹俩还将面临许多难关，术后监护的任务十分繁重，医院将尽一切努力，为这对姐妹保驾护航。

3. 上海市东方医院

　　上海市东方医院（同济大学附属东方医院）始建于1920年，是一所集医疗、教学和科研于一体的现代化三级甲等综合性医院。医院南北两址，分别位于上海陆家嘴金融贸易区和世博园区，建筑面积25万平方米，地理位置优越。近年门、急诊人次超过230万，其中外籍患者5万余人次，病人来自全国、港、澳、台地区和欧美等国家。

　　医院设51个临床、医技科室，开放床位2000张。医院设有国家级紧急医学救援队。自2000年以来，承担了在上海举办的APEC、六国峰会、世博会、世泳赛、国际马拉松等重大赛事、会议的医疗保障。自2012年起，成为国内唯一法国国民医保定点医院。2013年位于东方南院的上海东方台胞医院开诊，开设24小时门、急诊及住院服务，并协助办理台湾健保。10余年来，东方医院募集社会各界公益企业的慈善基金，打造出集"出资方—监管方—技术方"为一体的铁三角医疗慈善救助模式，惠及新疆、江西、贵州等近二十个省份，千余名贫困家庭心脏病患者摆脱疾病的长期折磨获得新生。

东方医院

补充资料

上海铸就医疗援疆"铁三角"东方医院完美上演爱心慈善手术接力[1]

从新疆喀什到上海浦东，5000多公里的路程，3月24日，一场爱心慈善手术接力在上海东方医院完美上演。

援疆医生前线求援

手术病人叫买买提·阿尤普，今年67岁，来自喀什地区莎车县。早在8年前，他就检查出患有心脏病，但是苦于医疗环境落后，退休金微薄，手术一拖再拖。

周华医生是东方医院心内科的援疆专家，他在门诊时发现，当地每天七八百的住院病人当中，有100个左右是心血管病患者。尽管病人多，但是心血管专家周华却无用武之地，原因是这里连介入治疗的数字剪影机都没有。于是，周华开始寻找后援，将已经确诊、急需治疗的危重心脏病人转往"娘家"——东方医院。他的这一想法，得到了上海市对口支援新疆工作前方指挥部总指挥陈靖的大力支持。

慈善对接免费手术

新疆患者来上海治病要花多少钱？令人放心的是，来东方医院接受救治的所有新疆心脏病患者全部免费治疗，其中包括一到两位陪同家属的费用，均来自社会各界援助的多个医疗慈善基金。

亲自为买买提主刀的东方医院院长刘中民教授介绍说，医疗援疆不仅是治愈几位新疆病人，培训几位新疆医生，更重要的是将上海医疗界的新模式、新理念普及到新疆。

借鉴了国外公立医院救助社会弱势群体的经验，社会各界组成了这套由捐资方—治疗方—第三方监管组成的三方联动模式，三者之间形成了一个良性循环的"铁三角"，使病患不再受制于地域、经济条件的差异，建立起了医疗援疆的长效机制。

东方医院社工部主任吴晓慧介绍道："社会工作部负责将不同类型的贫困患者对接不同类型的慈善基金。"符合手术条件和慈善基金使用规范要求的患者，就可以接受免费援助。

惠及患者形成长效

自2010年上海启动援疆计划以来，已有18位心脏病患者来到上海东方医院接受免费慈善手术治疗。据悉，3月底4月初，还会有30多位新疆患者来东方医院就诊，一个看不见的上海医疗援疆"铁三角"模式，已经惠及到新疆的更多地区，这种模式将继续给力于更多的新疆患者。

（二）社区卫生服务中心

社区卫生服务有两个显著特点：一是广泛性，一方面是服务对象的广泛性，另一方面是社区卫生服务的综合性，即预防、治疗、康复和健康促进相结合，院外服务与院内服务相结合，卫生部门与家庭社区服务相结合。所以社区卫生服务是适应医学模式的转变而产生的，是整体医学观在医学实践中的体现。社区卫生服务的主要内容是初级卫生保障，是整个卫生系统中最先与人群接触的那一部分，所以社区卫生服务是卫生体系的基础与核心。

社区卫生服务中心是以居民的卫生服务需求为导向、以人的健康为目的、以社区为范围，合理使

[1] 来源：http://www.shanghai.gov.cn，2011-03-25。

用社区资源和适宜技术，为居民提供有效、经济、方便、综合、连续的集医疗、预防、保健、康复、健康教育、计划生育技术指导为一体的服务。

1. 为社区居民健康服务

社区拥有丰富的居民健康信息，预防为主，以健康为中心进行社区人群的健康全程管理。

2. 防治结合、多档合一

合理配置、充分利用现有信息资源融居民健康档案与临床信息于一体，医务人员以全科医学思维服务居民。

3. 以社区居民需求为导向

突出重点服务对象，针对社区常见病、多发病防治，体现社区卫生服务特征。

4. 统筹规划、分步实施

从社区实际出发，实事求是，在服务中心试点并逐步推广形成区域性疾病预防控制和社区居民健康信息网络系统。

本区内共有5家社区卫生服务中心：花木社区卫生服务中心、陆家嘴社区卫生服务中心、塘桥社区卫生服务中心、潍坊社区卫生服务中心以及洋泾社区卫生服务中心。

（三）私立医院

为了满足外籍人士、境外人士医疗服务的需求，本区内配置了一定数量的私立医院。

1. 上海瑞东医院

上海瑞东医院位于浦东新区联洋、碧云与汤臣三大国际社区间，建于1998年，是台湾专业医疗团队与本地三甲医学中心——瑞金医院体团队合作的花园式台资综合性医院。瑞东医院已形成了成熟、规范和科学的具有台湾特色的团队诊疗模式，为本地中高端人士、在上海的台胞以及境外人士提供医疗服务，并与超过30家国内商业保险公司建立了直付及委托业务关系。凭借其在台湾成熟的医疗援助

上海瑞东医院

网络，医院开放以涉及中国台湾为主以及大陆范围内的紧急访视及转运业务。医院服务项目内容有内外专科、妇产小儿、五官专科、中医诊治、整合医学、远距探视、紧急转送、健康咨询、健保核退、门诊住院、急诊约诊、医学美容、功能医学、抗衰老医学、空腔医学等。瑞东医院与中国台湾及世界各地的各类学术、科研、事业及健康机构建立和多关系，并接纳在众多大陆获得医学专业资格的台籍人士在院培训及进修的申请。该院已成为浦东地区具备相当规模、知名度及影响力的社会办医机构。2012年医院承办了卫生部上海市民营医疗机构现场调研会，也接待了来自哈佛商学院、中欧工商学院等MBA团队的参访，加强与中国台湾中正顾客医院集团、向日葵健康网、中国台湾医事联盟协会等的建设合作。

2. 上海明德五官科医院

上海明德五官医院前身系中日和多远东口腔医院，始建于1997年，是浦东新区首家集预防保健、医疗、康复为一体的五官科专业医院，其建筑面积为2300平方米，核定床位为20张，专科专业医护人员为40余人。2012年门诊量超多1万人次，应邀派出医务人员参加各类义诊。上海明德五官科医院不断加强对各科室人才队伍培养建设，拥有一批具有博士、硕士、学士学位的口腔、眼、耳鼻咽喉科的专业医师队伍，眼科和耳鼻咽喉科的国际部还聘有韩籍及留美、留日的高资质医师，提供高新专科诊疗项目为特色诊疗，并以平价医院的经营理念来服务于社会大众。

上海明德五官科医院

为了响应《中共中央、国务院关于促进残疾人事业发展的意见》（中发［2008］7号）文件的精神，进一步促进残疾人事业的发展，大力推动低视力康复等工作，2012年医院圆满完成浦东新区残疾人联合会的委托任务，开展低视力康复检查逾2000人次，斜弱视矫正1600人次。帮助浦东新区残疾人联合会研发出聋人电子发光门铃，协助为新区的聋哑人安装门铃，改善了残疾人弱势群体的生活质量，使党和政府"人人享有康复服务"的政策进一步普及和深化。经过不懈的努力，医院被上海市残疾人联合会、上海市人力资源和社会保障局评为2012年度上海市扶残助残先进集体。

第十二章

宜居社区

第一节 宜居社区发展概述

社区是城市中人们生活、居住的主要场所，也是联系居民与城市之间的桥梁。从空间上看，社区是城市的构成单元，若干个社区规模的地块更是当前城市建设的热点尺度。建设宜居城市，应从打造一个个宜居社区开始。宜居社区的内涵可以从宏观、中观、微观3个层面来理解，从宏观层面看，宜居社区应该具备良好的城市大环境，包括生态环境、社会人文环境、人工建筑设施环境；从微观层面看，"宜居"仅仅指适宜居住，因此宜居社区应该具备各建筑单体内部良好的居室环境。宜居社区具备了"人与自然和谐、安全、卫生健康、方便生活、出行便利、和谐社区"等6个方面的特性。如今的浦东，特别是陆家嘴金融贸易区基础设施已基本完备，大规模兴建也已告一段落。地铁、轻轨、高架路、立交桥等交通网络四通八达，纵横交错的河流皆与黄浦江贯通。处处绿树成荫，四季鸟语花香。

1. 陆家嘴城市规划和建设的变迁对社区功能的影响

陆家嘴金融贸易区城市规划建设的25年间，由于城市的变迁，居住人口发生了很大的变化，一是居住人口中外籍人士的逐年增加，催生了国际社区的形成；二是不成套的旧式住宅已逐渐满足不了宜居社区的要求，或者被拆除更新，或者在原有基础上进行节能改造；三是老龄化问题逐渐突出，怎样建设老年人宜居社区又摆在我们面前。

补充资料

浦东塘桥启动老年关爱项目[1]

日前，浦东塘桥社区正式启动"老年关爱项目"。百特国际基金会捐赠10万美元，为为期两年的老年医疗健康公益项目提供资助，逾8000名上海老年人将从中受益。

据了解，此项目由世界健康基金会设计、管理和总体实施，落地于上海浦东新区塘桥社区居家健康服务社和社区卫生服务中心，向社区内的老年人群提供医疗健康援助，主要包括提供免费医疗服务、提升独居老人的居家医疗服务、降低老年人跌倒风险以及改善老年居民的生理和心理健康水平四大方面。值得注意的是，项目中覆盖了当地社区中的独居老人和失能老人。

据估计，届时将会向社区内老人提供6000次免费的健康筛检（血压和血糖），2500次上门医疗随访服务，200次家庭环境跌倒风险评估，派送5000余个药盒及防跌工具等，此外还包括了音乐疗法课堂、健康教育培训、发放防跌宣传单页等。

其中，上门医疗随访服务包括提供免费健康咨询、免费健康筛查（血压和血糖）和药品整理。项目将通过对独居老人的家庭环境进行跌倒风险评估，在醒目位置粘贴警示标识，提供某些防跌工具，进行防跌宣传等方式，来降低老年人尤其是独居老人的跌倒风险。避免老人由于跌倒而产生骨折，以及因卧床而发生其他

---

[1] 来源：《青年报》2013-05-12。

严重并发症。

项目将培养两位专业医务人员作为音乐疗法指导师，为老人们提供100场免费的音乐治疗锻炼。通过进口的设备与享有专利和版权的音乐，让塘桥老年日托中心的老人在享受音乐和锻炼肢体的过程中，提升其生理和心理健康水平。

据介绍，此次倡议并成立的"老年关爱项目"，它是世界健康基金会进入中国以来的首个完全以老年人为主体的健康公益项目。此次与百特国际基金会携手，通过浦东新区塘桥社区居家健康服务社和社区卫生服务中心，为老年人带来生理与心理的全方位健康关爱。该项目无疑将为有效应对老龄社会问题进行有益的探索、积累宝贵的实践经验。

2. 陆家嘴金融贸易区社区的发展历程

陆家嘴金融贸易区作为上海地区最早开放和城市化的地区，社区建设多集中于20世纪80年代，那一时期公共配套的指标相对现今的市民需求有较大的差距，同时，由于陆家嘴金融贸易区的开发，这一地区的人口结构亦发生了较大的变化，使得公共配套设施的需求具有多样化和复杂化的趋势，产生了配套设施短缺或供需不平衡的状态，加上城市公共设施日益普遍的高级化趋势，进一步加大了与当地居民服务消费需求的差距；而城市功能高端化使该地区的土地资源极为紧张，公益性的社区公共服务设施的配置落地越发艰难。在落实"关注民生"的时代背景下，关注城市老社区公共服务设施发展的需求，积极提出针对性的解决对策与思路，为老社区居民提供健全、完善、优质的公共服务是建设和谐社会、宜居社区的具体举措[1]。

陆家嘴金融贸易区的老社区，93%建于1990年之前，2001年之后建造的住宅仅占1.4%，而居住面积在60平方米以下的占88.4%，90平方米以上的仅占2%。近20年由于该地区经济的飞速发展，人口结构发生了明显的流动迁移，人口结构相比建设之初发生了巨大变化。越靠近中央商务核心区的老社区内的低收入的原住民人群逐步被挤出，而租赁与新购住宅户数增多，且多为初次置业的白领家庭或者单身白领阶层。而核心区边缘区仍然居住着大量原住民。老社区的公共服务设施需求特征表现为需求不足的状态，对新的社区服务的需求也在不断加大。政府在逐步克服政策、制度、资金等方面的障碍，在城市建设与改造中逐步缓解老社区公共服务设施配置不足的现状，逐步改善老社区的民生问题，为宜居社区的最终实现而努力着。

浦东新区自开发开放以来，依托现有的人居环境，现有的境外人士的所占的人口比例，拥有了发展国际社区的基础和潜力，本区内现有陆家嘴滨江、联洋国际社区。但建设国际社区之初，在建设和管理上存在一定的差距和缺陷，与不断增加的外籍人口和他们的生活需求等人文环境还不相适应。如何进一步做好这方面的工作，是陆家嘴地区政府宜居社区建设的又一大挑战。通过20多年的建设，逐步建立健全了各项规章制度，提高了制度管理的水平，探索灵活的建设和管理模式，努力提高政府管理水平的竞争力，加强国际社区公共服务建设，提升政府服务水平，为国际社区硬件配套设施及人文环境建设创造了很好的条件。

❶ 吴庆东、张龄、冉凌风，《城市老社区公共服务设施发展困境与优化对策研究——以陆家嘴地区为例》《上海城市规划》，2012.（01）。

第二节　宜居社区建设成果介绍

一、国际化社区

　　所谓国际化社区即有一定比例境外人员居住的住宅小区（社区）。目前，浦东新区国际化社区已达到48个，居住登记常住境外人员（包括外国人、港、澳、台居民、华侨）已超过2.7万人。这部分国际化社区的管理，稳步构建多层次，相互衔接的社区自治网络，在陆家嘴地区有着成功的经验。

　　1. 陆家嘴滨江国际化社区

　　滨江国际化居住社区位于东起浦东南路，西界黄浦江滨，南顺浦建路，北至银城南路，占地约200公顷。主要有仁恒滨江园、世茂滨江园、盛大金磐、汤臣海景、菊园、张杨滨江苑等，主要楼盘建筑

1 ｜ 2
　　3

1 滨江国际社区（一）
2 滨江国际社区（二）
3 陆家嘴花园二期

面积约134公顷，居住人口3万。是以建设一个融合精品商业、娱乐、休闲、教育为特色的国际化居住社区为目标，结合CBD建设，加快探索旧住宅小区的改造和对煤炭码头置换改造的途径。加快东昌路和银城环路系统极品街建设，辟建八佰伴高档商业休闲区、崂山东路休闲街，致力菊园小区配套和张杨路隧道口中高档商业休闲区的形成。建设与国际化居住社区匹配的中学、小学、幼儿园各1所。建设具有外向型功能的社区服务中心。

以仁恒滨江花园为例，该小区地处CBD——陆家嘴中心区，上海中央商务区中的财富精英聚居地，也许是中国国际化程度最高的社区。1200多户居民中有40%以上来自中国内地以外的40多个国家和地区。

补充资料

老外加盟居委[1]

2012年12月9日下午，仁恒滨江园小区举行首次居委会选举，49位社区居民代表经过差额选举，从9位候选人中选出7位居委会委员。32岁的杰森·波汉和另一位新加坡人吕丽莲在7个席位中占据了两席，成为中国11.5万个居委会和近50万名居委会工作人员中少见的"洋干部"。

来自澳大利亚的杰森·波汉是澳大利亚联邦银行驻上海办事处的业务经理，但眼下他更引人注目的身份是他兼任的上海浦东仁恒滨江园小区居委会委员。和杰森·波汉同时当选的还有来自新加坡的吕丽莲。两名"老外"当选居委会委员，这在拥有超过11.5万个居委会和近50万名居委会干部的中国并不多见。

"老外"委员参演沪剧，圣诞夜与邻居同乐

昨天是圣诞节，也是上海入冬以来最冷的一天，早晨甚至罕见地飘了两个小时的飞雪。当晚，上海逸夫舞台上演了一出现代沪剧《滨江情缘》。剧情本身并没有太多出彩之处，但剧中一位只有两句台词的外籍演员却引起了大家的普遍关注。这位外籍演员就是刚刚当选为上海浦东仁恒滨江园小区居委会委员的波汉。

虽然气管炎发作，但波汉仍然向公司请了假，下午就来到剧场参加排练。这出沪剧的部分情节取自仁恒滨江园小区。剧中有一个外籍人士的角色，沪剧团便邀请波汉出演。台词对于已经学过8年中文的波汉来说没有太大问题，主要的障碍是要听懂其他演员的上海话，知道自己什么时候开口。波汉排练了一遍又一遍，还根据剧情的需要，扭秧歌、跳迪斯科以及弯腰作揖，举手投足都十分到位。"他的中文说得那么地道，态度和专业演员一样认真，难怪大家要选他做居委会干部了。"和波汉一道参加演出的演员说。观看演出的观众中，大约1/4来自仁恒滨江园小区。看着自己的邻居在台上表演，他们感到很亲切。国际化社区民主选举，7名委员中有两名"老外"

工作重点是中外文化交流，"老外"委员"为人民服务"

对于两位"老外"的加盟，新任居委会主任张玲宝认为这是一种新的尝试，也是大势所趋。张玲宝说，"和别处不同，这个小区居委会的工作重点不在安全、卫生和民政方面，关键是怎样组织一些丰富多彩的文化娱乐活动，把来自世界各地的居民凝聚起来，说起来也算是中外文化交流吧。"除了金发碧眼的外表，杰

---

[1] 来源：《北京青年报》2012-12-26。

森·波汉更像一个中国人。他很早就开始在悉尼学习中文，来到中国以后在北京娶了中国妻子，还随她的姓给自己取了个中文名字"岳志成"。当选居委会委员后，32岁的杰森·波汉操着一口"京味"中文幽默地说，"我感到很吃惊，很惊喜，也许还有一点儿担心自己不能胜任，因为这是'为人民服务'。"

而对于祖父母辈都是华侨的吕丽莲来说，回到中国生活正是她的梦想。吕丽莲懂三国语言，为人热情，和社区内居民关系颇好，这也是她能够当选的重要原因。

当选后的吕丽莲也显得十分兴奋，表示一定会代表居民特别是其中的"老外居民"履行好职责，付出最大努力，为居民服好务。

上任伊始面临文化观念差异，若想服务到位尚需磨合

"中国开放程度高，老外才会当选'小巷总理'"，复旦大学社区问题研究专家浦兴祖教授说。一方面，社区日益国际化在一些发达城市渐成趋势；另一方面，许多老外对中国文化和社会生活已经相当谙熟，正在越来越深入地融入中国社会中。

浦东仁恒滨江园小区里的中外居民对这个十分特别的居委会期望颇高。吕丽莲表示，要"为中外文化搭起友谊的桥梁"。而杰森·波汉则又对记者幽了一默："我是第一个当上居委会委员的'老外'，可不是最后一个！"在居委会的第一次"全会"上，波汉的分工领域被确定为社区文化，着重组织节日期间的社区活动。波汉希望社区的居民在圣诞节、春节、中秋节、端午节都能聚集到社区的会所，一起参加各种文娱活动。他还想引进例如法国的巴士底节这样在中国还不知名的节日。

不过波汉"上任"后组织的第一个活动并不算成功。按照波汉的设想，他在平安夜邀请了上海教会的一个唱诗班到小区，为社区居民诵唱《平安夜》。可是由于社区大多数外国居民都回国度假，而中国居民对圣诞节并没有太多感觉，所以当时到场的观众寥寥无几。

吕丽莲也已从最初的兴奋中平静下来，她正在酝酿着组织一个太太俱乐部供大家切磋厨艺。但她和波汉同样感觉到，光凭热情是不够的，还要注意方式方法，毕竟不同国家的文化和风俗习惯不同。要很好地为社区居民服务并让居民满意，可能还需一个漫长的磨合期。

2. 联洋—花木国际社区

联洋—花木国际社区规划定位为现代化、生态型的中、高档居住区，城市中心新型功能区。总体布局以带形绿地构成核心骨架，以三条横向的主轴以及若干纵向的分支贯穿整体，将步行绿色景观轴线与具有不同用地特点和使用功能的住宅群形态结合，通过绿化，交通系统组织空间，形成错落有致、收放有序、形式多样的整体结构和空间效果。同时规划提出了以人为本、多元复合功能的家园生活理念，集中共享配套设施，形成了以社区地域中心、活动中心、消费中心、集散中心和管理中心为一体的社区配套，以全新的运作模式规划物业形态。联洋国际社区与杨高路、罗山路、龙阳路、世纪大道、内环线等交通大动脉相连，并和地铁、隧道、大桥及浦东国际机场等组成立体交通体系，使社区拥有现代化的交通条件。联洋国际社区总规划居住总人口约7万户，总占地面积约5.3平方公里，总建筑面积400万平方米。其西临浦东文化中心，毗邻上海科技馆、浦东图书馆；南对140万平方米的"城市绿肺"世纪公园，东南面则是高档别墅区。

以"环抱世纪公园"为主题，以生态化、国际化、和谐化为目标，建成以绿色生态为特点，各项配套齐全的国际化居住社区。加快推进商业设施建设，有效整合商业设施组合，以大拇指广场为框架，调整业态，建设梅花路商业街、丁香路特色商业街、迎春路特色街，辟建经营高档品牌的商业区，新建具有文化娱乐功能的沿张家浜休闲步行街。挖掘世纪公园的生态资源，体现社会功能，兼顾商业功

联洋—花木国际社区

能，结合芳甸路景观大道建设，开辟沿公园商业休闲设施。新建多语学校，建成中学1所，幼儿园2所。利用高压走廊入地改建休闲娱乐、健身场所。建设具有外向型功能的社区服务中心，满足中外人士社区活动需求。

作为新一代国际社区，联洋社区率先引入国际先进的"集中整合社区商业"概念，构成新型的商业中心与纯住宅区分立的格局，人性化的社区布局更适合具有生活品位的海内外成功人士。联洋国际社区的配套资源已日趋高端，尤其是社区内的教育资源更是其他各区域中的佼佼者，不少境外人士认为，在上海高端社区中，联洋社区是国际化程度较高的，同时其国际生活配套与增值服务也是他们体验过最好的，老外的生活非常讲究条理性，很多集成式生活系统是许多国外成熟社区的标准。联洋社区从生活配套上非常注重国际化品质，社区中的酒吧、餐厅也非常具有国际化的色彩，有一家叫"汉舍"精品餐厅，是由马来西亚籍人士开设的中国私房菜，个性的装修和独特的口味，牢牢抓住了很多业主的"胃"。

二、旧房改造

通过机制和体制创新，该区积极探索对旧住宅的改造模式，特别是沿世纪大道两侧，陆家嘴中心区1.7平方公里的旧住宅的改造。

陆家嘴街道调研崂山地块不成套房屋的旧房改造情况：陆家嘴街道崂山地块是新区旧房改造项目中体量最大、居住条件最差的区域，面对的困难和矛盾非常突出，在改造过程中要对居住困难群体、群租人员、违章搭建和居改非等情况深入调研，摸清底数。

　　通过旧区改造，浦东中心城区的面貌发生了较大变化。但旧改工作推进面临很多困难。

　　一是资金缺口较大。从2002年10月开始，优惠政策逐步取消，旧区改造的方式向土地储备开发转变。旧改动迁需要由政府垫付大量的资金，拆平后再实施出让。而且，城区中许多小的旧改地块并无开发利用价值，由此，给政府财力带来了巨大压力，以致许多迫切需要改造的地块因资金短缺而无法实施启动。

1
—
2

1　金杨全景
2　改造后的陆家嘴建于80
　年代的新村住宅组图

二是居民意愿不一。一方面，确有相当数量的旧区居民居住条件困难，环境恶劣，他们对实施旧改的愿望非常迫切。但另一方面，仍有为数不少的居民，一旦真的实施动迁，就表现为患得患失，对动迁补偿的期望越来越高。

浦东新区由由社区大多是有着十多年房龄的"老公房"。2007年1月底，花木街道将其中4幢12个单元的房屋作为试点，进行了节能改造。从外表看，"试点房"与周围的房屋并没有太大的区别：屋顶进行了"平改坡"改造，外墙被粉刷成深蓝色。但在小区居民口中，"试点房"里的业主已经成为大家羡慕的对象。原来，"试点房"不仅外观漂亮，更多奥妙却在看不见的地方：这些大楼的墙面上都贴了一层3厘米厚的聚苯乙烯泡沫塑料板，能够起到隔热的效果，相当于给大楼穿上了一件"保暖衣"。屋顶在"平改坡"改造时，也多加了一项同样材质的"保温帽"。普通楼房采用的单层玻璃窗，在这里都被换成了双层的塑钢中空玻璃，既隔热又隔音。每个楼面还安装了一盏漂亮的太阳能楼道灯。楼道灯通过装在屋顶的太阳能电池板获得能量，遇到连续数日雨天、雾天，才会自动转换使用电能。这样一来，每个单元每月20多元的公共电费减少一半。

穿上"保暖衣"，戴上"保温帽"，换上塑钢中空玻璃窗……这些措施带来的改变到底有多大？住在"试点房"里经历了冬天的大雪、夏天的酷暑，居民反映"以前冬天在家里也觉得冷冰冰的，要穿滑雪衫。现在室内温度比外面起码高5℃，穿件薄毛衣就可以了"。社区的其他居民到"试点房"串门后，都"吵"着希望自己所住的楼房也能尽快进行改造。而在目前的二手房市场，由由社区改造过的房屋要比没改过的房屋每平方米卖价高1000元。

据相关专家介绍，上海目前建筑约5亿平方米，其中居住建筑约3.5亿平方米。然而在既有建筑中，95%以上为高能耗建筑，如果能对这些建筑进行节能改造，不仅能让市民受益，而且也将节约相当大的能源。目前各区都有部分社区将节能改造列入计划中，而根据相关规定，类似的标准也列入了新建建筑的"上市"条件中。

第三节　宜居社区配套设施发展

一、进一步推进城市基础设施和环境建设现代化

坚持"增量"和"增质"并举，启动重点开发领域，进一步推进基础设施和环境建设，基本实现现代化。

1. 提高土地资源的开发强度和深度

内涵和外延式发展并举，提高土地开发的强度、深度和广度。

基本完成未建设土地的开发。区域内除黄浦江两岸开发控制区域占地480多公顷外，尚有未建设空地约100公顷（未包括花木镇144.76公顷预征地）。其中已批租面积为50.21公顷，有权属单位的土地面积为20.78公顷，已储备土地面积为0.44公顷，其他未明确土地归属面积要分类对待，督促未开发和建设地块在符合规划的前提下，高品质地完成开发建设。

整合各类土地资源。整合区域内有传统工业用地、码头、危棚简屋、"城中村私房"、非成套居住用地及坐落在国有土地上的民宅，结合规划，整合建设三个地区中心和市政公建配套。要将现规划中

的教育卫生用地适当同类归并，整合部分用于新建国际医院和国际学校。浦东软件园规划用地43.12公顷，要将里面档次较低的工业项目调整为高档产业用地和绿地，新建7.4公顷的研发中心，新建占地约9公顷的竹园中心绿地项目。结合规划和三大地区中心建设、国际居住社区建设，对现有商业设施用地进行布局调整，业态优化，方便居民。

整合地下空间资源。配合有关部门，按照规划一体、经济合理、操作可行、功能满足和技术安全的有机统一原则，对CBD地区已建和在建的地下空间共66.96公顷进行整合优化。同时，要重视竹园商贸区2-3和2-4地块等主要区间地下空间的综合开发和利用。

2. 以"四网"为中心进一步完善城市基础设施

配合市和新区有关部门，围绕核心功能区的要求，以越江交通网、轨道交通网、市区道路网、对外交通网建设为骨架，打堵头，拓瓶颈，继续完善城市基础设施体系。

做好越江交通网和轨道交通网建设。配合市有关部门，做好越江交通网新规划编制和实施。加快做好轨道交通网和功能区域内39处轨道交通车站（现有6处，新增33处）建设。尤其是结合竹园商贸区2-3和2-4地块开发，配合做好东方路站大型综合交通换乘枢纽（在世纪大道、东方路和张杨路交叉口，包括轨道交通2、4、6、9号线站点的交会点）建设。配合市有关部门，争取早日建成规划中的7条轨道交通线，使轨道交通网密度达到0.95千米/平方千米。调整功能，使观光隧道的经济和社会公共效能得到进一步的提升。

调整完善道路网络，建设综合交通系统。建成所有城市次干道以上的道路。力争全部打通北洋泾路、灵山路、博山路、栖山路及樱花路等断头路。争取建成滨江天地广场约7000平方米停车场。建设"P+R"模式的B2-3地块地下停车场，解决轨道交通枢纽站的停车问题。积极研究，创造条件，争取在中心绿地下建设大容量停车库及公共空间。配合有关部门，在杨浦大桥和南浦大桥之间建成集防洪、道路、管线、绿化、景观、停车于一体的滨江基础设施综合系统。建设东方路和陆家嘴中心区公交枢纽站，调整相关公交线路和公交站点规划。按规划，配合有关部门作好拟保留的7处公交枢纽站的完善提高工作和新增7处公交枢纽站点的建设工作（梅园、潍坊、花木各1处，洋泾、塘桥各2处）。做好交通监控系统建设。

积极配合做好滨江及联洋国际化居住区、陆家嘴中心区及其扩展区域架空线路入地的规划和实施工作。

3. 进一步完善城市环境建设

围绕"生态园林浦东"建设要求，以创建国家环保模范城区为抓手，配合有关部门，全面完成水、声、气环境保护和综合整治，到2010年，城市年空气质量好于或等于2级标准的天数不少于330天；城市生活污水处理率不低于70%。

以实施"环境影响评价法"和"清洁生产促进法"为抓手，积极促进循环经济示范城区建设，率先实施循环经济示范区的建设工作，为在各大功能区中率先建设成资源节约型城区奠定基础。到2010年所有街镇通过ISO14001国际标准环境质量认证体系。

提高生态容量。进一步推进植被建设，提高绿化覆盖率。到2010年，实现人均公共绿地约40平方米，绿化覆盖率达40%以上。进一步提高绿化管养水平。大力开展星级公园创建活动，继续实施公园便民设施的改造，实现大多数公园的免费开放。加强对古树名木的有效保护。完善公共参与建绿、养绿机制。深入开展"绿色学校"、"绿色社区"、"环境友好企业"等创建工作，形成社会自我管理、群众自我服务的体系。

以进一步增强河道的生态、景观、休闲等功能为抓手，加强对水环境的管理和综合治理，提高"水面积率、纳管率、好水质率"。到2010年，河道水质达到四或五类水，污水纳管率达90%以上。

提升环卫管理和服务水平，2010年居民生活垃圾分类收集率达到90%，城市生活垃圾无害化处理率达到100%。

完善民防工作体系。加强防汛、防火、防病等体系建设，完善城市应急安全网络和城市应急预案。健全城市安全应急体系。

二、进一步提高城市综合管理水平

以优化综合发展环境为目标，按照管理有序、服务完善、环境优美、文明祥和的要求，进一步夯实基础，整合资源，突出重点，加强人口管理，有效提高环境保护和城市综合管理水平，使城市管理水平继续领先，基本建成最适宜人居的方便舒适的现代生活区。

1. 加强人口管理，提高人口的国际化、外向化水平

适度保持人口总量，稳定区域低生育水平，提高人口质量，优化人口结构，创造良好的人口环境，实现人口与资源、环境的协调发展。

要结合产业发展、土地和环境资源的承载能力，城市功能的提升，通过合理控制新增住宅用地、对成片老旧而无保留价值房屋进行整体动迁等措施有效调控人口规模，逐步疏解中心区的居住人口。2010年人口的导向型指标应该控制在常住人口70万左右。

制定优惠和奖励政策，拓宽渠道，引进、培养具有国际化水准的金融贸易等方面的领军人才、紧缺人才和实用人才。重点引进在国内外金融贸易等领域有一定影响的学术、技术带头人和优秀拔尖人才。获得市（省）、部级以上"有突出贡献的中青年专家"称号的专业技术人员或具有副高级以上专业技术职务的人员、高级经营管理人员，以及其他具有特殊才能或对金融贸易、现代商务、会展旅游、商业休闲等有重大贡献的高级人才。按照"不求所有，但求所用"、"来去自由，开放宽松"的原则，鼓励金融贸易高级人才到陆家嘴地区兼职、咨询、讲学、科研和技术合作。通过政府出资或资助企业等形式，建立培训和创新基地，建立人才库和专业技术档案。

2. 完善城市管理的体制和机制

坚持先行先试，发挥市场机制作用，既强调政府是城市管理主体，又积极培育非营利性社会组织，大力发展公益性社会团体和社会福利型、社区服务型民办非企业单位，增强居民的自我管理和自我服务能力。推进市容环境管理方式市场化。在部分领域尝试市场化运作。认真总结南滨江成功的运作经验，对于那些有赢利前景的项目，可以通过社会和企业来经营城市环境管理。先期可以在北滨江地区、陆家嘴地区的商业街或者步行街的建设和管理方面尝试。整合行政管理、执法和养护等行业资源，依托社区、行业协会、社会中介及媒体等社会资源，完善市容监管考评体系，提高行业监管水平。

3. 市容环境综合管理水平上新台阶

优化交通组织，有针对性地加大道路改造力度，提高路网通畅能力和无障碍等人性化服务水平。实现道路完好率100%。通过加强道板修复、种植灌木、外墙清洗粉刷及破墙透绿等措施，争取所有中小道路都完成美化一条街的改造。加强对世纪大道等主要景观道路沿线综合治理力度，进一步规范和美化周边中小道路和公共空间环境，构建大景观建设与管理新格局，制作精品景观雕塑，完善楼宇等景观灯光效果。加大平改坡、围墙整新、店招店牌整治力度，争取使功能区成为上海市精品示范区。

按照主体唯一、精简高效、条块结合的要求，进行城市管理综合执法体制改革，加强对重点区域、重点道路的动态管理和现场监管，提高执法水平和实效性，努力消除管理空白点。加大对乱设摊、夜排档等老大难问题的专项整治力度，建立重点区域市容环境监控系统，提高城市综合执法的快速反应能力。加强城管执法的公安保障机制。积极探索现代服务型城市管理公共机构的运作模式。逐步建立环保和市容管理重大决策专家咨询制度，扩大群众对城市管理的知情权和参与权和监督权，促进"和谐社会"的建设。

4. "数字化城市管理"成为上海的先导

以市容监察管理、灯光控制和管理、广告管理、水域管理、道路外墙保洁管理、道路畅通管理、基础设施装备管理和公众教育管理信息系统建设为重点，力争在上海市率先建成市容公众服务平台、内部办公支持平台和行业管理信息平台。在人流和车流集中的陆家嘴地铁站、会展中心、八佰伴等场所设置大型电子显示屏和触摸式电子查询荧屏（中英文）；在主干道设置电子指路牌和机动车停车库状况电子显示牌；在市容违章多发地段、陆家嘴中心区安装电子探头等；在旅游景点设置触摸式电子道路查询设备。在世纪大道与浦东南路口、世纪大道与张扬路口、浦东大道与浦东南路口设置电子指路牌，提醒过往延安东路隧道和复兴路隧道的司机选择路线。在延安东路隧道出口处设置金融区域指示牌。

人物专访

潘英莉[1]：未来上海金融中心、航运中心建设的突破

2009年4月，国务院下发了19号文件，《关于推进上海加快发展现代服务业和先进制造业建设国际金融中心和国际航运中心的意见》，现在看来，这两个中心建设都是有进展的。

按照当时政府的意图，思路很清晰，实际上国际金融中心建设就是抓四块。一块是金融机构体系集聚，第二块是多层次的金融市场体系，第三块涉及经营环境，包括税收、法律等等，第四块是金融人才集聚。

现在上海自由贸易试验区的建设，已经对金融中心建设产生好的影响，对两个中心建设都是有帮助的。大家普遍对上海看好，实际上是对国家经济、政治体制改革转型看好。

我们现在主要讲的两个体系，一个是金融机构体系，一个是金融市场体系，集聚效应已经在慢慢地体现。比如最近金融机构集聚的象征性事件，一个就是金砖五国的银行（新发展银行）落户在上海，相当于第一家国际金融的机构；另一个是注册资本500亿元，由59家民营企业发起、全国工商联牵头组织、史上最大规模的民营资本投资集团——中国民生投资股份有限公司也落户在上海。像这种民营的新设的金融机构都落户到上海来，说明上海自由贸易试验区建设启动以后，金融界、商界形成了这样一种区位倾向的共识，已经感觉到金融总部要放到上海来，这是总部集聚标志性的事件，在10年前甚至5年前都不是这个概念，很多总部首先考虑设在北京。从这些案例来分析，上海国际金融中心的地位在提升，吸引力在增加，这就是金融机构的集聚。

接下来就是金融市场体系。5年前甚至10年前，上海的金融市场体系已经是比较完备了，平台基本上都全了，例如证券、期货、钻石、黄金交易所都有了，各种金融衍生品开发出来。国际金融中心，很大程度并不是光靠一个上海市就能做起来的，这是国家战略，是国家怎么把它做好的问题。金融市场是不是交投两旺，做得很活跃，量做得很大，然后就是很快的发展速度。现在最大的问题是市场还没有做得很理想，目前金融市场体系、框架都有了，但是，是不是健康发展了，这个目前没有看得很清晰。

经营环境和金融人才集聚，是基础体系、支撑体系，也存在很多瓶颈。

最近我关注更多的是上海金融中心建设中存在的不足，包括未来可以在哪些方面可以突破，重点在这些方面有点思考。

未来上海会有比较多的机会，最重要的是能不能把股票市场做好。金融市场体系里面，未来上海能重大突破的有两个，第一个突破就是资本市场，股票市场，包括审批制转成注册制，上市融资的市场化过程。现在审批卡在发审委，每年批准上市数量少，上市就是"圈钱"的概念，股票市场不能活跃起来，中国金融就"玩"不下去了。所以股票市场实际上是整个金融市场化转型的一个关键点。

现在中国的资本市场改革，我觉得主要是要改革它的财政化功能，从1997年起的股票市场主要服务于国企改革、3年解困、上市融资补充资本金，标志着中国股票市场的财政化。原来发行审批制度，上市额度控制，都优

---

❶ 潘英莉是上海交通大学安泰经济与管理学院教授，现代金融研究中心主任，上海市政府发展研究中心发展战略研究所（国际金融中心建设）工作室首席专家。本文根据2014年8月26日的采访录音整理，标题为编者所加。

先照顾国有企业。发行市盈率高，回报低，企业超发募集资金，实体项目用不完就存银行，结构严重扭曲，股市变成一个利用"特权"圈钱的地方，打击中小投资者的信心，导致市场瘫痪。2007年以后，股市大盘长期低迷。

最近市场慢慢起来，老百姓信心恢复，例如"融资融券"业务，过去的融资数量3000亿左右，今年（2014年）年底可能突破10000亿。市场起来了，要注意防范企业商业欺诈，保护国内国际投资者利益，在立法司法执法制度上要有新的突破，证监会不仅要打"苍蝇"（老鼠仓），更要打老虎（企业商业欺诈），今后发行放开，在制度上要健全，能够防范商业欺诈，这是上海国际金融中心建设的第二个需要突破的问题，就是制度环境，树立投资者长期投资的信心，而不是短期投机。短期投机资金只会带来不稳定，增加风险。股票市场的健康发展，3-5年能否有重大突破，寄希望修改证券法，鼓励好企业在沪深两地上市，而不是到境外上市。从金融业改革的角度讲，未来的股票市场一定要突破，制度瓶颈打破，就会有巨大的发展，这是上海金融中心的希望，就有机会，地位更突出。股票、债券市场要做大，衍生产品，为实体经济服务。

第三个突破是银行市场化改革。现在银行受政府干预，行政化味道比较多。银行最主要是两个百分比的存贷款利差，是政策性补贴，如果这块东西拉掉了，银行是亏损行业。其实银行坏账也很多，只不过没暴露出来，因为眼前的利润，只要一块坏账拿出来，就一大片利润被冲掉了。中国现在最大的问题就是过度依赖银行，导致了企业负债率上升得太快，杠杆率太高。未来呢要多发展股票市场，股权融资渠道要更宽敞。比如高新技术到创业板融资，成熟的到主板融资。这样的方式增加资本金，债权人才有保障。企业负债率太高，例如央企，所以企业到处扩张，负债率都达到80%，终有一天，银行"玩"不下去了。

银行有两个方面"玩"不转了，一个是企业负债率高，加之没有好的产业，制约银行信贷发放，风险太高导致"惜贷"；银行的资本金不足，自有资本金没有地方补充，现在银行增资扩股很困难，股票市场盘子太大，所以现在准备要弄优先股。前一阵发行次债，补充资本金，接下来弄优先股来补充资本金。因为资本金如果没补足的话，它只能收回来的贷款再放出去，所以导致它没办法扩张，实际上按现有模式，现在银行也不适合再扩张了。银行业这一块，已经是继制造业、房地产业之后的第三个产能过剩行业。

第四个突破是政府债券（国债、地方债）市场的发展。目前我国国债与日本比较接近，日本现在债务很高，是GDP的250%左右，但是主要由金融机构持有约90%，作为长期投资，到期还本付息，没有外人参与，没有流动性，不活跃，交易市场几乎没有，形成恶性循环。

第五个突破是未来上海国际金融中心建设要与人民币国际化相配套，相适应，所以需要良性互动的市场发展，推动人民币国际化，在岸市场国际化程度越高，有更多的境外投资者、央行参与市场。我们在做一个有关国际货币体系改革跟人民币国际化的（国际金融范畴的）课题研究，得出一个重要结论，即要建立人民币国际化的"全球银行模式"。例如美国政府发债，利息低，低成本筹集全世界资金，然后到全世界投资，赚取高的利差。据我们测算，1996~2010年，美国贸易赤字累计7万亿，净负债只增加了2.3万亿，通过"全球银行模式"赚了4.7万亿利差收入，抵充贸易赤字，这就是美元作为国际货币体现出来的国家利益。而我们现在是反向操作，吸引外资来国内收购兼并（合资）优秀的企业，我们自己赚的外汇去买美国国债。最坏的结果是好的东西都被人家买走，改革开放30年的成果全部卷走，弄不好再给你搞个金融危机。

所以我们金融不能怎么做。要向美国一样，增强我们的企业在全球投资、配置资源能力，同时通过政府的公信力，国际信誉，政治稳定，社会稳定，发行3A级国债。所以人民币国际化有二个基本条件，一是国债、地方债包括国家战略领域的央企（准国债），把市场规模做大，同时上海把市场做活跃，吸引外资购买，例如现在东南亚一些国家慢慢开始买中国国债。建议以后资本账户定点开放，比如对亚洲和国际货币战略合作国家开放，作为国际合作的筹码，如果国内市场的流动性好，可以随时变现。第二块是国际债券，可以在自贸区建一个平台筹资，让外国政府发人民币债，募集人民币买我们的基础设施设备材料。

第六个是在经营环境方面的突破，我们参与上海金融中心"十三五规划"课题时，提出2条建议，一是在上海（自贸区）建立金融专业法院，司法独立性，去行政化，去地方化，保护投资人的利益，管的范围可以拓展到自贸区以外，逐步覆盖到长三角乃至全国，金融案件包括涉外案件都可以到上海来诉讼，在国际上肯定会有轰动效应。但要注意，去地方化可能会强化行政化，这方面可以与全国人大法制委合作。国际上所有金融中心都是英美法系（案例法），与时俱进，我们是大陆法系。我2010年出了一套三卷本——《国际金融中心——历史经验与未来中国》，其中下卷就专门写了沪港国际金融中心的优势互补的功能定位，2012年帮中国香港特区政府做过个有关中国香港和上海金融发展的战略关系的研究，当时也收集了点资料。我们可以和中国香港合作，利用中国香港的法律和人才的力量。二是建立大数据综合服务平台，集结算、清算、交易，信息、征信、认证、监控等，国际金融中心、人民币国际化，最重要的竞争是降低交易成本，提高效率和安全性。我们自己搞成一个系统，与美国竞争并且胜出。硬件上比如证交所等场所，我们有后发优势，场所和设施都比纽约、伦敦等地的设施要先进，可能是国际上最先进的。软件（系统）我们也有优势，对于银行、银联、证券等的体系，中央集权可以自上而下推进，容易协调整合。

所以，股票、债券市场特别是与人民币国际化相配合的市场，是未来上海金融中心最需要突破的。

在国际航运中心方面，作为国家战略层面上是很重要的。未来国际航运中心的发展，也可以带动金融中心的发展。例如航运金融，航运保险，船舶经纪、贸易物流等，完全可以带动起来。

上海国际航运中心发展要向中转港发展，中转是集聚和服务的核心，不然货物最终目的地全在上海，可以想象，上海的道路系统是无法承受的。目前新加坡的航运80%是中转，上海地理位置很好，向东北亚的线路都不延长的。如果上海中转港功能够替代新加坡，金融服务更牢靠，税收方面要突破，经营环境至少与新加坡一样吧。同时与新加坡合作，在新加坡建立人民币离岸市场，覆盖东南亚，这是中国香港的功能所缺乏的。因为中国香港现在主要是与大陆交易，是国内与国际的"中介"，与东南亚联系不多。

董汉友（Hans-Joerg Geduhn）[1]：做一个优秀的国际职业经理人

一口纯正地道的中文普通话，一次有力的握手问候，这是上海新国际博览中心有限公司德籍总经理董汉友博士给所有人的第一印象。这位高鼻梁、蓝眼睛的德国人不仅能够说一口流利的中文，而且还是一位地道的"中国通"。

董汉友博士生于1952年的德国汉堡市，毕业于德国鲁尔大学，获东亚科学博士学位。曾于1983年至2005年间先后供职于德国赫司特化工集团、日本德国工商大会和德国宝马汽车集团等跨国集团公司和机构，分别担任过中国合作项目经理、总干事、驻华首席代表等职务。

董汉友博士与上海结缘可以追溯到1984年，时年32岁的他作为德国化工协会访沪代表团的中文翻译，随同德国拜耳集团、巴斯夫集团、赫司特集团的董事会成员一同访沪，其出色的中文翻译能力受到了时任化工部副部长冯伯华先生的高度评价，并称赞其对中德两国化工行业的经贸合作起到了不可替代的积极作用，也为德国三大化工集团今后在华开展业务扮演了建设性的作用。之后，董汉友博士作为德国赫司特化工集团驻华首席代表，积极促进与上海医药管理局延安制药厂合资项目的建设，为赫司特与上海医药工业研究中心合作项目奠定了基础。此外，他在赫司特化工集团工作期间也为该公司在华企业数量的扩张做出了重要贡献，最后扩展到了二十余家合资企业。而在宝马汽车集团工作期间，他建立起了庞大的中国代理商的营销网络，同时早在1995年在上海的一次汽车代理会议上就战略性地预判了中国豪华轿车市场未来20年广阔的发展前景和巨大的市场消费潜能，之后又鼓励上海宝德汽车销售有限公司继续作为BMW的代理商并增加投资，为拓展中国市场建立了重要贡献。此外，在他担任BMW驻北京首席代表期间，也为推动华晨宝马沈阳合资工作的建立打下了坚实的基础。

董汉友博士不仅在华工作经历丰富，其对博大精深的中国文化也是兴趣浓厚。其在鲁尔大学博士期间的论文《论1976~1980年中国的语言政策》，被翻译成专业书籍出版，他在文章中提及的如何推广普通话、繁体字到简体字的演变、汉语拼音的国际化等论点，至今被外国从事中国语言研究的业内人士所认可。

正是凭借着其过硬的学历背景以及丰富的在华工作履历，董汉友博士通过上海新国际博览中心有限公司董事会在全球范围内的招聘，于2006年2月18日正式出任上海新国际博览中心总经理，2014年1月底退休。

在进入上海新国际博览中心之后，董汉友博士凭借着其在华丰富的工作经验、敏锐的市场洞察力以及卓越的人格魅力，全面领导和参与了公司各项重大战略决策的制定和改革工作，建立起了公司与政府各职能部门间良好的沟通和交流的平台，同时进一步深化了与会展行业内各客户成员单位间的深度合作式发展。此外，经过他数年的领导和创新，他将公司的愿景、战略分解为针对各部门、各位员工可供具体执行的指标任务，通过深化内部管理、加强外部合作、培育企业品牌、管理关键客户、塑造企业文化等卓有成效的举措使得公司的业务数量、营业额及利润率在过去几年均呈现了两位数的增长，每年为上海会展产业的增长和发展贡献了60%以上的市场份额。

特别值得一提的是，在2006年董汉友博士加盟之初正值上海新国际博览中心展馆扩建项目如火如荼之时，正是在他的有效领导下，克服了重重困难，确保了能在2011年底前完成所有17个展馆的建设任务，使得公司的累计展览面积达到了约30万平方米，成为目前亚洲第二大的国际会展中心，场馆周转率和使用率排名全球第一，为上海"十二五"期间成为国际会展中心城市奠定了扎实的基础。

如今，在董汉友博士的带领下，公司管理团队披荆斩棘、不畏困难，硬是年年超额完成了公司董事会的各项经营指标，从正式投入运营到2013年底，上海新国际博览中心已经承接了800多场各类大型展览和会议，仅在2013年一年，上海新国际博览中心就承接了99场展会，吸引了约376万名海内外观众和约10.9万家国内外展商，

---

[1] 董汉友先生于2006年2月至2014年1月任上海新国际博览中心有限公司总经理。

展览面积达到582万平方米，实现销售收入约9.8亿，还曾荣获了中国服务业企业纳税50强的殊荣。

如今，上海新国际博览中心不仅被行业内誉为中外合资企业管理的典范，而且对区域经济的拉动作用系数已达到了1：9.2（即上海新国际博览中心每赚1美元将带动餐饮、酒店、交通、娱乐、购物、旅游行业赚9.2美元）。接下来的几年，上海新国际博览中心将继续在董汉友博士的带领下取得更大的经营业绩，为上海的会展产业的新一轮的大发展和大繁荣作出我司应有的贡献。

由于是中外合资企业，股东双方各占50%股权，在董汉友博士的斡旋和协调之下，中德双方合作融洽，彼此之间的信任感更强了，可以说正是深谙中德文化之道的董汉友博士起到了不可替代的粘合剂和润滑油的作用。不仅如此，作为中德合资的国际会展中心，经常有国内外政府代表团和媒体的造访和参观考察学习，而此时的董汉友博士已俨然成了上海这座国际会展中心城市的宣传大使和名片，在出席UFI世界展览联盟论坛或其他国际性的行业会议上，董汉友博士时常是作为代表中国会展行业最重要的代表与会，此刻他不仅将上海新国际博览中心成功的经营之道与世界同行分享，宣传介绍公司的业务，而是将重点放在宣传上海独特的区位优势和良好的投资环境与上海新国际博览中心业务取得成功的关系上，让世界上更多的人了解上海、认识上海、投资上海。

在做好主营业务工作之外，作为德籍总经理，他始终强调以对国家、对社会高度强烈的政治责任感做好促进社会和谐稳定的工作，履行好企业的社会责任。例如2012年党的十八大胜利召开，作为一个人流密集的公共开放场所，做好展览场馆的安全稳定工作就显得尤为重要。上海新国际博览中心在董汉友博士的有力领导下，在政府相关职能部门的指导下，坚持以确保场馆内部安全和各项展会安全作为工作重点，以做好党的十八大期间安全运营工作作为推动力，全面落实各项工作制度和措施，强化对展览现场的巡视和安全检查，从而有力地保障了场馆内部安全及近100场展会的绝对安全。全年公司运营没有发生内部刑事案件和治安事件，没有发生火灾等灾害性事故，各场展会也基本保持安全状态，没有发生大的治安问题。

特别值得一提的是自2012年下半年以来，由于日本政府对我国领土钓鱼岛实行所谓的"国有化"引起中国人民的强烈愤慨，部分地方出现了打砸情况，在博览中心举办的展会上部分参展商也在展位上贴出了谢绝日本人参观的纸条，为防止各种意外不测事件的发生，董汉友博士要求相关部门在每次展会前都注意掌握日本参展商的情况，同时要求各驻场馆经营单位加强员工教育和管理，防止发生不理智的行为。特别是在十一月上旬举办的上海国际工业博览会上，日本国有一百余个展位，我司与警方密切配合，有效地保证了展览的正常秩序，没有发生因钓鱼岛事件而引发的涉日事件。

此外，在履行社会责任方面，由于中德两国经营理念的不同，外方董事认为企业更多地是以利润最大化为目标的独立的经济组织，而董汉友博士却因地制宜，与花木街道等社区单位接洽，引入了第三方的运输企业进入展馆从事运输业务，解决了社区内几百名下岗和协保人员等社会弱势群体的就业问题，为构建和谐社区做出了积极地贡献和努力。

除了带领上海新国际博览中心取得了卓越的业务发展成就之外，董汉友博士还荣获了诸如：上海会展业发展"杰出贡献奖"、上海会议大使、2008年度中国会展产业十大杰出企业家、2011年度中国会展十大新闻人物、2012年第三届"浦东好人"十佳获奖者等众多社会殊荣。（注：浦东好人是浦东新区为进一步弘扬民族精神、时代精神、上海城市精神及浦东二次创业精神，坚持社会主义先进文化的前进方向，努力推动全社会形成统一指导思想、共同理想信念、强大精神力量和基本道德规范，广泛深入地开展的一项向全国道德模范学习的评选活动。在浦东新区工作、学习、生活的所有人员，包括驻地部队官兵、在浦东的外籍人士和华侨、港澳台同胞，均属评选范围。董汉友先生是在全区30位最终入围的优秀候选人中评选出的"十大好人"标杆，也是唯一的外籍人士）。

作为浦东现代服务产业促进会的副会长，他积极利用自己在展览行业的影响力，帮助宣传上海会展产业发展的现状以及未来发展的方向，同时作为行业内的资深顾问参与制定了中国展览馆行业的国家标准（GB）的制定等众多工作，为促进上海会展行业的专业化和国际化作出了重要的贡献。而作为上海德国中心　（上海德国中心是上海市张江高科技园区的标志性建筑，是专为德国企业进入中国市场探路而建立的中心，向进入"中心"的客户提供从市场咨询、秘书翻译、谈判展览到办公用房等全面服务，被誉为设在中国的"德国之家"。）的独立董事，他帮助了众多德国中小企业家认识了中国市场的重要性，开拓了市场渠道，为他们在中国的事业的发展奠定了良好的物质基础。

董汉友博士常说，作为一名居住在上海的外国人，尽管我们的物质条件已经很优越了，但仍旧不能忘记那些还在贫困线上挣扎的社会弱势群体。为此，他不仅在汶川、玉树地震等重要时刻向地震灾区捐款，而且还通过公司工会的牵线搭桥，与云南省丽江市宁蒗彝族自治县翠玉傈僳族普米族乡春东村春东希望小学全体在读贫困儿童结成了帮困对子，仅去年一年他就动员公司员工、客户单位及其本人向该所学校捐赠物资累计达20余万元，并委托工会人员亲自将物资用集装箱卡车从上海出发运送到孩子们的手中，希望他们好好学习，长大后报效社会，谱写了一曲上海外籍高管心系云南贫寒学子爱的赞歌。

不仅如此，他的太太唐美凤女士作为"德国人在上海俱乐部"这一成立于1998年，由500个左右外籍家庭组成的旨在帮助新德国人融入上海社区的非营利性公益组织的副会长，也是一名热心于公益事业的社会活动人士。唐女士说，作为一名外籍高管的太太，先生平时的工作非常忙碌，但他有着一颗热心公益的慈善心灵，所以他鼓励我们机构参加许多慈善项目，用这种特殊的方式来表达自己回馈社会的途径。如："Morning Tears晨露"、"Heart to Heart心连心"、"SH Sunrise初升的太阳"、"Home sweet home上海盼望园"、"Baobei宝贝上海"、"Mifan Mama米饭妈妈"、"上海华新残疾儿童康育院Stepping Stones"等众多慈善项目。作为参加这些项目的德国人俱乐部的副会长，唐美凤女士所在的这一民间组织今年已分别拨出2万元给华新残疾儿童和米饭妈妈两个不同的项目，而该组织在2011年度捐助大约有18万人民币，2012年度捐助也已超出16万人民币，为促进中德两国间的民间友谊作出了自己的贡献。

孙永强[1]: 从"小菜场"到"大商业"再到"商旅展融合"

一、陆家嘴商业发展的历程

浦东商业有系统的规划发展是从1993年开始，至今21年，大致可分为三个七年。起步主要是在城市化的地区，那个时候的520平方公里（不包括南汇），城市化地区100平方公里都不到，商业发展主要是集中在陆家嘴金融贸易区。

第一个七年是起步阶段，浦东经贸局设立了贸易处，分管浦东的商业，当时重点管的是菜场、杂货店铺这种社区配套类的商业。最初印象很深刻的就是过春节时候，在东昌电影院这里搞个迎春展销会，卖卖年货什么的，也是很热闹的，活跃了市场的气氛。那个时候浦东是没有大商场的，也没有什么大的商业，基本上就是这样的档次。所以这一时期的商业呈零星分布状态，我们几乎毫无实践基础和经验，没有市级商圈的概念，也没有这种大众商品交易什么的概念。

1993年，为加快发展陆家嘴金融贸易区的商业，聚集人气，政府牵头实施了东方路临时商业街。当时还称作"文登路"的这条商业街长达2.2公里，云集了近300家商业单位，商业总面积达10万平方米，建成后，这里成为浦东的一大景观，每晚霓虹闪烁，流光溢彩，成为"浦东南京路"而闻名沪上，也大大方便了浦东的市民生活。至2003年，东方路沿线最后一批临时商业建筑被全部拆除，正式退出历史舞台。

第二个七年，主要是招商引资，发展商业建筑，包括央企、民营企业，集中建设了很多新的商场，一栋栋商厦挖土动工，一个个店铺开业揭牌。这一时期的商业建筑，包括新上海商业城、正大广场等著名商圈，不仅是作为陆家嘴金融贸易区重要的商业设施，同时也成为都市旅游路线上的一个站点。

除了继续推进大型购物中心的建设，这个时期陆家嘴金融贸易区的商业和旅游、会展结合得比较多，而且这个阶段更加注重商业、旅游、会展的融合发展。特别是会展业作为陆家嘴金融贸易区经济发展的重要增长点，2002年建成的新国际博览中心，近几年一直保持着上海市场60%左右的市场份额。同时，正因为政府意识到要强调商业和旅游会展的融合发展，所以在2001年，政府主管机构更名调整为商业旅游处，我是第一任处长兼会展办主任。

第三个七年，跨地块的城市综合体开发方式开始出现，如上海国金中心，嘉里城等等。以国金中心项目为例，这个项目整合了6宗地块，集商务办公、商业零售与文化展示、酒店、公寓等多种功能于一体进行整体开发，室内外环境统筹设计，总建筑规模达42万平方米。项目将地下空间与地铁站厅直接相连，并在更大范围内的城市地下空间系统中留有接口，便于将来与金茂大厦、环球金融中心大厦和上海中心大厦的地下空间连成整体。这种成片的综合开发模式，打破了建筑与城市间的界线，将建筑的室内外环境一体化设计，弥补了单一地块孤立开发所造成的城市公共活动空间的丧失，在城市的高强度开发中具有明显的整合性优势。

二、陆家嘴商业规划的特色

浦东的商业规划分成市级商业圈、区级商业圈、特色商业街、社区商业等层次。特色商业圈目前主要规划有陆家嘴中央商务区和都市观光旅游区、新国际博览中心会展商贸区、机场物流区、世博会区域和主题公园区域。而地区商业中心是结合交通枢纽，结合功能分区、新市镇和地区公共活动中心建设，根据城镇产业特色、基础设施等，形成具有一定商业特色、功能相对完善、能够带动和辐射一定区域需求升级的区域商业中心。此外，居住区商业指以一定居住地域为载体，以便民利民为宗旨，以不断提升居民生活质量为目标，为社区居民提供日常物质生活、精神生活需要的商品和服务的属地型商业。在陆家嘴金融贸易区内，商业设施囊括了以上全部四个类

---

[1] 孙永强历任浦东新区经贸局商业旅游处处长兼会展办主任、经贸局副局长兼上海主题公园项目办公室主任，现任浦东新区商务委副主任。

型；而其辖区内的商业，占据中心商业圈和特色商业圈类别中大部分比重。

实际上，最初浦东的商业基础是比较差的，或者说浦东的商业在上海市里面不是很有地位。最初浦东及陆家嘴的商业重要规划布局是以新上海商业城为核心起点的张杨路商业街。当时策划了新上海商业城这个概念，那个时候的观点就是觉得商业应该是集中式销售，没有那么仔细地考虑规划。但是后来逐步发展，从时代和实践出发，不断思考、不断充盈和发展的商业思路，特别是在陆家嘴金融贸易区内的新上海商业城已经成了上海的六大市级商圈之一，也是浦东目前的"第一商业中心"，包括上海第一八佰伴、华润时代广场、新梅大厦、中融国际商城等多个购物广场，奠定了浦东的商业地位，开拓了一个新的局面。

三、政府对陆家嘴商业发展的引导

从政府来讲，也是想不断地提高自己的管理能力和专业的水平，否则的话，人家开发商来了，他说出来的品牌，或者是说出来的一个事我们都对不上话，这个不行的。想当初我们没有品牌这个概念，认为有"大商场"已经蛮好了，我们现在也有这个品牌的概念了。商业都是讲究品牌的，包括在政策当中，政府都有这方面的引导的。你引进品牌的企业、专卖店，都有财政补贴。在这方面，我认为政府还是做了很大的努力来推进我们商业的。

我们和黄浦区、静安区等其他的区考察一下，作一些比对。在特色商业街建设方面，从政府层面来讲做一些比较研究。新开一个店我们有时候也会具体去看一下，或者和他们的管理的部门进行各交流对接。政府也是根据社会各方面发展的水平，包括对专业知识积累了以后，视野开拓了以后，然后管理部门对这个产业布局有了比较专业化的认识，然后逐渐开始形成这些政策，尤其是在"十一五"、"十二五"的时候，概念是比较清晰了。

总体来讲，近几年最主要一个是抓规划，第二个是抓项目为重点，做得还是比较成功的。首先是商业的规划，沿着世纪大道是一个商业圈的概念。从正大广场、国金中心、八佰伴这里过来，包括世纪大都会，然后在沿着这个一直过去再到嘉里城，基本上这是一个商业走廊，是一个发展轴。两区合并以后，外环这边也有一些商业综合体的布局。这一块来讲，就是既发挥地方政府，就是指街镇方面的积极性，同时也是引进了一些品牌的商业地产过来。

最近几年，我们还做了一件事。因为我们就觉得这两年大家的生活水平好了，商场也好，酒店也好，在圣诞的时候晚上都开始搞灯光活动，都办得很漂亮，所以我们就搞了灯光的比赛，就是迎新灯光的比赛，商业旅游大融合，我们已经做了二年，这也是炒热商业旅游的氛围。包括在前一年的话，我们还做了一个商业旅游方面的策划，就是购物达人比赛，主要也是集中在陆家嘴，一等奖有五万元奖励，都是策划一些怎么使这个商业旅游更加的吸引人的眼球。同时最近这二年我们也运用新媒体来进行宣传，通过活动来促进商业旅游。

四、陆家嘴商业发展的经验

商业的发展与繁荣，市场的力量才是最强大的力量，这是不以政府的意志为转移的。

比如说张家浜特色街，政府曾经定位是创意街，然后请陈逸飞来策划，想引进创意类的企业，所以房子造型都是比较奇特。但是实际上经营了二、三年以后，没有能够持续地经营下去，现在大都是转为餐饮、休闲这些方面了。当然这里有一个培育的过程。然而业主经营还是要讲究回报的，没有生意，人家到最后就憋不住了，那只能是转行。再如新上海商业城，政府曾经设想，这里的22栋楼，每一个楼都有一些特色，但是没有能够真正做出效果，应该讲也是经过了十二五期间改造，人气才逐渐好起来。

这个就是市场的力量，并不是你政府想怎么样就可以干成的，因为最终市场不买你的账，还是要看市场和消费者的。所以政府的意志有时候不能太强，只能是因势利导，从这一点来讲，我觉得是一个值得总结的地方。

我觉得还有一个方面，专业的商业地产还是非常的关键。商业的配比，业态的分布，这是很重要的。许多大型商场一开始都是定位做奢侈品，现在又是变成以餐饮为主，人气就比较足。

李战军[1]：陆家嘴金融城的现代化宜居社区发展

浦东开发开放到现在已经有25年了。作为浦东新区最核心的地区——陆家嘴金融贸易区已经基本建成（少数项目尚在建设过程中），不仅成为浦东开发开放成果的代表性地区，也是上海市形态功能的标志性区域，声名远播海内外。

陆家嘴金融贸易区如今不仅功能性的大楼林立，集中了上海市乃至全国、全世界的金融、商贸、航运、咨询和服务等大批企业；也汇聚了大批在这一区域生活的海内外专业精英和浦东的建设者们。一个和上海城市地位相匹配的、现代化的宜居新城区正在以全新的面貌展现在世人面前。

今天的陆家嘴金融贸易区面积31.78平方公里（黄浦江和内环线浦东段的围合区），居住人口超过70万。而在浦东开发开放之初，这里存在着大片的沿江制造业、仓储区和农田。当时居民最好的居住条件便是六层楼的"新工房"，更多的是简屋、危房和棚户。

为了建设现代化的上海宜居新社区，陆家嘴金融贸易区主要的做法、路径和成果是：

一、高水准的居住规划领先

陆家嘴金融贸易区的住宅发展规划是与城市总体规划、土地规划、产业规划和人口规划相衔接的，力争用规划的领先来引导居住社区的开发。

居住规划用招标、竞赛、评比、论证、总结等措施，充分吸收海内外专家学者的理念、思路、方法和表现手段。

居住规划根据实际状况和市场化的要求不断进行适应性调整，采取有计划、有重点、分层次的办法逐步推进，实行敞开式的布局结构。

严格控制规划指标参数的落地，对于违反规划要求的住宅项目采用告知、警示、自纠、整改、拆违、补地价、补税、补绿等监管措施。

二、高强度的基础设施建设

大规模的住宅建设与人口导入必然要求城市基础设施建设相应跟进，真正做到"走得进、住得下、住得好、走得出"。25年间，陆家嘴金融贸易区的基础设施建设投入数以千亿计，较好地适应了城市居民"以人为本"的居住要求。

在连接浦东浦西的过江通道上，采取桥、隧、地铁、摆渡并举的办法。先后建设了南浦大桥、杨浦大桥；延安路隧道、外滩观光隧道、复兴路隧道、大连路隧道、人民路隧道、新建路隧道；地铁2、4、7、9号线。

在沟通陆家嘴金融贸易区与浦东其他地区的联系上，采取尊重老路、开拓宽度、调整走向、拓展新路的办法。先后改造拓宽了东方路、浦东南路、浦东大道、杨高路、张杨路、浦建路等；新建了世纪大道、地铁6号线等。

为了保证居住的高品质，先后进行了水、电、气、通讯等老管线的改造、升级、扩容以及新管线的铺设，主要是光纤光缆、天然气管线、高压线入地铺设，还有大型变电站的升级和无线通信基站的扩充。

三、高品质的住宅开发租售

开发开放之前，浦东住宅在上海是落后的、边缘化的、没有地位的、服务于主城区劳动者住房需求的。在沿

---

[1] 李战军是浦东改革发展研究院房地产经济研究中心主任。

江，存在着大量与船厂、码头、仓库和工厂等交织在一起的简屋、棚户、危房。使用煤球煤饼炉、冲刷木质马桶、合用厨房和厕所是市民们普遍的生活方式。

为了提高和改善居民住房条件，采取的主要办法：一是结合城市改造实行街坊规模的动拆迁；二是在严格的、同时又是开放的土地批租转让条件下，引入品牌企业进行大规模的中高档住宅建设；三是组建地方国有的房地产开发公司，围绕产业布局实行住宅建设和供应。

今天上海房地产市场上售价和租金最高的商品住宅项目都在陆家嘴金融贸易区。在上海市和全国都比较知名的楼盘项目有仁恒滨江、四季雅苑、汤臣一品、中粮一号、世茂滨江、财富海景和联洋新社区等，它们是上海商品住宅建设的杰出代表。

四、高标准的物业管理创立

好的商品住房一定离不开好的物业管理服务，只有好的物业管理服务才能支撑好的商品住房。

今昔相比，陆家嘴地区的物业管理已经发生了颠覆性的变化。该地区所有的居住房屋，原先都没有浦西早已出现的侨汇房、外汇房等商品住房；所有的"新工房"居住者都没有房屋产权，只拥有租赁权；所有的直管公房（市房管局直接管理）和自管公房（国有或集体企业自己管理），都是由房管所而非物业管理公司进行管理的；所有的个人私房（历史原因形成，数量相对较少且成套性较差）都是自己管理；所有的居民住房在法律法规上都不能进行市场商品性质的买卖和租赁。

随着浦东的开发开放，陆家嘴金融贸易区的商品住宅逐渐成为居住房屋中的主流。这是因为原先的公有产权住宅大都按照"房改方案"以优惠低廉的价格卖给了居住者家庭；因市政和开发区建设而出现的大批动迁户，用"拆公还私"的方式获得了属于自己的产权住宅；大量的市民在商品房市场上购买了自己心仪的产权住宅。仍然居住在公有住宅并按月缴纳政府规定租金的居民户现在还有，但是比重逐年下降。

现在陆家嘴地区市民住宅基本上都被市场化的物业管理公司的管理所覆盖，物业管理公司原则上都是受聘（雇）于居住区业主委员会，所有物业管理公司的管理范围都涉及房屋维修、保洁、保绿、保安、泊车管理、设施设备、公共场所和公共部位，以及物业公司与业主约定的其他服务项目。物业公司的服务收费水平有的随行就市，有的按照约定执行。

陆家嘴集团公司下辖的全资子公司陆家嘴物业管理有限公司是全国著名的先进物业管理公司，在陆家嘴金融贸易区内除了管理服务于居住房屋以外，还对工业厂房、办公大楼、会展中心、宾馆酒店及商业店铺等进行管理服务。

五、高规格的文教卫体培育

浦东开发开放前，陆家嘴地区在全市比较有名气的文教卫体单位只有建平中学和上海海运学院。25年来通过提升扩建、外引合作、投资新建等措施，使陆家嘴金融贸易区走入全市文教卫体最为集中的一流新城区，极大地方便了居住在该地区市民的教育学习、看病医疗、展览展示、文化艺术、影院剧场等需求，也提升了商品住宅的区域功能和市场价值。"宁要浦西一张床，不要浦东一套房"这一曾经的流行语早已被上海市民所抛弃。

当前在陆家嘴金融贸易区拥有东方明珠广播电视塔、东方艺术中心、证大艺术中心、上海科技馆、上海新国际博览中心、浦东展览馆、上海海事大学、上海纽约大学、建平中学、进才中学、东昌中学、洋泾中学、陆家嘴国际金融研究院、浦东改革与发展研究院、新区少年官、新区图书馆、上海儿童医学中心、仁济东院、东方医院、公立医院、源深体育中心等全市甚至全国知名的文教卫体机构。

六、高投入的园林绿化布局

上海中心城区相当长一段时间绿化率低，绿化分布严重不均衡，大型绿地稀缺，满足不了城市居民的生活休憩需要。随着浦东开发开放，浦东已成为上海市绿地建设最为集中的区域，是上海市成为"园林城市"的主要贡献者，而陆家嘴金融贸易区又是浦东新区园林绿地建设和养护的领先者。全地区基本无燃煤区，生活垃圾分类收集率100%，垃圾无害化处理率100%，一、二级道路机械化保洁率100%，资源化利用率80%以上。

世纪公园1.4平方公里的绿地建设，一举将花木街道、联洋社区和浦东行政中心的生态环境走到全市的前列。一系列全市性的烟火、花卉、音乐、观览、联欢常年在此举办。

以浦东新区行政区划平面形态为样本的陆家嘴中心绿地，成为1.7平方公里面积中总建筑量570万平方米的陆家嘴中心区的绿色视觉盛景；滨江大道将泊车、防洪、景观、休闲、园林绿化五项功能合为一体，成为新浦东扫视老上海外滩的绿色平台；幅宽100米的世纪大道采用偏分中线的办法，两边道路一侧40米一侧60米，园林绿化集中在道路阳光受面的北侧；此外，还建有泾西绿地、塘桥公园、竹园绿地等。

后记

今日的陆家嘴不是一天建成的。1990-2015，25年间，沧海桑田。那一幢幢高楼大厦、一条条宽畅大道背后，凝结着多少费心的思量、忘我的投入？那一个个火热的日子、一幕幕动人的场景，让多少与这片热土紧密相连的人们，难以忘怀？

一念缘起。如果不是编撰《梦缘陆家嘴——上海陆家嘴金融贸易区规划和建设》这样一套兼顾史料价值和可读性的丛书，我们也许就会错失这样一次与历史精彩对话的机会。

所有的繁华，掩不住最质朴的心。当国外的规划设计师们艳羡中国同行能在有生之年亲历蓝图化作现实之时，曾参与陆家嘴规划编制和开发的建设者们想得更多的是如何才能更少地留下遗憾。"后人永远有比我们更先进的技术和更高的眼光，只要别人肯定我们的用心和勤奋，就已经很满足了"，老开发的话语，自谦中透出最朴素的情感——用心，将个体的命运和荣辱，与一个时代的变迁、一座城的崛起，紧紧连结在一起。

在本套丛书的编写过程中，最让我们感动的，也是这份用心。有一种精神，叫老开发精神；有一种情结，叫陆家嘴情结。它们在陆家嘴的开发建设者们的心中，用心浇筑，历久弥坚。

心有所属，才能心无旁骛。在"陆家嘴"的成长过程中，开发建设者们从未懈怠，一直在思考。当他们意识到，汇聚于此的人们不仅是为了工作，同时也在追求更加丰富、便捷的生活时，继续秉承开发初期"无中生有"、敢想敢做的精神，在科学论证的基础上，不断与时俱进、自我完善：滨江大道改造工程，在满足黄浦江防汛基本功能的同时，引入亲水平台、绿化景观和商业配套；斥资数亿元打造的陆家嘴二层连廊，将人车分流、改善交通的作用，与观光、餐饮、休闲等功能相融合，大楼之间实现的互连互通，也使工作、生活在这里的人们拉近彼此距离……一次次以人为本、因地制宜的实践，为整座金融城平添一道道新的风景，彰显"城市，让生活更美好"。"有苦干才有实绩，有智慧才有神奇，有忠诚才有正气"，这是陆家嘴人的自勉，又何尝不是今日陆家嘴所有成果的由来？

Epilogue

As Rome was not built in a day, so does Lujiazui. Everything has undergone enormous changes for the past 25 years from 1990 to 2015. Every skyscraper and every road is crystallized with endless thoughts and dedication. People closely connected to this precious land would never forget each and every fiery day and moving scene.

If it were not for this series of books with both historical values and readability, we would have probably lost an opportunity to converse with history.

A humble and pure heart cannot be covered by its superficial prosperity. While foreign architects envied their Chinese counterparts because of the chance they had to carry out their blueprints into reality, architects participating in Lujiazui planning were thinking of how to avoid regrets and imperfections to the minimum. "Future generation would always have more advanced technologies and higher visions than that of today's architects. As long as our diligence and hard work is acknowledged by others, we would be definitely satisfied." These words by today's architects show their purity and humbleness. They put their own destiny and glory together with the changing times and a rising city.

It is their devotion for this cause that moves us deeply during the process of editing this series. There is a spirit we call the old developer's spirit, and a complex called Lujiazui complex. They grow deeper in architects' hearts and stronger as time passes.

One cannot be easily distracted with a solid goal in mind. During Lujiazui's development process, architects and developers never got slack on the work, and kept their mind running all the time. They gradually realized people came to this land for not only their career but also a convenient and colorful life. So they kept on improving the planning as time advanced in a courageous and scientifically proving spirit: the reconstruction project of Binjiang Avenue introduced waterside platform, green landscape and commercial infrastructures without compromising flood control function of the Huangpu River; Lujiazui second-floor passageway that cost hundreds of millions RMB successfully separated pedestrians from vehicles to improve traffic. The passageway connected different buildings, which integrated sightseeing, dining and recreation around a single area and sufficiently shortened the distance among citizens living and working there. Every practice aiming at improving people's lives and local environment created new scenes for the entire financial town, perfectly illustrating the slogan "better city, better life". "Hard work brings achievement, wisdom brings amaze, and loyalty brings justice", this is how people of Lujiazui encourage themselves, and the reason Lujiazui thrives today.

　　几十位不同时期参与陆家嘴金融贸易区规划编制和开发建设的亲历者，投身本套丛书的编辑工作，秉承"开发者写开发，建设者写建设"的宗旨，近两年来，他们利用空余时间，查阅了25年累积的数以吨计的档案、资料，访谈了上百位的专家学者、老领导、老开发。在此基础上，反复甄别核对，精心研究编撰，从实践者的角度，对这段历史进行了深入的总结和反思，从而保证其史料性、准确性，同时又具有一定的可读性。

　　无论来自何方，去向何处，在陆家嘴开发建设的日子里，总有一种使命感牢牢牵绊。正是这份使命感，让陆家嘴的开发建设者们始终激情澎湃、继往开来。也正是这份使命感，让这些为金融城精心打磨一砖一瓦、悉心栽种一草一木的"园丁"们，敞开心扉，记录历史，为后人留下宝贵的精神财富。

　　上海陆家嘴（集团）有限公司携手上海市规划和国土资源管理局编撰的这套丛书，不仅如实展现了陆家嘴从一个开发区到一座金融活力城的建设成果，也忠实记录了其政策设计、形态开发和功能实现的实践历程，全面公开了截至2014年底，陆家嘴开发建设进程中的历年数据"家底"。以史为鉴可以知兴替，我们要做的，便是以一种尊重历史的态度，留下真实的印记。这是企业精神的体现，更是面对社会责任时的责无旁贷。

　　一千个人心中就有一千个陆家嘴。它是中国的，也是世界的；是不甘寂寞的，也是耐得住寂寞的……就像有人说的那样，这是一个有生命力的、活的城市，无数人怀揣梦想在这里启程，城市自身也在不断吐故纳新、修筑再生。每一个有幸与它结缘的人，共同的心愿是让它愈发美好。

　　本套丛书的编写，很荣幸得到了曾参与浦东开发的老领导的支持和鼓励。我们将其中历年浦东新区（开发办、管委会、区委区府）主要领导对陆家嘴的讲话摘录编辑成《寄语陆家嘴》，放在本套丛书的首页，以此作为陆家嘴25年发展历程的精华浓缩，也是对今后陆家嘴开发建设的一种激励和鞭策。

Dozens of architects and developers that had took part in the planning and construction of Lujiazui Finance and Trade Zone in different times dedicated themselves to the editing work of this series. They took responsibility of different chapters in accordance with their own occupations, looked into tons of documents and files in the past 25 years during off-work time, and interviewed hundreds of experts, senior government officials and developers. On the basis of these researches, they made careful selections and comparisons to conclude and retrospect the course from their own experiences, which guaranteed the books historical view, accuracy and readability.

No matter where the past came and where the future holds, a sense of commitment have always stayed with us during those constructing days. It is this sense of commitment that keeps people devoting themselves to Lujiazui's passionate development. It is this sense of commitment that keeps the gardeners who planted trees and polished the bricks open their heart and mind to record the history, which would be spiritual wealth for generations to come.

With the cooperation between Shanghai Lujiazui Development(Group) Co., Ltd. and Shanghai Land Resource and Planning Bureau, they successfully showed it to the public the construction achievements of optimizing Lujiazui from a developing zone to a financially active town, and also the practice course of its policy design, morphological development and function realization using data of each year's construction process until 2014. As a Chinese idiom goes, mirror of history can reflect failure and success of the present. What we try to achieve is to record the truth with a respectful attitude toward history. This is a testament to the entrepreneurial spirit and the unshakable social responsibility.

Everyone has a different image of Lujiazui. It belongs to China, and to the world. Sometimes it is quiet, sometimes not. It is a vivid and lively town that evolves and restores every day, with countless people coming here in a hope to realize their own dreams. Each person who is lucky to get to know this town has a common aspiration to make it better.

This series was supported and encouraged by dozens of officials once participated in the development of Pudong District. We selected a few speeches by major officials from Pudong Development Office, Administrative Committee, Pudong District Committee and Government as Wishes for Lujiazui in the first few pages, an epitome of the 25-year developing course and motivation for the future.

与此同时，浦东新区发改委、规土局、经信委、商务委、陆家嘴管委会、浦东改革发展研究院、浦东规划设计研究院、上海市规划设计研究院、同济大学、上海交通大学、现代建筑设计集团、上海期货交易所、上海钻石交易所等诸多相关单位的专家学者、领导以及关心本丛书编辑出版的专业人士，也在本套丛书的编写过程中，无私地给予我们指导和帮助，谨在此一并表示崇高的敬意和衷心的感谢！因为你们，让这段历史更加丰满翔实，更坚定了我们书写这段历史的勇气和信心。

2015年，中国（上海）自由贸易试验区扩区，上海新一轮总体规划明确了今后的发展目标，陆家嘴的开发建设将进入一个新的历史阶段。如果说，1990年浦东开发开放是陆家嘴建设四个中心的历史性起点，2015年则是陆家嘴二次创业又一次新的征程，陆家嘴金融城精耕细作、前滩建设如火如荼、临港新城雏形初现……陆家嘴集团这支上海城市核心功能区域开发的野战军，似乎永远在路上。

总有一种精神，催我们奋勇前行；总有一种情结，令我们义无反顾。这种精神，这种情结，从陆家嘴的老开发们身上一脉相承。无论斗转星移，岁月变迁，建设一个更加美好的陆家嘴，是我们不变的使命和梦想。

李晋昭

2015年9月

Experts, officials and professionals concerned with this series from Pudong Development and Reform Commission, Land Resource and Planning Bureau, Economic and Information Commission, Commerce Commission, Lujiazui Administrative Committee, Pudong Academy of Reform and Development, Pudong New Area Planning and Design Institute, Shanghai Urban Planning and Design Research Institute, Tongji University, Shanghai Jiao Tong University, Shanghai Xian Dai Architectural Design (Group) Co., Ltd., Shanghai Futures Exchange, Shanghai Diamond Exchange also extended to us their selfless assist. Great respect and thanks to all the help we received. It is because of you that we were more determined and confident than ever to make the history real and vivid.

In early 2015, China (Shanghai) Pilot Free Trade Zone expanded its area to Lujiazui with new round of Shanghai overall planning under way. The development and construction of Lujiazui ushered into a new era. While the reform and opening-up of Pudong in 1990 to build the four centers in Lujiazui was the historical start point, the year 2015 would certainly mark the beginning of a new process of Lujiazui's undertaking with financial town, foreshore construction and Lingang City all in their full bloom. Lujiazui Group, field army of Shanghai urban functional zone planning, is always on the road.

There would always be a spirit to push us forward and a complex to let us proceed without hesitation, which passes on from generation to generation. No matter how time changes, to build a better Lujiazui is a dream and a commitment we never cease to fulfill.

Li Jinzhao

September, 2015

图书在版编目（CIP）数据

梦缘陆家嘴（1990—2015）　第四分册　功能实现／
上海陆家嘴（集团）有限公司，上海市规划和国土资源
管理局编著. —北京：中国建筑工业出版社，2015.6
（上海陆家嘴金融贸易区规划和建设丛书）
ISBN 978-7-112-18261-9

Ⅰ.①梦… Ⅱ.①上…②上… Ⅲ.①城市建设–研究–
浦东新区–1990～2015　Ⅳ.①F299.275.13

中国版本图书馆CIP数据核字（2015）第155567号

责任编辑：焦　扬　何　楠　陆新之
书籍设计：康　羽
责任校对：李美娜　关　健

上海陆家嘴金融贸易区规划和建设丛书
梦缘陆家嘴（1990—2015）
第四分册　功能实现
上海陆家嘴（集团）有限公司
　　　　　　　　　　　　　　　　编著
上海市规划和国土资源管理局
*
中国建筑工业出版社出版、发行（北京西郊百万庄）
各地新华书店、建筑书店经销
北京锋尚制版有限公司制版
北京雅昌艺术印刷有限公司印刷
*
开本：880×1230毫米　1/16　印张：18½　字数：503千字
2015年12月第一版　　2015年12月第一次印刷
定价：**160.00**元
ISBN 978-7-112-18261-9
（27447）